BERBERA EDITORES S.A DE C.V.

REFORMAS A LA

CONSTITUCIÓN POLÍTICA

DE LOS ESTADOS UNIDOS MEXICANOS

2008

(Publicado en el D. O. F. el 13 de noviémbre de 2007)

Al margen un sello con el Escudo Nacional, que dice: Estados Unidos Mexicanos.- Presidencia de la República.

FELIPE DE JESÚS CALDERÓN HINOJOSA, Presidente de los Estados Unidos Mexicanos, a sus habitantes sabed:

Que el Honorable Congreso de la Unión, se ha servido dirigirme el siguiente

DECRETO

"EL CONGRESO GENERAL DE LOS ESTADOS UNIDOS MEXICANOS, EN USO DE LA FACULTAD QUE LE CONFIERE EL ARTÍCULO 135 DE LA CONSTITUCIÓN GENERAL DE LA REPÚBLICA Y PREVIA LA APROBACIÓN DE LA MAYORÍA DE LAS HONORABLES LEGISLATURAS DE LOS ESTADOS, DECLARA REFORMADOS LOS ARTÍCULOS 6o., 41, 85, 99, 108, 116 Y 122; ADICIONADO EL ARTÍCULO 134 Y DEROGADO UN PÁRRAFO AL ARTÍCULO 97 DE LA CONSTITUCIÓN POLÍTICA DE LOS ESTADOS UNIDOS MEXICANOS.

ÚNICO. Se reforma el primer párrafo del artículo 6o.; se reforman y adicionan los artículos 41 y 99; se reforma el párrafo primero del artículo 85; se reforma el párrafo primero del artículo 108; se reforma y adiciona la fracción IV del artículo 116; se reforma el inciso f) de la fracción V de la Base Primera el artículo 122; se adicionan tres párrafos finales al artículo 134; y se deroga el párrafo tercero del artículo 97, todos de la Constitución Política de los Estados Unidos Mexicanos, para quedar como sigue:

ART. 6o.- La manifestación de las ideas no será objeto de ninguna inquisición judicial o administrativa, sino en el caso de que ataque a la moral, los derechos de tercero, provoque algún delito, o perturbe el orden público; el derecho de réplica será ejercido en los términos dispuestos por la ley. El derecho a la información será garantizado por el Estado.

...

ART. 41.- El pueblo ejerce su soberanía por medio de los Poderes de la Unión, en los casos de la competencia de éstos, y por los de los Estados, en lo que toca a sus regímenes interiores, en los términos respectivamente establecidos por la presente Constitución Federal y las particulares de los Estados, las que en ningún caso podrán contravenir las estipulaciones del Pacto Federal.

La renovación de los poderes Legislativo y Ejecutivo se realizará mediante elecciones libres, auténticas y periódicas, conforme a las siguientes bases:

I.- Los partidos políticos son entidades de interés público; la ley determinará las normas y requisitos para su registro legal y las formas específicas de su intervención en el proceso electoral. Los partidos políticos nacionales tendrán derecho a participar en las elecciones estatales, municipales y del Distrito Federal.

Los partidos políticos tienen como fin promover la participación del pueblo en la vida democrática, contribuir a la integración de la representación nacional y como organizaciones de ciudadanos, hacer posible el acceso de éstos al ejercicio del poder público, de acuerdo con los programas, principios e ideas que postulan y mediante el sufragio universal, libre, secreto y directo. Sólo los ciudadanos podrán formar partidos políticos y afiliarse libre e individualmente a ellos; por tanto, quedan prohibidas la intervención de organizaciones gremiales o con objeto social diferente en la creación de partidos y cualquier forma de afiliación corporativa.

Las autoridades electorales solamente podrán intervenir en los asuntos internos de los partidos políticos en los términos que señalen esta Constitución y la ley.

II.- La ley garantizará que los partidos políticos nacionales cuenten de manera equitativa con elementos para llevar a cabo sus actividades y señalará las reglas a que se sujetará el financiamiento de los propios partidos y sus campañas electorales, debiendo garantizar que los recursos públicos prevalezcan sobre los de origen privado.

El financiamiento público para los partidos políticos que mantengan su registro después de cada elección, se compondrá de las ministraciones destinadas al sostenimiento de sus actividades ordinarias permanentes, las tendientes a la obtención del voto durante los procesos electorales y las de carácter específico. Se otorgará conforme a lo siguiente y a lo que disponga la ley:

a) El financiamiento público para el sostenimiento de sus actividades ordinarias permanentes se fijará anualmente, multiplicando el número total de ciudadanos inscritos en el padrón electoral por el sesenta y cinco por ciento del salario mínimo diario vigente para el Distrito Federal. El treinta por ciento de la cantidad que resulte de acuerdo a lo señalado anteriormente, se distribuirá entre los partidos políticos en forma igualitaria y el setenta por ciento restante de acuerdo con el porcentaje de votos que hubieren obtenido en la elección de diputados inmediata anterior.

b) El financiamiento público para las actividades tendientes a la obtención del voto durante el año en que se elijan Presidente de la República, senadores y diputados federales, equivaldrá al cincuenta por ciento del financiamiento público que le corresponda a cada partido político por actividades ordinarias en ese mismo año; cuando sólo se elijan diputados federales, equivaldrá al treinta por ciento de dicho financiamiento por actividades ordinarias.

c) El financiamiento público por actividades específicas, relativas a la educación, capacitación, investigación socioeconómica y política, así como a las tareas editoriales, equivaldrá al tres por ciento del monto total del financiamiento público que corresponda en cada año por actividades ordinarias. El treinta por ciento de la cantidad que resulte de acuerdo a lo señalado anteriormente, se distribuirá entre los partidos políticos en forma igualitaria y el setenta por ciento restante de acuerdo con el porcentaje de votos que hubieren obtenido en la elección de diputados inmediata anterior.

La ley fijará los límites a las erogaciones en los procesos internos de selección de candidatos y las campañas electorales de los partidos políticos. La propia ley establecerá el monto máximo que tendrán las aportaciones de sus simpatizantes, cuya suma total no podrá exceder anualmente, para cada partido, al diez por ciento del tope de gastos establecido para la última campaña presidencial; asimismo ordenará los procedimientos para el control y vigilancia del origen y uso de todos los recursos con que cuenten y dispondrá las sanciones que deban imponerse por el incumplimiento de estas disposiciones.

De igual manera, la ley establecerá el procedimiento para la liquidación de las obligaciones de los partidos que pierdan su registro y los supuestos en los que sus bienes y remanentes serán adjudicados a la Federación.

III.- Los partidos políticos nacionales tendrán derecho al uso de manera permanente de los medios de comunicación social.

Apartado A.- El Instituto Federal Electoral será autoridad única para la administración del tiempo que corresponda al Estado en radio y televisión destinado a sus propios fines y al ejercicio del derecho de los partidos políticos nacionales, de acuerdo con lo siguiente y a lo que establezcan las leyes:

a) A partir del inicio de las precampañas y hasta el día de la jornada electoral quedarán a disposición del Instituto Federal Electoral cuarenta y ocho minutos diarios, que serán distribuidos en dos y hasta tres minutos por cada hora de transmisión en cada estación de radio y canal de televisión, en el horario referido en el inciso d) de este apartado;

b) Durante sus precampañas, los partidos políticos dispondrán en conjunto de un minuto por cada hora de transmisión en cada estación de radio y canal de televisión; el tiempo restante se utilizará conforme a lo que determine la ley;

c) Durante las campañas electorales deberá destinarse para cubrir el derecho de los partidos políticos al menos el ochenta y cinco por ciento del tiempo total disponible a que se refiere el inciso a) de este apartado;

d) Las transmisiones en cada estación de radio y canal de televisión se distribuirán dentro del horario de programación comprendido entre las seis y las veinticuatro horas;

e) El tiempo establecido como derecho de los partidos políticos se distribuirá entre los mismos conforme a lo siguiente: el treinta por ciento en forma igualitaria y el setenta por ciento restante de acuerdo a los resultados de la elección para diputados federales inmediata anterior;

f) A cada partido político nacional sin representación en el Congreso de la Unión se le asignará para radio y televisión solamente la parte correspondiente al porcentaje igualitario establecido en el inciso anterior, y

g) Con independencia de lo dispuesto en los apartados A y B de esta base y fuera de los periodos de precampañas y campañas electorales federales, al Instituto Federal Electoral le será asignado hasta el doce por ciento del tiempo total de que el Estado disponga en radio y televisión, conforme a las leyes y bajo cualquier modalidad; del total asignado, el Instituto distribuirá entre los partidos políticos nacionales en forma igualitaria un cincuenta por ciento; el tiempo restante lo utilizará para fines propios o de otras autoridades electorales, tanto federales como de las entidades federativas. Cada partido político nacional utilizará el tiempo que por este concepto le corresponda en un programa mensual de cinco minutos y el restante en mensajes con duración de veinte segundos cada uno. En todo caso, las transmisiones a que se refiere este inciso se harán en el horario que determine el Instituto conforme a lo señalado en el inciso d) del presente Apartado. En situaciones especiales el Instituto podrá disponer de los tiempos correspondientes a mensajes partidistas a favor de un partido político, cuando así se justifique.

Los partidos políticos en ningún momento podrán contratar o adquirir, por sí o por terceras personas, tiempos en cualquier modalidad de radio y televisión.

Ninguna otra persona física o moral, sea a título propio o por cuenta de terceros, podrá contratar propaganda en radio y televisión dirigida a influir en las preferencias electorales de los ciudadanos, ni a favor o en contra de partidos políticos o de candidatos a cargos de elección popular. Queda prohibida la transmisión en territorio nacional de este tipo de mensajes contratados en el extranjero.

Las disposiciones contenidas en los dos párrafos anteriores deberán ser cumplidas en el ámbito de los estados y el Distrito Federal conforme a la legislación aplicable.

Apartado B.- Para fines electorales en las entidades federativas, el Instituto Federal Electoral administrará los tiempos que correspondan al Estado en radio y televisión en las estaciones y canales de cobertura en la entidad de que se trate, conforme a lo siguiente y a lo que determine la ley:

a) Para los casos de los procesos electorales locales con jornadas comiciales coincidentes con la federal, el tiempo asignado en cada entidad federativa estará comprendido dentro del total disponible conforme a los incisos a), b) y c) del apartado A de esta base;

b) Para los demás procesos electorales, la asignación se hará en los términos de la ley, conforme a los criterios de esta base constitucional, y

c) La distribución de los tiempos entre los partidos políticos, incluyendo a los de registro local, se realizará de acuerdo a los criterios señalados en el apartado A de esta base y lo que determine la legislación aplicable.

Cuando a juicio del Instituto Federal Electoral el tiempo total en radio y televisión a que se refieren este apartado y el anterior fuese insuficiente para sus propios fines o los de otras autoridades electorales, determinará lo conducente para cubrir el tiempo faltante, conforme a las facultades que la ley le confiera.

Apartado C.- En la propaganda política o electoral que difundan los partidos deberán abstenerse de expresiones que denigren a las instituciones y a los propios partidos, o que calumnien a las personas.

Durante el tiempo que comprendan las campañas electorales federales y locales y hasta la conclusión de la respectiva jornada comicial, deberá suspenderse la difusión en los medios de comunicación social de toda propaganda gubernamental, tanto de los poderes federales y estatales, como de los municipios, órganos de gobierno del Distrito Federal, sus delegaciones y cualquier otro ente público. Las únicas excepciones a lo anterior serán las campañas de información de las autoridades electorales, las relativas a servicios educativos y de salud, o las necesarias para la protección civil en casos de emergencia.

Apartado D.- Las infracciones a lo dispuesto en esta base serán sancionadas por el Instituto Federal Electoral mediante procedimientos expeditos, que podrán incluir la orden de cancelación inmediata de las transmisiones en radio y televisión, de concesionarios y permisionarios, que resulten violatorias de la ley.

IV.- La ley establecerá los plazos para la realización de los procesos partidistas de selección y postulación de candidatos a cargos de elección popular, así como las reglas para las precampañas y las campañas electorales.

La duración de las campañas en el año de elecciones para Presidente de la República, senadores y diputados federales será de noventa días; en el año en que sólo se elijan diputados federales, las campañas durarán sesenta días. En ningún caso las precampañas excederán las dos terceras partes del tiempo previsto para las campañas electorales.

La violación a estas disposiciones por los partidos o cualquier otra persona física o moral será sancionada conforme a la ley.

V.- La organización de las elecciones federales es una función estatal que se realiza a través de un organismo público autónomo denominado Instituto Federal Electoral, dotado de personalidad jurídica y patrimonio propios, en cuya integración participan el Poder Legislativo de la Unión, los partidos políticos nacionales y los ciudadanos, en los términos que ordene la ley. En el ejercicio de esta función estatal, la certeza, legalidad, independencia, imparcialidad y objetividad serán principios rectores.

El Instituto Federal Electoral será autoridad en la materia, independiente en sus decisiones y funcionamiento y profesional en su desempeño; contará en su estructura con órganos de dirección, ejecutivos, técnicos y de vigilancia. El Consejo General será su órgano superior de dirección y se integrará por un consejero Presidente y ocho consejeros electorales, y concurrirán, con voz pero sin voto, los consejeros del Poder Legislativo, los representantes de los partidos políticos y un Secretario Ejecutivo; la ley determinará las reglas para la organización y funcionamiento de los órganos, así como las relaciones de mando entre éstos. Los órganos ejecutivos y técnicos dispondrán del personal calificado necesario para prestar el servicio profesional electoral. Una Contraloría General tendrá a su cargo, con autonomía técnica y de gestión, la fiscalización de todos los ingresos y egresos del Instituto. Las disposiciones de la ley electoral y del Estatuto que con base en ella apruebe el Consejo General, regirán las relaciones de trabajo con los servidores del organismo público. Los órganos de vigilancia del padrón electoral se integrarán mayoritariamente por representantes de los partidos políticos nacionales. Las mesas directivas de casilla estarán integradas por ciudadanos.

El consejero Presidente durará en su cargo seis años y podrá ser reelecto una sola vez. Los consejeros electorales durarán en su cargo nueve años, serán renovados en forma escalonada y no podrán ser reelectos. Según sea el caso, uno y otros serán elegidos sucesivamente por el voto de las dos terceras partes de los miembros presentes de la Cámara de Diputados, a propuesta de los grupos parlamentarios, previa realización de una amplia consulta a la sociedad. De darse la falta absoluta del consejero Presidente o de cualquiera de los consejeros electorales, el sustituto será elegido para concluir el periodo de la vacante. La ley establecerá las reglas y el procedimiento correspondientes.

El consejero Presidente y los consejeros electorales no podrán tener otro empleo, cargo o comisión, con excepción de aquellos en que actúen en representación del Consejo General y de los que desempeñen en asociaciones docentes, científicas, culturales, de investigación o de beneficencia, no remunerados. La retribución que perciban será igual a la prevista para los Ministros de la Suprema Corte de Justicia de la Nación.

El titular de la Contraloría General del Instituto será designado por la Cámara de Diputados con el voto de las dos terceras partes de sus miembros presentes a propuesta de instituciones públicas de educación superior, en la forma y términos que determine la ley. Durará seis años en el cargo y podrá ser reelecto por una sola vez. Estará adscrito administrativamente a la presidencia del Consejo General y mantendrá la coordinación técnica necesaria con la entidad de fiscalización superior de la Federación.

El Secretario Ejecutivo será nombrado con el voto de las dos terceras partes del Consejo General a propuesta de su Presidente.

La ley establecerá los requisitos que deberán reunir para su designación el consejero presidente del Consejo General, los consejeros electorales, el Contralor General y el Secretario Ejecutivo del Instituto Federal Electoral; quienes hayan fungido como consejero Presidente, consejeros electorales y Secretario Ejecutivo no·podrán ocupar, dentro de los dos años siguientes a la fecha de su retiro, cargos en los poderes públicos en cuya elección hayan participado.

Los consejeros del Poder Legislativo serán propuestos por los grupos parlamentarios con afiliación de partido en alguna de las Cámaras. Sólo habrá un Consejero por cada grupo parlamentario no obstante su reconocimiento en ambas Cámaras del Congreso de la Unión.

El Instituto Federal Electoral tendrá a su cargo en forma integral y directa, además de las que le determine la ley, las actividades relativas a la capacitación y educación cívica, geografía electoral, los derechos y prerrogativas de las agrupaciones y de los partidos políticos, al padrón y lista de electores, impresión de materiales electorales, preparación de la jornada electoral, los cómputos en los términos que señale la ley, declaración de validez y otorgamiento de constancias en las elecciones de diputados y senadores, cómputo de la elección de Presidente de los Estados Unidos Mexicanos en cada uno de los distritos electorales uninominales, así como la regulación de la observación electoral y de las encuestas o sondeos de opinión con fines electorales. Las sesiones de todos los órganos colegiados de dirección serán públicas en los términos que señale la ley.

La fiscalización de las finanzas de los partidos políticos nacionales estará a cargo de un órgano técnico del Consejo General del Instituto Federal Electoral, dotado de autonomía de gestión, cuyo titular será designado por el voto de las dos terceras partes del propio Consejo a propuesta del consejero Presidente. La ley desarrollará la integración y funcionamiento de dicho órgano, así como los procedimientos para la aplicación de sanciones por el Consejo General. En el cumplimiento de sus atribuciones el órgano técnico no estará limitado por los secretos bancario, fiduciario y fiscal.

El órgano técnico será el conducto para que las autoridades competentes en materia de fiscalización partidista en el ámbito de las entidades federativas puedan superar la limitación a que se refiere el párrafo anterior.

El Instituto Federal Electoral asumirá mediante convenio con las autoridades competentes de las entidades federativas que así lo soliciten, la organización de procesos electorales locales, en los términos que disponga la legislación aplicable.

VI.- Para garantizar los principios de constitucionalidad y legalidad de los actos y resoluciones electorales, se establecerá un sistema de medios de impugnación en los términos que señalen esta Constitución y la ley. Dicho sistema dará definitividad a las distintas etapas de los procesos electorales y garantizará la protección de los derechos políticos de los ciudadanos de votar, ser votados y de asociación, en los términos del artículo 99 de esta Constitución.

En materia electoral la interposición de los medios de impugnación, constitucionales o legales, no producirá efectos suspensivos sobre la resolución o el acto impugnado.

ART. 85.- Si al comenzar un periodo constitucional no se presentase el presidente electo, o la elección no estuviere hecha o declarada válida el 1o. de diciembre, cesará, sin embargo, el Presidente cuyo periodo haya concluido y se encargará desde luego del Poder Ejecutivo, en calidad de Presidente interino, el que designe el Congreso de la Unión, o en su falta con el carácter de provisional, el que designe la Comisión Permanente, procediéndose conforme a lo dispuesto en el artículo anterior.

...

...

...

ART. 97.- ...

...

Se deroga

...

...

...

...

ART. 99.- El Tribunal Electoral será, con excepción de lo dispuesto en la fracción II del artículo 105 de esta Constitución, la máxima autoridad jurisdiccional en la materia y órgano especializado del Poder Judicial de la Federación.

Para el ejercicio de sus atribuciones, el Tribunal funcionará en forma permanente con una Sala Superior y salas regionales; sus sesiones de resolución serán públicas, en los términos que determine la ley. Contará con el personal jurídico y administrativo necesario para su adecuado funcionamiento.

La Sala Superior se integrará por siete Magistrados Electorales. El Presidente del Tribunal será elegido por la Sala Superior, de entre sus miembros, para ejercer el cargo por cuatro años.

Al Tribunal Electoral le corresponde resolver en forma definitiva e inatacable, en los términos de esta Constitución y según lo disponga la ley, sobre:

I.- Las impugnaciones en las elecciones federales de diputados y senadores;

II.- Las impugnaciones que se presenten sobre la elección de Presidente de los Estados Unidos Mexicanos que serán resueltas en única instancia por la Sala Superior.

Las salas Superior y regionales del Tribunal sólo podrán declarar la nulidad de una elección por las causales que expresamente se establezcan en las leyes.

La Sala Superior realizará el cómputo final de la elección de Presidente de los Estados Unidos Mexicanos, una vez resueltas las impugnaciones que se hubieren interpuesto sobre la misma, procediendo a formular, en su caso, la declaración de validez de la elección y la de Presidente Electo respecto del candidato que hubiese obtenido el mayor número de votos.

III.- Las impugnaciones de actos y resoluciones de la autoridad electoral federal, distintas a las señaladas en las dos fracciones anteriores, que violen normas constitucionales o legales;

IV.- Las impugnaciones de actos o resoluciones definitivos y firmes de las autoridades competentes de las entidades federativas para organizar y calificar los comicios o resolver las controversias que surjan durante los mismos, que puedan resultar determinantes para el desarrollo del proceso respectivo o el resultado final de las elecciones. Esta vía procederá solamente cuando la reparación solicitada sea material y jurídicamente posible dentro de los plazos electorales y sea factible antes de la fecha constitucional o legalmente fijada para la instalación de los órganos o la toma de posesión de los funcionarios elegidos;

V.- Las impugnaciones de actos y resoluciones que violen los derechos político electorales de los ciudadanos de votar, ser votado y de afiliación libre y pacífica para tomar parte en los asuntos políticos del país, en los términos que señalen esta Constitución y las leyes. Para que un ciudadano pueda acudir a la jurisdicción del Tribunal por violaciones a sus derechos por el partido político al que se encuentre afiliado, deberá haber agotado previamente las instancias de solución de conflictos previstas en sus normas internas, la ley establecerá las reglas y plazos aplicables;

VI.- Los conflictos o diferencias laborales entre el Tribunal y sus servidores;

VII.- Los conflictos o diferencias laborales entre el Instituto Federal Electoral y sus servidores;

VIII.- La determinación e imposición de sanciones por parte del Instituto Federal Electoral a partidos o agrupaciones políticas o personas físicas o morales, nacionales o extranjeras, que infrinjan las disposiciones de esta Constitución y las leyes, y

IX.- Las demás que señale la ley.

Las salas del Tribunal Electoral harán uso de los medios de apremio necesarios para hacer cumplir de manera expedita sus sentencias y resoluciones, en los términos que fije la ley.

Sin perjuicio de lo dispuesto por el artículo 105 de esta Constitución, las salas del Tribunal Electoral podrán resolver la no aplicación de leyes sobre la materia electoral contrarias a la presente Constitución. Las resoluciones que se dicten en el ejercicio de esta facultad se limitarán al caso concreto sobre el que verse el juicio. En tales casos la Sala Superior informará a la Suprema Corte de Justicia de la Nación.

Cuando una sala del Tribunal Electoral sustente una tesis sobre la inconstitucionalidad de algún acto o resolución o sobre la interpretación de un precepto de esta Constitución, y dicha tesis pueda ser contradictoria con una sostenida por las salas o el Pleno de la Suprema Corte de Justicia, cualquiera de los Ministros, las salas o las partes, podrán denunciar la contradicción en los términos que señale la ley, para que el pleno de la Suprema Corte de Justicia de la Nación decida en definitiva cuál tesis debe prevalecer. Las resoluciones que se dicten en este supuesto no afectarán los asuntos ya resueltos.

La organización del Tribunal, la competencia de las salas, los procedimientos para la resolución de los asuntos de su competencia, así como los mecanismos para fijar criterios de jurisprudencia obligatorios en la materia, serán los que determinen esta Constitución y las leyes.

La Sala Superior podrá, de oficio, a petición de parte o de alguna de las salas regionales, atraer los juicios de que conozcan éstas; asimismo, podrá enviar los asuntos de su competencia a las salas regionales para su conocimiento y resolución. La ley señalará las reglas y los procedimientos para el ejercicio de tales facultades.

La administración, vigilancia y disciplina en el Tribunal Electoral corresponderán, en los términos que señale la ley, a una Comisión del Consejo de la Judicatura Federal, que se integrará por el Presidente del Tribunal Electoral, quien la presidirá; un Magistrado Electoral de la Sala Superior designado por insaculación; y tres miembros del Consejo de la Judicatura Federal. El Tribunal propondrá su presupuesto al Presidente de la Suprema Corte de Justicia de la Nación para su inclusión en el proyecto de Presupuesto del Poder Judicial de la Federación. Asimismo, el Tribunal expedirá su Reglamento Interno y los acuerdos generales para su adecuado funcionamiento.

Los Magistrados Electorales que integren las salas Superior y regionales serán elegidos por el voto de las dos terceras partes de los miembros presentes de la Cámara de Senadores a propuesta de la Suprema Corte de Justicia de la Nación. La elección de quienes las integren será escalonada, conforme a las reglas y al procedimiento que señale la ley.

Los Magistrados Electorales que integren la Sala Superior deberán satisfacer los requisitos que establezca la ley, que no podrán ser menores a los que se exigen para ser Ministro de la Suprema Corte de Justicia de la Nación, y durarán en su encargo nueve años improrrogables. Las renuncias, ausencias y licencias de los Magistrados Electorales de la Sala Superior serán tramitadas, cubiertas y otorgadas por dicha Sala, según corresponda, en los términos del artículo 98 de esta Constitución.

Los Magistrados Electorales que integren las salas regionales deberán satisfacer los requisitos que señale la ley, que no podrán ser menores a los que se exige para ser Magistrado de Tribunal Colegiado de Circuito. Durarán en su encargo nueve años improrrogables, salvo si son promovidos a cargos superiores.

En caso de vacante definitiva se nombrará a un nuevo Magistrado por el tiempo restante al del nombramiento original.

El personal del Tribunal regirá sus relaciones de trabajo conforme a las disposiciones aplicables al Poder Judicial de la Federación y a las reglas especiales y excepciones que señale la ley.

ART. 108.- Para los efectos de las responsabilidades a que alude este Título se reputarán como servidores públicos a los representantes de elección popular, a los miembros del Poder Judicial Federal y del Poder Judicial del Distrito Federal, los funcionarios y empleados y, en general, a toda persona que desempeñe un empleo, cargo o comisión de cualquier naturaleza en el Congreso de la Unión, en la Asamblea Legislativa del Distrito Federal o en la Administración Pública Federal o en el Distrito Federal, así como a los servidores públicos de los organismos a los que esta Constitución otorgue autonomía, quienes serán responsables por los actos u omisiones en que incurran en el desempeño de sus respectivas funciones.

...

...

...

ART. 116.- ...

...

I a III.- ...

IV.- Las Constituciones y leyes de los Estados en materia electoral garantizarán que:

a) Las elecciones de los gobernadores, de los miembros de las legislaturas locales y de los integrantes de los ayuntamientos se realicen mediante sufragio universal, libre, secreto y directo; y que la jornada comicial tenga lugar el primer domingo de julio del año que corresponda. Los Estados cuyas jornadas electorales se celebren en el año de los comicios federales y no coincidan en la misma fecha de la jornada federal, no estarán obligados por esta última disposición;

b) En el ejercicio de la función electoral, a cargo de las autoridades electorales, sean principios rectores los de certeza, imparcialidad, independencia, legalidad y objetividad;

c) Las autoridades que tengan a su cargo la organización de las elecciones y las jurisdiccionales que resuelvan las controversias en la materia, gocen de autonomía en su funcionamiento e independencia en sus decisiones;

d) Las autoridades electorales competentes de carácter administrativo puedan convenir con el Instituto Federal Electoral se haga cargo de la organización de los procesos electorales locales;

e) Los partidos políticos sólo se constituyan por ciudadanos sin intervención de organizaciones gremiales, o con objeto social diferente y sin que haya afiliación corporativa. Asimismo tengan reconocido el derecho exclusivo para solicitar el registro de candidatos a cargos de elección popular, con excepción de lo dispuesto en el artículo 2o., apartado A, fracciones III y VII, de esta Constitución;

f) Las autoridades electorales solamente puedan intervenir en los asuntos internos de los partidos en los términos que expresamente señalen;

g) Los partidos políticos reciban, en forma equitativa, financiamiento público para sus actividades ordinarias permanentes y las tendientes a la obtención del voto durante los procesos electorales. Del mismo modo se establezca el procedimiento para la liquidación de los partidos que pierdan su registro y el destino de sus bienes y remanentes;

h) Se fijen los criterios para establecer los límites a las erogaciones de los partidos políticos en sus precampañas y campañas electorales, así como los montos máximos que tengan las aportaciones de sus simpatizantes, cuya suma total no excederá el diez por ciento del tope de gastos de campaña que se determine para la elección de gobernador; los procedimientos para el control y vigilancia del origen y uso de todos los recursos con que cuenten los partidos políticos; y establezcan las sanciones por el incumplimiento a las disposiciones que se expidan en estas materias;

i) Los partidos políticos accedan a la radio y la televisión, conforme a las normas establecidas por el apartado B de la base III del artículo 41 de esta Constitución;

j) Se fijen las reglas para las precampañas y las campañas electorales de los partidos políticos, así como las sanciones para quienes las infrinjan. En todo caso, la duración de las campañas no deberá exceder de noventa días para la elección de gobernador, ni de sesenta días cuando sólo se elijan diputados locales o ayuntamientos; las precampañas no podrán durar más de las dos terceras partes de las respectivas campañas electorales;

k) Se instituyan bases obligatorias para la coordinación entre el Instituto Federal Electoral y las autoridades electorales locales en materia de fiscalización de las finanzas de los partidos políticos, en los términos establecidos en los dos últimos párrafos de la base V del artículo 41 de esta Constitución;

l) Se establezca un sistema de medios de impugnación para que todos los actos y resoluciones electorales se sujeten invariablemente al principio de legalidad. Igualmente, que se señalen los supuestos y las reglas para la realización, en los ámbitos administrativo y jurisdiccional, de recuentos totales o parciales de votación;

m) Se fijen las causales de nulidad de las elecciones de gobernador, diputados locales y ayuntamientos, así como los plazos convenientes para el desahogo de todas las instancias impugnativas, tomando en cuenta el principio de definitividad de las etapas de los procesos electorales, y

n) Se tipifiquen los delitos y determinen las faltas en materia electoral, así como las sanciones que por ellos deban imponerse.

V. a VII. ...

...

ART. 122.- ...

...

...

...

...

...

A ...

B. ...

C ...

BASE PRIMERA.- ...

I. a IV. ...

V.- La Asamblea Legislativa, en los términos del Estatuto de Gobierno, tendrá las siguientes facultades:

a) al e) ...

f) Expedir las disposiciones que garanticen en el Distrito Federal elecciones libres y auténticas, mediante sufragio universal, libre, secreto y directo; sujetándose a las bases que establezca el Estatuto de Gobierno, las cuales cumplirán los principios y reglas establecidos en los incisos b) al n) de la fracción IV del artículo 116 de esta Constitución, para lo cual las referencias que los incisos j) y m) hacen a gobernador, diputados locales y ayuntamientos se asumirán, respectivamente, para Jefe de Gobierno, diputados a la Asamblea Legislativa y Jefes Delegacionales;

g) al o) ...

BASE SEGUNDA a BASE QUINTA ...

D al H ...

ART. 134.- ...

...

...

...

...

Los servidores públicos de la Federación, los Estados y los municipios, así como del Distrito Federal y sus delegaciones, tienen en todo tiempo la obligación de aplicar con imparcialidad los recursos públicos que están bajo su responsabilidad, sin influir en la equidad de la competencia entre los partidos políticos.

La propaganda, bajo cualquier modalidad de comunicación social, que difundan como tales, los poderes públicos, los órganos autónomos, las dependencias y entidades de la administración pública y cualquier otro ente de los tres órdenes de gobierno, deberá tener carácter institucional y fines informativos, educativos o de orientación social. En ningún caso esta propaganda incluirá nombres, imágenes, voces o símbolos que impliquen promoción personalizada de cualquier servidor público.

Las leyes, en sus respectivos ámbitos de aplicación, garantizarán el estricto cumplimiento de lo previsto en los dos párrafos anteriores, incluyendo el régimen de sanciones a que haya lugar.

TRANSITORIOS

Artículo Primero. El presente Decreto entrará en vigor el día siguiente al de su publicación en el Diario Oficial de la Federación.

Artículo Segundo. Por única vez el Instituto Federal Electoral deberá establecer, conforme a las bases legales que se expidan, tope de gastos para campaña presidencial en el año 2008, sólo para efecto. de determinar el monto total del financiamiento privado que podrá obtener anualmente cada partido político.

Artículo Tercero. El Congreso de la Unión deberá realizar las adecuaciones que correspondan en las leyes federales en un plazo máximo de treinta días naturales contados a partir del inicio de la vigencia de este Decreto.

Artículo Cuarto. Para los efectos de lo establecido en el tercer párrafo de la base V del artículo 41 de esta Constitución, en un plazo no mayor a 30 días naturales contados a partir de la entrada en vigor del presente Decreto, la Cámara de Diputados procederá a integrar el Consejo General del Instituto Federal Electoral conforme a las siguientes bases:

a) Elegirá a un nuevo consejero Presidente, cuyo mandato concluirá el 30 de octubre de 2013; llegado el caso, el así nombrado podrá ser reelecto por una sola vez, en los términos de lo establecido en el citado párrafo tercero del artículo 41 de esta Constitución;

b) Elegirá, dos nuevos consejeros electorales, cuyo mandato concluirá el 30 de octubre de 2016.

c) Elegirá, de entre los ocho consejeros electorales en funciones a la entrada en vigor de este Decreto, a tres que concluirán su mandato el 15 de agosto de 2008 y a tres que continuarán en su encargo hasta el 30 de octubre de 2010;

d) A más tardar el 15 de agosto de 2008, elegirá a tres nuevos consejeros electorales que concluirán su mandato el 30 de octubre de 2013.

Los consejeros electorales y el consejero Presidente del Consejo General del Instituto Federal Electoral, en funciones a la entrada en vigor del presente Decreto, continuarán en sus cargos hasta en tanto la Cámara de Diputados da cumplimiento a lo dispuesto en el presente artículo. Queda sin efectos el nombramiento de consejeros electorales suplentes del Consejo General del Instituto Federal Electoral establecido por el Decreto publicado en el Diario Oficial de la Federación de fecha 31 de octubre de 2003.

Artículo Quinto. Para los efectos de la renovación escalonada de los Magistrados Electorales de la Sala Superior y de las salas regionales del Tribunal Electoral del Poder Judicial de la Federación a que se refiere el artículo 99 de esta Constitución, se estará a lo que determine la Ley Orgánica del Poder Judicial de la Federación.

Artículo Sexto. Las legislaturas de los Estados y la Asamblea Legislativa del Distrito Federal deberán adecuar su legislación aplicable conforme a lo dispuesto en este Decreto, a más tardar en un año a partir de su entrada en vigor; en su caso, se observará lo dispuesto en el artículo 105, fracción II, párrafo cuarto, de la Constitución Política de los Estados Unidos Mexicanos.

Los Estados que a la entrada en vigor del presente Decreto hayan iniciado procesos electorales o estén por iniciarlos, realizarán sus comicios conforme lo establezcan sus disposiciones constitucionales y legales vigentes, pero una vez terminado el proceso electoral deberán realizar las adecuaciones a que se refiere el párrafo anterior en el mismo plazo señalado, contado a partir del día siguiente de la conclusión del proceso comicial respectivo.

Artículo Séptimo. Se derogan todas las disposiciones que se opongan al presente Decreto.

México, D.F., a 6 de noviembre de 2007.- Dip. **Ruth Zavaleta Salgado**, Presidenta.- Sen. **Santiago Creel Miranda**, Presidente.- Dip. **Antonio Xavier López Adame**, Secretario.- Sen. **Adrian Rivera Pérez**, Secretario.- Rúbricas."

En cumplimiento de lo dispuesto por la fracción I del Artículo 89 de la Constitución Política de los Estados Unidos Mexicanos, y para su debida publicación y observancia, expido el presente Decreto en la Residencia del Poder Ejecutivo Federal, en la Ciudad de México, Distrito Federal, a los doce días del mes de noviembre de dos mil siete.- **Felipe de Jesús Calderón Hinojosa**.- Rúbrica.- El Secretario de Gobernación, **Francisco Javier Ramírez Acuña**.- Rúbrica.

CONSTITUCIÓN <u>POLÍTICA</u>

DE LOS ESTADOS UNIDOS MEXICANOS

BERBERA EDITORES S.A DE C.V.

Delibes No. 96 Col. Guadalupe Victoria C.P. 07790
México, D.F. Tel: 5 356 4405, Fax: 5 356 6599
Página Web: www.berbera.com.mx
Correo electrónico: editores@berbera.com.mx

CONSTITUCIÓN POLÍTICA
DE LOS ESTADOS UNIDOS MEXICANOS

El C. Primer Jefe del Ejército Constitucionalista, encargado del Poder Ejecutivo de la Nación, con esta fecha se ha servido dirigirme el siguiente decreto:

VENUSTIANO CARRANZA, Primer Jefe del Ejército Constitucionalista, Encargado del Poder Ejecutivo de los Estados Unidos Mexicanos, hago saber:

Que el Congreso Constituyente reunido en esta ciudad el 1o. de diciembre de 1916, en virtud del decreto de convocatoria de 19 de septiembre del mismo año, expedido por la Primera Jefatura, de conformidad con lo prevenido en el artículo 4o. de las modificaciones que el 14 del citado mes se hicieron al decreto de 12 de diciembre de 1914, dado en la H. Veracruz, adicionando el Plan de Guadalupe de 26 de marzo de 1913, ha tenido a bien expedir la siguiente:

[1]CONSTITUCIÓN POLÍTICA DE LOS ESTADOS UNIDOS MEXICANOS QUE REFORMA LA DE 5 DE FEBRERO DE 1857.

TÍTULO PRIMERO
CAPÍTULO I
De las garantías individuales

ART. 1.- En los Estados Unidos Mexicanos todo individuo gozará de las garantías que otorga esta Constitución, las cuales no podrán restringirse ni suspenderse, sino en los casos y con las condiciones que ella misma establece.

Está prohibida la esclavitud en los Estados Unidos Mexicanos. Los esclavos del extranjero que entren al territorio nacional alcanzarán, por este solo hecho, su libertad y la protección de las leyes .

Queda prohibida toda discriminación motivada por origen étnico o nacional, el género, la edad, las discapacidades, la condición social, las condiciones de salud, la religión, las opiniones, las preferencias, el estado civil o cualquier otra que atente contra la dignidad humana y tenga por objeto anular o menoscabar los derechos y libertades de las personas.

ART. 2.- La Nación Mexicana es única e indivisible.

La Nación tiene una composición pluricultural sustentada originalmente en sus pueblos indígenas que son aquellos que descienden

---

[1] *Nueva Ley publicada en el Diario Oficial de la Federación el 5 de febrero de 1917*

de poblaciones que habitaban en el territorio actual del país al iniciarse la colonización y que conservan sus propias instituciones sociales, económicas, culturales y políticas, o parte de ellas

La conciencia de su identidad indígena deberá ser criterio fundamental para determinar a quiénes se aplican las disposiciones sobre pueblos indígenas.

Son comunidades integrantes de un pueblo indígena, aquellas que formen una unidad social, económica y cultural, asentada en un territorio y que reconocen autoridades propias de acuerdo con sus usos y costumbres.

El derecho de los pueblos indígenas a la libre determinación se ejercerá en un marco constitucional de autonomía que asegure la unidad nacional. El reconocimiento de los pueblos y comunidades indígenas se hará en las constituciones y leyes de las entidades federativas, las que deberán tomar en cuenta, además de los principios generales establecidos en los párrafos anteriores de este artículo, criterios etnolingüísticos y de asentamiento físico.

A. Esta Constitución reconoce y garantiza el derecho de los pueblos y las comunidades indígenas a la libre determinación y, en consecuencia, a la autonomía para:

I.- Decidir sus formas internas de convivencia y organización social, económica, política y cultural.

II.- Aplicar sus propios sistemas normativos en la regulación y solución de sus conflictos internos, sujetándose a los principios generales de esta Constitución, respetando las garantías individuales, los derechos humanos y, de manera relevante, la dignidad e integridad de las mujeres. La ley establecerá los casos y procedimientos de validación por los jueces o tribunales correspondientes.

III.- Elegir de acuerdo con sus normas, procedimientos y prácticas tradicionales, a las autoridades o representantes para el ejercicio de sus formas propias de gobierno interno, garantizando la participación de las mujeres en condiciones de equidad frente a los varones, en un marco que respete el pacto federal y la soberanía de los estados.

IV.- Preservar y enriquecer sus lenguas, conocimientos y todos los elementos que constituyan su cultura e identidad.

V.- Conservar y mejorar el hábitat y preservar la integridad de sus tierras en los términos establecidos en esta Constitución.

VI.- Acceder, con respeto a las formas y modalidades de propiedad y tenencia de la tierra establecidas en esta Constitución y a las leyes de la materia, así como a los derechos adquiridos por terceros o por integrantes de la comunidad, al uso y disfrute preferente de los recursos naturales de los lugares que habitan y ocupan las comunidades, salvo aquellos que corresponden a las áreas estratégicas, en términos de esta Constitución. Para estos efectos las comunidades podrán asociarse en términos de ley.

VII.- Elegir, en los municipios con población indígena, representantes ante los ayuntamientos.

Las constituciones y leyes de las entidades federativas reconocerán y regularán estos derechos en los municipios, con el propósito de fortalecer la participación y representación política de conformidad con sus tradiciones y normas internas.

VIII.- Acceder plenamente a la jurisdicción del Estado. Para garantizar ese derecho, en todos los juicios y procedimientos en que sean parte, individual o colectivamente, se deberán tomar en cuenta sus costumbres y especificidades culturales respetando los preceptos de esta Constitución. Los indígenas tienen en todo tiempo el derecho a ser asistidos por intérpretes y defensores que tengan conocimiento de su lengua y cultura.

Las constituciones y leyes de las entidades federativas establecerán las características de libre determinación y autonomía que mejor expresen las situaciones y aspiraciones de los pueblos indígenas en cada entidad, así como las normas para el reconocimiento de las comunidades indígenas como entidades de interés público.

B. La Federación, los Estados y los Municipios, para promover la igualdad de oportunidades de los indígenas y eliminar cualquier práctica discriminatoria, establecerán las instituciones y determinarán las políticas necesarias para garantizar la vigencia de los derechos de los indígenas y el desarrollo integral de sus pueblos y comunidades, las cuales deberán ser diseñadas y operadas conjuntamente con ellos.

Para abatir las carencias y rezagos que afectan a los pueblos y comunidades indígenas, dichas autoridades, tienen la obligación de:

I.- Impulsar el desarrollo regional de las zonas indígenas con el propósito de fortalecer las economías locales y mejorar las condiciones de vida de sus pueblos, mediante acciones coordinadas entre los tres órdenes de gobierno, con la participación de las comunidades. Las autoridades municipales determinarán equitativamente las asignaciones presupuestales que las comunidades administrarán directamente para fines específicos.

II.- Garantizar e incrementar los niveles de escolaridad, favoreciendo la educación bilingüe e intercultural, la alfabetización, la conclusión de la educación básica, la capacitación productiva y la educación media superior y superior. Establecer un sistema de becas para los estudiantes indígenas en todos los niveles. Definir y desarrollar programas educativos de contenido regional que reconozcan la herencia cultural de sus pueblos, de acuerdo con las leyes de la materia y en consulta con las comunidades indígenas. Impulsar el respeto y conocimiento de las diversas culturas existentes en la nación.

III.- Asegurar el acceso efectivo a los servicios de salud mediante la ampliación de la cobertura del sistema nacional, aprovechando debidamente la medicina tradicional, así como apoyar la nutrición de los indígenas mediante programas de alimentación, en especial para la población infantil.

IV.- Mejorar las condiciones de las comunidades indígenas y de sus espacios para la convivencia y recreación, mediante acciones que faciliten el acceso al financiamiento público y privado para la construcción y mejoramiento de vivienda, así como ampliar la cobertura de los servicios sociales básicos.

V.- Propiciar la incorporación de las mujeres indígenas al desarrollo, mediante el apoyo a los proyectos productivos, la protección de su salud, el otorgamiento de estímulos para favorecer su educación y su participación en la toma de decisiones relacionadas con la vida comunitaria.

VI.- Extender la red de comunicaciones que permita la integración de las comunidades, mediante la construcción y ampliación de vías de comunicación y telecomunicación. Establecer condiciones para que los pueblos y las comunidades indígenas puedan adquirir, operar y administrar medios de comunicación, en los términos que las leyes de la materia determinen.

VII.- Apoyar las actividades productivas y el desarrollo sustentable de las comunidades indígenas mediante acciones que permitan alcanzar la suficiencia de sus ingresos económicos, la aplicación de estímulos para las inversiones públicas y privadas que propicien la creación de empleos, la incorporación de tecnologías para incrementar su propia capacidad productiva, así como para asegurar el acceso equitativo a los sistemas de abasto y comercialización.

VIII.- Establecer políticas sociales para proteger a los migrantes de los pueblos indígenas, tanto en el territorio nacional como en el extranjero, mediante acciones para garantizar los derechos laborales de los jornaleros agrícolas; mejorar las condiciones de salud de las mujeres; apoyar con programas especiales de educación y nutrición a niños y jóvenes de familias emigrantes; velar por el respeto de sus derechos humanos y promover la difusión de sus culturas.

IX.- Consultar a los pueblos indígenas en la elaboración del Plan Nacional de Desarrollo y de los estatales y municipales y, en su caso, incorporar las recomendaciones y propuestas que realicen para garantizar el cumplimiento de las obligaciones señaladas en este apartado, la Cámara de Diputados del congreso de la Unión, las legislaturas de las entidades federativas y los ayuntamientos, en el ámbito de sus respectivas competencias ,establecerán las partidas específicas destinadas al cumplimiento de estas obligaciones en los presupuestos de egresos que aprueben, así como las formas y procedimientos para que las comunidades participen en el ejercicio y vigilancia de las mismas

Sin perjuicio de los derechos aquí establecidos a favor de los indígenas, sus comunidades y pueblos, toda comunidad equiparable a aquéllos tendrá en lo conducente los mismos derechos tal y como lo establezca la ley.

ART. 3.- Todo individuo tiene derecho a recibir educación. El Estado -federación, estados, Distrito Federal y municipios-,impartirá educación preescolar, primaria y secundaria.

La educación preescolar, primaria y la secundaria conforman la educación básica obligatoria. La educación que imparta el Estado tenderá a desarrollar armónicamente todas las facultades del ser humano y fomentará en él, a la vez, el amor a la Patria y la conciencia de la solidaridad internacional, en la independencia y en la justicia.

I.- Garantizada por el artículo 24 la libertad de creencias, dicha educación será laica y, por tanto, se mantendrá por completo ajena a cualquier doctrina religiosa;

II.- El criterio que orientará a esa educación se basará en los resultados del progreso científico, luchará contra la ignorancia y sus efectos, las servidumbres, los fanatismos y los prejuicios.

Además:

a) Será democrático, considerando a la democracia no solamente como una estructura jurídica y un régimen político, sino como un sistema de vida fundado en el constante mejoramiento económico, social y cultural del pueblo;

b) Será nacional, en cuanto -sin hostilidades ni exclusivismos- atenderá a la comprensión de nuestros problemas, al aprovechamiento de nuestros recursos, a la defensa de nuestra independencia política, al aseguramiento de nuestra independencia económica y a la continuidad y acrecentamiento de nuestra cultura, y

c) Contribuirá a la mejor convivencia humana, tanto por los elementos que aporte a fin de robustecer en el educando, junto con el aprecio para la dignidad de la persona y la integridad de la familia, la convicción del interés general de la sociedad, cuanto por el cuidado que ponga en sustentar los ideales de fraternidad e igualdad de derechos de todos los hombres, evitando los privilegios de razas, de religión, de grupos, de sexos o de individuos;

III.- Para dar pleno cumplimiento a lo dispuesto en el segundo párrafo y en la fracción II, el Ejecutivo Federal determinará los planes y programas de estudio de la educación preescolar, primaria, secundaria y normal para toda la República. Para tales efectos, el Ejecutivo Federal considerará la opinión de los gobiernos de las entidades federativas y del Distrito Federal, así como de los diversos sectores sociales involucrados en la educación, en los términos que la ley señale.

IV.- Toda la educación que el Estado imparta será gratuita;

V.- Además de impartir la educación preescolar, primaria y secundaria señaladas en el primer párrafo, el Estado promoverá y atenderá todos los tipos y modalidades educativos -incluyendo la educación inicial y a la educación superior- necesarios para el desarrollo de la nación, apoyará la investigación científica y tecnológica, y alentará el fortalecimiento y difusión de nuestra cultura.

VI.- Los particulares podrán impartir educación en todos sus tipos y modalidades. En los términos que establezca la ley, el Estado otorgará y retirará el reconocimiento de validez oficial a los estudios que se realicen en planteles particulares.

En el caso de la educación preescolar, primaria, secundaria y normal, los particulares deberán:

a) Impartir la educación con apego a los mismos fines y criterios que establecen el segundo párrafo y la fracción II, así como cumplir los planes y programas a que se refiere la fracción III, y

b) Obtener previamente, en cada caso, la autorización expresa del poder público, en los términos que establezca la ley;

VII.- Las universidades y las demás instituciones de educación superior a las que la ley otorgue autonomía, tendrán la facultad y la responsabilidad de gobernarse a sí mismas; realizarán sus fines de educar, investigar y difundir la cultura de acuerdo con los principios de este artículo, respetando la libertad de cátedra e investigación y de libre examen y discusión de las ideas; determinarán sus planes y programas; fijarán los

términos de ingreso, promoción y permanencia de su personal académico; y administrarán su patrimonio. Las relaciones laborales, tanto del personal académico como del administrativo, se normarán por el apartado A del artículo 123 de esta Constitución, en los términos y con las modalidades que establezca la Ley Federal del Trabajo conforme a las características propias de un trabajo especial, de manera que concuerden con la autonomía, la libertad de cátedra e investigación y los fines de las instituciones a que esta fracción se refiere; y

VIII.- El Congreso de la Unión, con el fin de unificar y coordinar la educación en toda la República, expedirá las leyes necesarias, destinadas a distribuir la función social educativa entre la Federación, los Estados y los Municipios, a fijar las aportaciones económicas correspondientes a ese servicio público y a señalar las sanciones aplicables a los funcionarios que no cumplan o no hagan cumplir las disposiciones relativas, lo mismo que a todos aquellos que las infrinjan.

ART. 4.- El varón y la mujer son iguales ante la ley. Esta protegerá la organización y el desarrollo de la familia.

Toda persona tiene derecho a decidir de manera libre, responsable e informada sobre el número y el espaciamiento de sus hijos.

Toda persona tiene derecho a la protección de la salud. La ley definirá las bases y modalidades para el acceso a los servicios de salud y establecerá la concurrencia de la Federación y las entidades federativas en materia de salubridad general, conforme a lo que dispone la fracción XVI del artículo 73 de esta Constitución.

Toda persona tiene derecho a un medio ambiente adecuado para su desarrollo y bienestar.

Toda familia tiene derecho a disfrutar de vivienda digna y decorosa. La ley establecerá los instrumentos y apoyos necesarios a fin de alcanzar tal objetivo.

Los niños y las niñas tienen derecho a la satisfacción de sus necesidades de alimentación, salud, educación y sano esparcimiento para su desarrollo integral.

Los ascendientes, tutores y custodios tienen el deber de preservar estos derechos. El Estado proveerá lo necesario para propiciar el respeto a la dignidad de la niñez y el ejercicio pleno de sus derechos.

El Estado otorgará facilidades a los particulares para que coadyuven al cumplimiento de los derechos de la niñez.

ART. 5.- A ninguna persona podrá impedirse que se dedique a la profesión, industria, comercio o trabajo que le acomode, siendo lícitos. El ejercicio de esta libertad sólo podrá vedarse por determinación judicial, cuando se ataquen los derechos de tercero, o por resolución gubernativa, dictada en los términos que marque la ley, cuando se ofendan los derechos de la sociedad. Nadie puede ser privado del producto de su trabajo, sino por resolución judicial.

La Ley determinará en cada Estado, cuales son las profesiones que necesitan título para su ejercicio, las condiciones que deban llenarse para obtenerlo y las autoridades que han de expedirlo.

Nadie podrá ser obligado a prestar trabajos personales sin la justa retribución y sin su pleno consentimiento, salvo el trabajo impuesto como pena por la autoridad judicial, el cual se ajustará a lo dispuesto en las fracciones I y II del artículo 123.

En cuanto a los servicios públicos, sólo podrán ser obligatorios, en los términos que establezcan las leyes respectivas, el de las armas y los jurados, así como el desempeño de los cargos concejiles y los de elección popular, directa o indirecta.

Las funciones electorales y censales tendrán carácter obligatorio y gratuito, pero serán retribuidas aquéllas que se realicen profesionalmente en los términos de esta Constitución y las leyes correspondientes. Los servicios profesionales e índole social serán obligatorios y retribuidos en los términos de la ley y con las excepciones que ésta señale.

El Estado no puede permitir que se lleve a efecto ningún contrato, pacto o convenio que tenga por objeto el menoscabo, la pérdida o el irrevocable sacrificio de la libertad de la persona por cualquier causa.

Tampoco puede admitirse convenio en que la persona pacte su proscripción o destierro o en que renuncie temporal o permanentemente a ejercer determinada profesión, industria o comercio.

El contrato de trabajo sólo obligará a prestar el servicio convenido por el tiempo que fije la ley, sin poder exceder de un año en perjuicio del trabajador, y no podrá extenderse, en ningún caso, a la renuncia, pérdida o menoscabo de cualquiera de los derechos políticos o civiles.

La falta de cumplimiento de dicho contrato, por lo que respecta al trabajador, sólo obligará a éste a la correspondiente responsabilidad civil, sin que en ningún caso pueda hacerse coacción sobre su persona.

ART. 6.- La manifestación de las ideas no será objeto de ninguna inquisición judicial o administrativa, sino en el caso de que ataque a la moral, los derechos de tercero, provoque algún delito o perturbe el orden público; el derecho a la información será garantizado por el Estado.

[1]Para el ejercicio del derecho de acceso a la información, la Federación, los Estados y el Distrito Federal, en el ámbito de sus respectivas competencias, se regirán por los siguientes principios y bases:

I.- Toda la información en posesión de cualquier autoridad, entidad, órgano y organismo federal, estatal y municipal, es pública y sólo podrá ser reservada temporalmente por razones de interés público en los términos que fijen las leyes. En la interpretación de este derecho deberá

---

[1] *Se adiciona un segundo párrafo con siete fracciones al artículo 6 según D. O. F. del 20 de julio de 2007.*

prevalecer el principio de máxima publicidad.

II.- La información que se refiere a la vida privada y los datos personales será protegida en los términos y con las excepciones que fijen las leyes.

III.- Toda persona, sin necesidad de acreditar interés alguno o justificar su utilización, tendrá acceso gratuito a la información pública, a sus datos personales o a la rectificación de éstos.

IV.- Se establecerán mecanismos de acceso a la información y procedimientos de revisión expeditos. Estos procedimientos se sustanciarán ante órganos u organismos especializados e imparciales, y con autonomía operativa, de gestión y de decisión.

V.- Los sujetos obligados deberán preservar sus documentos en archivos administrativos actualizados y publicarán a través de los medios electrónicos disponibles, la información completa y actualizada sobre sus indicadores de gestión y el ejercicio de los recursos públicos.

VI.- Las leyes determinarán la manera en que los sujetos obligados deberán hacer pública la información relativa a los recursos públicos que entreguen a personas físicas o morales.

VII.- La inobservancia a las disposiciones en materia de acceso a la información pública será sancionada en los términos que dispongan las leyes.

ART. 7.- Es inviolable la libertad de escribir y publicar escritos sobre cualquiera materia. Ninguna ley ni autoridad puede establecer la previa censura ni exigir fianza a los autores o impresores, ni coartar la libertad de imprenta, que no tiene más límites que el respeto a la vida privada, a la moral y a la paz pública. En ningún caso podrá secuestrarse la imprenta como instrumento del delito.

Las leyes orgánicas dictarán cuantas disposiciones sean necesarias para evitar que so pretexto de las denuncias por delito de prensa, sean encarcelados los expendedores, "papeleros", operarios y demás empleados del establecimiento de donde haya salido el escrito denunciado, a menos que se demuestre previamente la responsabilidad de aquéllos.

ART. 8.- Los funcionarios y empleados públicos respetarán el ejercicio del derecho de petición, siempre que ésta se formule por escrito, de manera pacífica y respetuosa; pero en materia política sólo podrán hacer uso de ese derecho los ciudadanos de la República.

A toda petición deberá recaer un acuerdo escrito de la autoridad a quien se haya dirigido, la cual tiene obligación de hacerlo conocer en breve término al peticionario.

ART. 9.- No se podrá coartar el derecho de asociarse o reunirse pacíficamente con cualquier objeto lícito; pero solamente los ciudadanos de la República podrán hacerlo para tomar parte en los asuntos políticos del país. Ninguna reunión armada, tiene derecho de deliberar.

No se considerará ilegal, y no podrá ser disuelta una asamblea o reunión que tenga por objeto hacer una petición o presentar una protesta por algún acto o una autoridad, si no se profieren injurias contra ésta, ni se hiciere uso de violencias o amenazas para intimidarla u obligarla a resolver en el sentido que se desee.

ART. 10.- Los habitantes de los Estados Unidos Mexicanos tienen derecho a poseer armas en su domicilio, para su seguridad y legítima defensa, con excepción de las prohibidas por la Ley Federal y de las reservadas para el uso exclusivo del Ejército, Armada, Fuerza Aérea y Guardia Nacional. La ley federal determinará los casos, condiciones, requisitos y lugares en que se podrá autorizar a los habitantes la portación de armas.

ART. 11.- Todo hombre tiene derecho para entrar en la República, salir de ella, viajar por su territorio y mudar de residencia, sin necesidad de carta de seguridad, pasaporte, salvo-conducto u otros requisitos semejantes. El ejercicio de este derecho estará subordinado a las facultades de la autoridad judicial, en los casos de responsabilidad criminal o civil, y a las de la autoridad administrativa, por lo que toca a las limitaciones que impongan las leyes sobre emigración, inmigración y salubridad general de la República, o sobre extranjeros perniciosos residentes en el país.

ART. 12.- En los Estados Unidos Mexicanos no se concederán títulos de nobleza, ni prerrogativas y honores hereditarios, ni se dará efecto alguno a los otorgados por cualquier otro país.

ART. 13.- Nadie puede ser juzgado por leyes privativas ni por \tribunales especiales. Ninguna persona o corporación puede tener fuero, ni gozar más emolumentos que los que sean compensación de servicios públicos y estén fijados por la ley.

Subsiste el fuero de guerra para los delitos y faltas contra la disciplina militar; pero los tribunales militares en ningún caso y por ningún motivo, podrán extender su jurisdicción sobre personas que no pertenezcan al Ejército. Cuando en un delito o falta del orden militar estuviese complicado un paisano, conocerá del caso la autoridad civil que corresponda.

ART. 14.- A ninguna ley se dará efecto retroactivo en perjuicio de persona alguna.

Nadie podrá ser privado de la libertad o de sus propiedades, posesiones o derechos, sino mediante juicio seguido ante los tribunales previamente establecidos, en el que se cumplan las formalidades esenciales del procedimiento y conforme a las Leyes expedidas con anterioridad al hecho.

En los juicios del orden criminal queda prohibido imponer, por simple analogía, y aún por mayoría de razón, pena alguna que no esté decretada por una ley exactamente aplicable al delito de que se trata.

En los juicios del orden civil, la sentencia definitiva deberá ser conforme a la letra o a la interpretación jurídica de la ley, y a falta de ésta se fundará en los principios generales del derecho.

ART. 15.- No se autoriza la celebración de tratados para la extradición de reos políticos, ni para la de aquellos delincuentes del orden común que hayan tenido en el país donde cometieron el delito, la condición de esclavos; ni de convenios o tratados en virtud de los que se alteren las garantías y derechos establecidos por esta Constitución para el hombre y el ciudadano.

ART. 16.- Nadie puede ser molestado en su persona, familia, domicilio, papeles o posesiones, sino en virtud de mandamiento escrito de la autoridad competente, que funde y motive la causa legal del procedimiento.

No podrá librarse orden de aprehensión sino por la autoridad judicial y sin que preceda denuncia o querella de un hecho que la ley señale como delito, sancionado cuando menos con pena privativa de libertad y existan datos que acrediten el cuerpo del delito y que hagan probable la responsabilidad del indiciado.

La autoridad que ejecute una orden judicial de aprehensión, deberá poner al inculpado a disposición del juez, sin dilación alguna y bajo su más estricta responsabilidad. La contravención a lo anterior será sancionada por la ley penal.

En los casos de delito flagrante, cualquier persona puede detener al indiciado poniéndolo sin demora a disposición de la autoridad inmediata y ésta, con la misma prontitud, a la del Ministerio Público.

Sólo en casos urgentes, cuando se trate de delito grave así calificado por la ley y ante el riesgo fundado de que el indiciado pueda sustraerse a la acción de la justicia, siempre y cuando no se pueda ocurrir ante la autoridad judicial por razón de la hora, lugar o circunstancia, el Ministerio Público podrá, bajo su responsabilidad, ordenar su detención, fundando y expresando los indicios que motiven su proceder.

En casos de urgencia o flagrancia, el juez que reciba la consignación del detenido deberá inmediatamente ratificar la detención o decretar la libertad con las reservas de ley.

Ningún indiciado podrá ser retenido por el Ministerio Público por más de cuarenta y ocho horas, plazo en que deberá ordenarse su libertad o ponérsele a disposición de la autoridad judicial; este plazo podrá duplicarse en aquellos casos que la ley prevea como delincuencia organizada. Todo abuso a lo anteriormente dispuesto será sancionado por la ley penal.

En toda orden de cateo, que solo la autoridad judicial podrá expedir y que será escrita, se expresará el lugar que ha de inspeccionarse, la persona o personas que hayan de aprehenderse y los objetos que se buscan, a lo que únicamente debe limitarse la diligencia, levantándose, en el acto de concluirla, una acta circunstanciada en presencia de dos testigos propuestos por el ocupante del lugar cateado o en su ausencia o negativa, por la autoridad que practique la diligencia.

Las comunicaciones privadas son inviolables. La Ley sancionará penalmente cualquier acto que atente contra la libertad y privacía de las mismas. Exclusivamente la autoridad judicial federal, a petición de la autoridad federal que faculte la ley o del titular del Ministerio Público de la entidad federativa correspondiente, podrá autorizar la intervención de cualquier comunicación privada. Para ello, la autoridad competente, por escrito, deberá fundar y motivar las causas legales de la solicitud, expresando además, el tipo de intervención, los sujetos de la misma y su duración. La autoridad judicial federal no podrá otorgar estas autorizaciones cuando se trate de materias de carácter electoral, fiscal, mercantil, civil, laboral o administrativo, ni en el caso de las comunicaciones del detenido con su defensor.

Las intervenciones autorizadas se ajustarán a los requisitos y límites previstos en las leyes. Los resultados de las intervenciones que no cumplan con éstos, carecerán de todo valor probatorio.

La autoridad administrativa podrá practicar visitas domiciliarias únicamente para cerciorarse de que se han cumplido los reglamentos sanitarios y de policía; y exigir la exhibición de los libros y papeles indispensables para comprobar que se han cumplido las disposiciones fiscales sujetándose en estos casos a las leyes respectivas y a las formalidades prescritas para los cateos.

La correspondencia que bajo cubierta circule por las estafetas, estará libre de todo registro, y su violación será penada por la ley.

En tiempo de paz ningún miembro del Ejército podrá alojarse en casa particular contra la voluntad del dueño, ni imponer prestación alguna. En tiempo de guerra los militares podrán exigir alojamiento, bagajes, alimentos y otras prestaciones, en los términos que establezca la ley marcial correspondiente.

ART. 17.- Ninguna persona podrá hacerse justicia por sí misma, ni ejercer violencia para reclamar su derecho. Toda persona tiene derecho a que se le administre justicia por tribunales que estarán expeditos para impartirla en los plazos y términos que fijen las leyes, emitiendo sus resoluciones de manera pronta, completa e imparcial. Su servicio será gratuito, quedando, en consecuencia, prohibidas las costas judiciales.

Las leyes federales y locales establecerán los medios necesarios para que se garantice la independencia de los tribunales y la plena ejecución de sus resoluciones.

Nadie puede ser aprisionado por deudas de carácter puramente civil.

ART. 18.- Sólo por delito que merezca pena corporal habrá lugar a prisión preventiva. El sitio de ésta será distinto del que se destinare para la extinción de las penas y estarán completamente separados.

Los Gobiernos de la Federación y de los Estados organizarán el sistema penal, en sus respectivas jurisdicciones, sobre la base del trabajo, la capacitación para el mismo y la educación como medios para la readaptación social del delincuente. Las mujeres compurgarán sus penas en lugares separados de los destinados a los hombres para tal efecto.

Los Gobernadores de los Estados, sujetándose a lo que establezcan las leyes locales respectivas, podrán celebrar con la Federación convenios de carácter general, para que los reos sentenciados por delitos del orden común extingan su condena en establecimientos dependientes del Ejecutivo Federal.

La Federación, los Estados y el Distrito Federal establecerán, en el ámbito de sus respectivas competencias, un sistema integral de justicia que será aplicable a quienes se atribuya la realización de una conducta tipificada como delito por las leyes penales y tengan entre doce años cumplidos y menos de dieciocho años de edad, en el que se garanticen los derechos fundamentales que reconoce esta Constitución para todo individuo, así como aquellos derechos específicos que por su condición de personas en desarrollo les han sido reconocidos. Las personas menores de doce años que hayan realizado una conducta prevista como delito en la ley, solo serán sujetos a rehabilitación y asistencia social.

La operación del sistema en cada orden de gobierno estará a cargo de instituciones, tribunales y autoridades especializados en la procuración e impartición de justicia para adolescentes. Se podrán aplicar las medidas de orientación, protección y tratamiento que amerite cada caso, atendiendo a la protección integral y el interés superior del adolescente.

Las formas alternativas de justicia deberán observarse en la aplicación de este sistema, siempre que resulte procedente. En todos los procedimientos seguidos a los adolescentes se observará la garantía del debido proceso legal, así como la independencia entre las autoridades que efectúen la remisión y las que impongan las medidas. Éstas deberán ser proporcionales a la conducta realizada y tendrán como fin la reintegración social y familiar del adolescente, así como el pleno desarrollo de su persona y capacidades. El internamiento se utilizará solo como medida extrema y por el tiempo más breve que proceda, y podrá aplicarse únicamente a los adolescentes mayores de catorce años de edad, por la comisión de conductas antisociales calificadas como graves.

Los reos de nacionalidad mexicana que se encuentren compurgando penas en países extranjeros, podrán ser trasladados a la República para que cumplan sus condenas con base en los sistemas de readaptación social previstos en este artículo, y los reos de nacionalidad extranjera sentenciados por delitos del orden federal en toda la República, o del fuero común en el Distrito Federal, podrán ser trasladados al país de su origen o residencia, sujetándose a los Tratados Internacionales que se hayan celebrado para ese efecto. Los gobernadores de los Estados podrán solicitar al Ejecutivo Federal, con apoyo en las leyes locales respectivas, la inclusión de reos del orden común en dichos Tratados. El traslado de los reos sólo podrá efectuarse con su consentimiento expreso.

Los sentenciados, en los casos y condiciones que establezca la ley, podrán compurgar sus penas en los centros penitenciarios más cercanos a su domicilio, a fin de propiciar su reintegración a la comunidad como forma de readaptación social.

ART. 19.- Ninguna detención ante autoridad judicial podrá exceder del plazo de setenta y dos horas, a partir de que el indiciado sea puesto a su disposición, sin que se justifique con un auto de formal prisión en el que se expresarán: el delito que se impute al acusado; el lugar, tiempo y circunstancias de ejecución, así como los datos que arroje la averiguación previa, los que deberán ser bastantes para comprobar el cuerpo del delito y hacer probable la responsabilidad del indiciado.

Este plazo podrá prorrogarse únicamente a petición del indiciado, en la forma que señale la ley. La prolongación de la detención en su perjuicio será sancionada por la ley penal. La autoridad responsable del establecimiento en el que se encuentre internado el indiciado, que dentro del plazo antes señalado no reciba copia autorizada del auto de formal prisión o de la solicitud de prórroga, deberá llamar la atención del juez sobre dicho particular en el acto mismo de concluir el plazo y, si no recibe la constancia mencionada dentro de las tres horas siguientes, pondrá al indiciado en libertad.

Todo proceso se seguirá forzosamente por el delito o delitos señalados en el auto de formal prisión o de sujeción a proceso. Si en la secuela de un proceso apareciere que se ha cometido un delito distinto del que se persigue, deberá ser objeto de averiguación separada, sin perjuicio de que después pueda decretarse la acumulación, si fuere conducente.

Todo mal tratamiento en la aprehensión o en las prisiones, toda molestia que se infiera sin motivo legal; toda gabela o contribución, en las cárceles, son abusos que serán corregidos por las leyes y reprimidos por las autoridades.

ART. 20.- En todo proceso de orden penal, el inculpado, la víctima o el ofendido, tendrán las siguientes garantías:

A. Del inculpado:

I.- Inmediatamente que lo solicite, el juez deberá otorgarle la libertad provisional bajo caución, siempre y cuando no se trate de delitos en que, por su gravedad, la ley expresamente prohiba conceder este beneficio. En caso de delitos no graves, a solicitud del Ministerio Público, el juez podrá negar la libertad provisional, cuando el inculpado haya sido condenado con anterioridad, por algún delito calificado como grave por la ley o, cuando el Ministerio Público aporte elementos al juez para establecer que la libertad del inculpado representa, por su conducta precedente o por las circunstancias y características del delito cometido, un riesgo para el ofendido o para la sociedad.

El monto y la forma de caución que se fije, deberán ser asequibles para el inculpado. En circunstancias que la ley determine, la autoridad judicial podrá modificar el monto de la caución. Para resolver sobre la forma y el monto de la caución, el juez deberá tomar en cuenta la naturaleza, modalidades y circunstancias del delito; las características del inculpado y la posibilidad de cumplimiento de las obligaciones procesales a su cargo; los daños y perjuicios causados al ofendido; así como la sanción pecuniaria que, en su caso, pueda imponerse al inculpado.

La ley determinará los casos graves en los cuales el juez podrá revocar la libertad provisional;

II.- No podrá ser obligado a declarar. Queda prohibida y será sancionada por la ley penal, toda incomunicación, intimidación o tortura. La confesión rendida ante cualquier autoridad distinta del Ministerio Público o del juez, o ante éstos sin la asistencia de su defensor carecerá de todo valor probatorio;

III.- Se le hará saber en audiencia pública, y dentro de las cuarenta y ocho horas siguientes a su consignación a la justicia, el nombre de su acusador y la naturaleza y causa de la acusación, a fin de que conozca bien el hecho punible que se le atribuye y pueda contestar el cargo, rindiendo en este acto su declaración preparatoria.

IV.- Cuando así lo solicite, será careado, en presencia del juez, con quien deponga en su contra, salvo lo dispuesto en la fracción V del Apartado B de este artículo;

V.- Se le recibirán los testigos y demás pruebas que ofrezca, concediéndosele el tiempo que la ley estime necesario al efecto y auxiliándosele para obtener la comparecencia de las personas cuyo testimonio solicite, siempre que se encuentren en el lugar del proceso.

VI.- Será juzgado en audiencia pública por un juez o jurado de ciudadanos que sepan leer y escribir, vecinos del lugar y partido en que se cometiere el delito, siempre que éste pueda ser castigado con una pena mayor de un año de prisión. En todo caso serán juzgados por un jurado los delitos cometidos por medio de la prensa contra el orden público o la seguridad exterior o interior de la Nación.

VII.- Le serán facilitados todos los datos que solicite para su defensa y que consten en el proceso.

VIII.- Será juzgado antes de cuatro meses si se tratare de delitos cuya pena máxima no exceda de dos años de prisión, y antes de un año si la pena excediere de ese tiempo, salvo que solicite mayor plazo para su defensa;

IX.- Desde el inicio de su proceso será informado de los derechos que en su favor consigna esta Constitución y tendrá derecho a una defensa adecuada, por sí, por abogado, o por persona de su confianza. Si no quiere o no puede nombrar defensor, después de haber sido requerido para hacerlo, el juez le designará un defensor de oficio. También tendrá derecho a que su defensor comparezca en todos los actos del proceso y éste tendrá obligación de hacerlo cuantas veces se le requiera; y,

X.- En ningún caso podrá prolongarse la prisión o detención, por falta de pago de honorarios de defensores o por cualquiera otra prestación de dinero, por causa de responsabilidad civil o algún otro motivo análogo.

Tampoco podrá prolongarse la prisión preventiva por más tiempo del que como máximo fije la ley al delito que motivare el proceso.

En toda pena de prisión que imponga una sentencia, se computará el tiempo de la detención.

Las garantías previstas en las fracciones I, V, VII y IX también serán observadas durante la averiguación previa, en los términos y con los requisitos y límites que las leyes establezcan; lo previsto en la fracción II no estará sujeto a condición alguna.

B. De la víctima o del ofendido:

I.- Recibir asesoría jurídica; ser informado de los derechos que en su favor establece la Constitución y, cuando lo solicite, ser informado del desarrollo del procedimiento penal;

II.- Coadyuvar con el Ministerio Público; a que se le reciban todos los datos o elementos de prueba con los que cuente, tanto en la averiguación previa como en el proceso, y a que se desahoguen las diligencias correspondientes. Cuando el Ministerio Público considere que no es necesario el desahogo de la diligencia, deberá fundar y motivar su negativa;

III.- Recibir, desde la comisión del delito, atención médica y psicológica de urgencia;

IV.- Que se le repare el daño. En los casos en que sea procedente, el Ministerio Público estará obligado a solicitar la reparación del daño y el juzgador no podrá absolver al sentenciado de dicha reparación si ha emitido una sentencia condenatoria.

La ley fijará procedimientos ágiles para ejecutar las sentencias en materia de reparación del daño;

V.- Cuando la víctima o el ofendido sean menores de edad, no estarán obligados a carearse con el inculpado cuando se trate de los delitos de violación o secuestro. En estos casos, se llevarán a cabo declaraciones en las condiciones que establezca la ley; y

VI.- Solicitar las medidas y providencias que prevea la ley para su seguridad y auxilio.

ART. 21.- La imposición de las penas es propia y exclusiva de la autoridad judicial. La investigación y persecución de los delitos incumbe al Ministerio Público, el cual se auxiliará con una policía que estará bajo su autoridad y mando inmediato. Compete a la autoridad administrativa la aplicación de sanciones por las infracciones de los reglamentos gubernativos y de policía, las que únicamente consistirán en multa o arresto hasta por treinta y seis horas; pero si el infractor no pagare la multa que se le hubiese impuesto, se permutará ésta por el arresto correspondiente, que no excederá en ningún caso de treinta y seis horas.

Si el infractor fuese jornalero, obrero o trabajador, no podrá ser sancionado con multa mayor del importe de su jornal o salario de un día.

Tratándose de trabajadores no asalariados, la multa no excederá del equivalente a un día de su ingreso.

Las resoluciones del Ministerio Público sobre el no ejercicio y desistimiento de la acción penal, podrán ser impugnadas por vía jurisdiccional en los términos que establezca la ley.

[1]El Ejecutivo Federal podrá, con la aprobación del Senado en cada

caso, reconocer la jurisdicción de la Corte Penal Internacional.

La seguridad pública es una función a cargo de la Federación, el Distrito Federal, los Estados y los Municipios, en las respectivas competencias que esta Constitución señala. La actuación de las instituciones policiales se regirá por los principios de legalidad, eficiencia, profesionalismo y honradez.

La Federación, el Distrito Federal, los Estados y los Municipios se coordinarán, en los términos que la ley señale, para establecer un sistema nacional de seguridad pública.

ART. 22.- Quedan prohibidas las penas de muerte, de mutilación, de infamia, la marca, los azotes, los palos, el tormento de cualquier especie, la multa excesiva, la confiscación de bienes y cualesquiera otras penas inusitadas y trascendentales.

No se considerará confiscación de bienes la aplicación total o parcial de los bienes de una persona hecha por la autoridad judicial, para el pago de la responsabilidad civil resultante de la comisión de un delito, o para el pago de impuestos o multas.. Tampoco se considerará confiscación el decomiso que ordene la autoridad judicial, de los bienes, en caso del enriquecimiento ilícito, en los términos del artículo 109; ni el decomiso de los bienes propiedad del sentenciado, por delitos de los previstos como de delincuencia organizada, o el de aquéllos respecto de los cuales éste se conduzca como dueño, si no acredita la legítima procedencia de dichos bienes.

No se considerará confiscación la aplicación a favor del Estado de bienes asegurados que causen abandono en los términos de las disposiciones aplicables. La autoridad judicial resolverá que se apliquen en favor del Estado los bienes que hayan sido asegurados con motivo de una investigación o proceso que se sigan por delitos de delincuencia organizada, cuando se ponga fin a dicha investigación o proceso, sin que haya un pronunciamiento sobre los bienes asegurados. La resolución judicial se dictará previo procedimiento en el que se otorgue audiencia a terceros y se acredite plenamente el cuerpo del delito previsto por la ley como de delincuencia organizada, siempre y cuando se trate de bienes respecto de los cuales el inculpado en la investigación o proceso citados haya sido poseedor, propietario o se haya conducido como tales, independientemente de que hubieran sido transferidos a terceros, salvo que éstos acrediten que son poseedores o adquirentes de buena fe.

ART. 23.- Ningún juicio criminal deberá tener mas de tres instancias. Nadie puede ser juzgado dos veces por el mismo delito, ya sea que en el juicio se le absuelva o se le condene. Queda prohibida la práctica de absolver de la instancia.

ART. 24.- Todo hombre es libre para profesar la creencia religiosa que más le agrade y para practicar las ceremonias, devociones o actos del culto respectivo, siempre que no constituyan un delito o falta penados por la ley.

El Congreso no puede dictar leyes que establezcan o prohiban religión alguna.

Los actos religiosos de culto público se celebrarán ordinariamente en los templos. Los que extraordinariamente se celebren fuera de éstos se sujetarán a la ley reglamentaria.

ART. 25.- Corresponde al Estado la rectoría del desarrollo nacional para garantizar que éste sea integral y sustentable, que fortalezca la Soberanía de la Nación y su régimen democrático y que, mediante el fomento del crecimiento económico y el empleo y una más justa distribución del ingreso y la riqueza, permita el pleno ejercicio de la libertad y la dignidad de los individuos, grupos y clases sociales, cuya seguridad protege esta Constitución.

El Estado planeará, conducirá, coordinará y orientará la actividad económica nacional, y llevará al cabo la regulación y fomento de las actividades que demande el interés general en el marco de libertades que otorga esta Constitución.

Al desarrollo económico nacional concurrirán, con responsabilidad social, el sector público, el sector social y el sector privado, sin menoscabo de otras formas de actividad económica que contribuyan al desarrollo de la Nación.

El sector público tendrá a su cargo, de manera exclusiva, las áreas estratégicas que se señalan en el Artículo 28, párrafo cuarto de la Constitución, manteniendo siempre el Gobierno Federal la propiedad y el control sobre los organismos que en su caso se establezcan.

Asimismo podrá participar por sí o con los sectores social y privado, de acuerdo con la ley, para impulsar y organizar las áreas prioritarias del desarrollo.

Bajo criterios de equidad social y productividad se apoyará e impulsará a las empresas de los sectores social y privado de la economía, sujetándolos a las modalidades que dicte el interés público y al uso, en beneficio general, de los recursos productivos, cuidando su conservación y el medio ambiente.

La ley establecerá los mecanismos que faciliten la organización y la expansión de la actividad económica del sector social: de los ejidos, organizaciones de trabajadores, cooperativas, comunidades, empresas que pertenezcan mayoritaria o exclusivamente a los trabajadores y, en general, de todas las formas de organización social para la producción, distribución y consumo de bienes y servicios socialmente necesarios.

La ley alentará y protegerá la actividad económica que realicen los particulares y proveerá las condiciones para que el desenvolvimiento del sector privado contribuya al desarrollo económico nacional, en los términos que establece esta Constitución.

[1]**ART. 26.**

A. El Estado organizará un sistema de planeación democrática del desarrollo nacional que imprima solidez, dinamismo, permanencia y equidad al crecimiento de la economía para la independencia y la democratización política, social y cultural de la Nación.

Los fines del proyecto nacional contenidos en esta Constitución determinarán los objetivos de la planeación. La planeación será democrática. Mediante la participación de los diversos sectores sociales recogerá las aspiraciones y demandas de la sociedad para incorporarlas al plan y los programas de desarrollo. Habrá un plan nacional de desarrollo al que se sujetarán obligatoriamente los programas de la Administración Pública Federal.

La ley facultará al Ejecutivo para que establezca los procedimientos de participación y consulta popular en el sistema nacional de planeación democrática, y los criterios para la formulación, instrumentación, control y evaluación del plan y los programas de desarrollo. Asimismo, determinará los órganos responsables del proceso de planeación y las bases para que el Ejecutivo Federal coordine mediante convenios con los gobiernos de las entidades federativas e induzca y concierte con los particulares las acciones a realizar para su elaboración y ejecución.

En el sistema de planeación democrática, el Congreso de la Unión tendrá la intervención que señale la ley.

B. El Estado contará con un Sistema Nacional de Información Estadística y Geográfica cuyos datos serán considerados oficiales. Para la Federación, estados, Distrito Federal y municipios, los datos contenidos en el Sistema serán de uso obligatorio en los términos que establezca la ley.

La responsabilidad de normar y coordinar dicho Sistema estará a cargo de un organismo con autonomía técnica y de gestión, personalidad jurídica y patrimonio propios, con las facultades necesarias para regular la captación, procesamiento y publicación de la información que se genere y proveer a su observancia.

El organismo tendrá una Junta de Gobierno integrada por cinco miembros, uno de los cuales fungirá como Presidente de ésta y del propio organismo; serán designados por el Presidente de la República con la aprobación de la Cámara de Senadores o en sus recesos por la Comisión Permanente del Congreso de la Unión.

La ley establecerá las bases de organización y funcionamiento del Sistema Nacional de Información Estadística y Geográfica, de acuerdo con los principios de accesibilidad a la información, transparencia, objetividad e independencia; los requisitos que deberán cumplir los miembros de la Junta de Gobierno, la duración y escalonamiento de su encargo.

Los miembros de la Junta de Gobierno sólo podrán ser removidos por causa grave y no podrán tener ningún otro empleo, cargo o comisión, con excepción de los no remunerados en instituciones docentes, científicas, culturales o de beneficencia; y estarán sujetos a lo dispuesto por el Título Cuarto de esta Constitución.

ART. 27.- La propiedad de las tierras y aguas comprendidas dentro de los límites del territorio nacional, corresponde originariamente a la Nación, la cual ha tenido y tiene el derecho de transmitir el dominio de ellas a los particulares, constituyendo la propiedad privada.

Las expropiaciones sólo podrán hacerse por causa de utilidad pública y mediante indemnización.

La nación tendrá en todo tiempo el derecho de imponer a la propiedad privada las modalidades que dicte el interés público, así como el de regular, en beneficio social, el aprovechamiento de los elementos naturales susceptibles de apropiación, con objeto de hacer una distribución equitativa de la riqueza pública, cuidar de su conservación, lograr el desarrollo equilibrado del país y el mejoramiento de las condiciones de vida de la población rural y urbana. En consecuencia, se dictarán las medidas necesarias para ordenar los asentamientos humanos y establecer adecuadas provisiones, usos, reservas y destinos de tierras, aguas y bosques, a efecto de ejecutar obras públicas y de planear y regular la fundación, conservación, mejoramiento y crecimiento de los centros de población; para preservar y restaurar el equilibrio ecológico; para el fraccionamiento de los latifundios; para disponer, en los términos de la ley reglamentaria, la organización y explotación colectiva de los ejidos y comunidades; para el desarrollo de la pequeña propiedad rural; para el fomento de la agricultura, de la ganadería, de la silvicultura y de las demás actividades económicas en el medio rural, y para evitar la destrucción de los elementos naturales y los daños que la propiedad pueda sufrir en perjuicio de la sociedad.

Corresponde a la Nación el dominio directo de todos los recursos naturales de la plataforma continental y los zócalos submarinos de las islas; de todos los minerales o substancias que en vetas, mantos, masas o yacimientos, constituyan depósitos cuya naturaleza sea distinta de los componentes de los terrenos, tales como los minerales de los que se extraigan metales y metaloides utilizados en la industria; los yacimientos de piedras preciosas, de sal de gema y las salinas formadas directamente por las aguas marinas; los productos derivados de la descomposición de las rocas, cuando su explotación necesite trabajos subterráneos; los yacimientos minerales u orgánicos de materias susceptibles de ser utilizadas como fertilizantes; los combustibles minerales sólidos; el petróleo y todos los carburos de hidrógeno sólidos, líquidos o gaseosos; y el espacio situado sobre el territorio nacional, en la extensión y términos que fije el Derecho Internacional.

Son propiedad de la Nación las aguas de los mares territoriales en la extensión y términos que fije el Derecho Internacional; las aguas marinas interiores; las de las lagunas y esteros que se comuniquen permanentemente o intermitentemente con el mar; la de los lagos interiores de formación natural que estén ligados directamente a corrientes constantes; las de los ríos y sus afluentes directos o indirectos, desde el punto del cauce en que se inicien las primeras aguas permanentes, intermitentes o torrenciales, hasta su desembocadura en el mar, lagos, lagunas o esteros de propiedad nacional; las de las corrientes constantes o intermitentes y sus afluentes directos o indirectos, cuando el cauce de aquéllas en toda su extensión o en parte de ellas, sirva de límite al territorio nacional o a dos entidades federativas, o cuando pase de una entidad federativa a otra o cruce la línea divisoria de la República; las de los lagos, lagunas o esteros cuyos vasos, zonas o riberas, estén cruzadas por líneas divisorias de dos o más entidades o entre la República y un país vecino, o cuando el límite de las riberas sirva de lindero entre dos entidades federativas o a la República con un país vecino; las de los manantiales que broten en las playas, zonas marítimas, cauces, vasos o riberas de los lagos, lagunas o esteros de propiedad nacional, y las que se extraigan de las minas; y los cauces, lechos o riberas de los lagos y corrientes interiores en la extensión que fija la ley. Las aguas del subsuelo pueden ser libremente alumbradas mediante obras artificiales y apropiarse por el dueño del terreno, pero cuando lo exija el interés público o se afecten otros aprovechamientos; el Ejecutivo Federal podrá reglamentar su extracción y utilización y aún establecer zonas vedadas, al igual que para las demás aguas de propiedad nacional. Cualesquiera otras aguas no incluidas en la enumeración anterior, se considerarán como parte integrante de la propiedad de los terrenos por los que corran o en los que se encuentren sus depósitos, pero si se localizaren en dos o más predios, el aprovechamiento de estas aguas se considerará de utilidad pública, y quedará sujeto a las disposiciones que dicten los Estados.

En los casos a que se refieren los dos párrafos anteriores, el dominio de la Nación es inalienable e imprescriptible y la explotación, el uso o el aprovechamiento de los recursos de que se trata, por los particulares o por sociedades constituidas conforme a las leyes mexicanas, no podrá realizarse sino mediante concesiones, otorgadas por el Ejecutivo Federal, de acuerdo con las reglas y condiciones que establezcan las leyes. Las normas legales relativas a obras o trabajos de explotación de los minerales y substancias a que se refiere el párrafo cuarto, regularán la ejecución y comprobación de los que se efectúen o deban efectuarse a partir de su vigencia, independientemente de la fecha de otorgamiento de las concesiones, y su inobservancia dará lugar a la cancelación de éstas. El Gobierno Federal tiene la facultad de establecer reservas nacionales y suprimirlas. Las declaratorias correspondientes se harán por el Ejecutivo en los casos y condiciones que las leyes prevean. Tratándose del petróleo y de los carburos de hidrógeno sólidos, líquidos o gaseosos o de minerales radioactivos, no se otorgarán concesiones ni contratos, ni subsistirán los que en su caso se hayan otorgado y la Nación llevará a cabo la explotación de esos productos, en los términos que señale la Ley Reglamentaria respectiva. Corresponde exclusivamente a la Nación generar, conducir, transformar, distribuir y abastecer energía eléctrica que tenga por objeto la prestación de servicio público. En esta materia no se otorgarán concesiones a los particulares y la Nación aprovechará los bienes y recursos naturales que se requieran para dichos fines.

Corresponde también a la Nación el aprovechamiento de los combustibles nucleares para la generación de energía nuclear y la regulación de sus aplicaciones en otros propósitos. El uso de la energía nuclear sólo podrá tener fines pacíficos.

La Nación ejerce en una zona económica exclusiva situada fuera del mar territorial y adyacente a éste, los derechos de soberanía y las jurisdicciones que determinen las leyes del Congreso. La zona económica exclusiva se extenderá a doscientas millas náuticas, medidas a partir de la línea de base desde la cual se mide el mar territorial. En aquellos casos en que esa extensión produzca superposición con las zonas económicas exclusivas de otros Estados, la delimitación de las respectivas zonas se hará en la medida en que resulte necesario, mediante acuerdo con estos Estados.

La capacidad para adquirir el dominio de las tierras y aguas de la Nación, se regirá por las siguientes prescripciones:

I.- Sólo los mexicanos por nacimiento o por naturalización y las sociedades mexicanas tienen derecho para adquirir el dominio de las tierras, aguas y sus accesiones o para obtener concesiones de explotación de minas o aguas. El Estado podrá conceder el mismo derecho a los extranjeros, siempre que convengan ante la Secretaría de Relaciones en considerarse como nacionales respecto de dichos bienes y en no invocar, por lo mismo, la protección de sus gobiernos por lo que se refiere a aquéllos; bajo la pena, en caso de faltar al convenio, de perder en beneficio de la Nación, los bienes que hubieren adquirido en virtud de lo mismo. En una faja de cien kilómetros a lo largo de las fronteras y de cincuenta en las playas, por ningún motivo podrán los extranjeros adquirir el dominio directo sobre tierras y aguas.

El Estado, de acuerdo con los intereses públicos internos y los principios de reciprocidad, podrá, a juicio de la Secretaría de Relaciones, conceder autorización a los Estados extranjeros para que adquieran, en el lugar permanente de la residencia de los Poderes Federales, la propiedad privada de bienes inmuebles necesarios para el servicio directo de sus embajadas o legaciones,

II.- Las asociaciones religiosas que se constituyan en los términos del artículo 130 y su ley reglamentaria tendrán capacidad para adquirir, poseer o administrar, exclusivamente, los bienes que sean indispensables para su objeto, con los requisitos y limitaciones que establezca la ley reglamentaria;

III.- Las instituciones de beneficencia, pública o privada, que tengan por objeto el auxilio de los necesitados, la investigación científica, la difusión de la enseñanza, la ayuda recíproca de los asociados, o cualquier otro objeto lícito, no podrán adquirir más bienes raíces que los indispensables para su objeto, inmediata o directamente destinados a él, con sujeción a lo que determine la ley reglamentaria;

IV.- Las sociedades mercantiles por acciones podrán ser propietarias de terrenos rústicos pero únicamente en la extensión que sea necesaria para el cumplimiento de su objeto.

En ningún caso las sociedades de esta clase podrán tener en propiedad tierras dedicadas a actividades agrícolas, ganaderas o forestales en mayor extensión que la respectiva equivalente a veinticinco veces los límites señalados en la fracción XV de este artículo. La ley reglamentaria regulará la estructura de capital y el número mínimo de socios de estas sociedades, a efecto de que las tierras propiedad de la sociedad no excedan en relación con cada socio los límites de la pequeña propiedad. En este caso, toda propiedad accionaria individual, correspondiente a terrenos rústicos, será acumulable para efectos de cómputo. Asimismo, la ley señalará las condiciones para la participación extranjera en dichas sociedades.

La propia ley establecerá los medios de registro y control necesarios para el cumplimiento de lo dispuesto por esta fracción;

V.- Los bancos debidamente autorizados, conforme a las leyes de instituciones de crédito, podrán tener capitales impuestos, sobre propiedades urbanas y rústicas de acuerdo con las prescripciones de dichas leyes, pero no podrán tener en propiedad o en administración más bienes raíces que los enteramente necesarios para su objeto directo.

VI.- Los estados y el Distrito Federal, lo mismo que los municipios de toda la República, tendrán plena capacidad para adquirir y poseer todos los bienes raíces necesarios para los servicios públicos.

Las leyes de la Federación y de los Estados en sus respectivas jurisdicciones, determinarán los casos en que sea de utilidad pública la ocupación de la propiedad privada, y de acuerdo con dichas leyes la autoridad administrativa hará la declaración correspondiente. El precio que se fijará como indemnización a la cosa expropiada, se basará en la cantidad que como valor fiscal de ella figure en las oficinas catastrales o recaudadoras, ya sea que este valor haya sido manifestado por el propietario o simplemente aceptado por él de un modo tácito por haber pagado sus contribuciones con esta base. El exceso de valor o el demérito que haya tenido la propiedad particular por las mejoras o deterioros ocurridos con posterioridad a la fecha de la asignación del valor fiscal, será lo único que deberá quedar sujeto a juicio pericial y resolución judicial.

Esto mismo se observará cuando se trate de objetos cuyo valor no esté fijado en las oficinas rentísticas.

El ejercicio de las acciones que corresponden a la Nación, por virtud de las disposiciones del presente artículo, se hará efectivo por el procedimiento judicial; pero dentro de este procedimiento y por orden de los tribunales correspondientes, que se dictará en el plazo máximo de un mes, las autoridades administrativas procederán desde luego a la ocupación, administración, remate o venta de las tierras o aguas de que se trate y todas sus accesiones, sin que en ningún caso pueda revocarse lo hecho por las mismas autoridades antes de que se dicte sentencia ejecutoriada.

VII.- Se reconoce la personalidad jurídica de los núcleos de población ejidales y comunales y se protege su propiedad sobre la tierra, tanto para el asentamiento humano como para actividades productivas.

La ley protegerá la integridad de las tierras de los grupos indígenas.

La ley, considerando el respeto y fortalecimiento de la vida comunitaria de los ejidos y comunidades, protegerá la tierra para el asentamiento humano y regulará el aprovechamiento de tierras, bosques y aguas de uso común y la provisión de acciones de fomento necesarias para elevar el nivel de vida de sus pobladores.

La ley, con respeto a la voluntad de los ejidatarios y comuneros para adoptar las condiciones que más les convengan en el aprovechamiento de sus recursos productivos, regulará el ejercicio de los derechos de los comuneros sobre la tierra y de cada ejidatario sobre su parcela. Asimismo establecerá los procedimientos por los cuales ejidatarios y comuneros podrán asociarse entre sí, con el Estado o con terceros y otorgar el uso de sus tierras; y, tratándose de ejidatarios, transmitir sus derechos parcelarios entre los miembros del núcleo de población; igualmente fijará los requisitos y procedimientos conforme a los cuales la asamblea ejidal otorgará al ejidatario el dominio sobre su parcela. En caso de enajenación de parcelas se respetará el derecho de preferencia que prevea la ley.

Dentro de un mismo núcleo de población, ningún ejidatario podrá ser titular de más tierra que la equivalente al 5% del total de las tierras ejidales. En todo caso, la titularidad de tierras en favor de un solo ejidatario deberá ajustarse a los límites señalados en la fracción XV.

La asamblea general es el órgano supremo del núcleo de población ejidal o comunal, con la organización y funciones que la ley señale. El comisariado ejidal o de bienes comunales, electo democráticamente en los términos de la ley, es el órgano de representación del núcleo y el responsable de ejecutar las resoluciones de la asamblea.

La restitución de tierras, bosques y aguas a los núcleos de población se hará en los términos de la ley reglamentaria;

VIII.- Se declaran nulas:

a) Todas las enajenaciones de tierras, aguas y montes pertenecientes a los pueblos, rancherías, congregaciones o comunidades, hechas por los jefes políticos, Gobernadores de los Estados, o cualquiera otra autoridad local en contravención a lo dispuesto en la Ley de 25 de junio de 1856 y demás leyes y disposiciones relativas;

b) Todas las concesiones, composiciones o ventas de tierras, aguas y montes, hechas por las Secretarías de Fomento, Hacienda o cualquiera otra autoridad federal, desde el día primero de diciembre de 1876, hasta la fecha, con las cuales se hayan invadido y ocupado ilegalmente los ejidos, terrenos de común repartimiento o cualquiera otra clase, pertenecientes a los pueblos, rancherías, congregaciones o comunidades y núcleos de población.

c) Todas las diligencias de apeo o deslinde, transacciones, enajenaciones o remates practicados durante el período de tiempo a que se refiere la fracción anterior, por compañías, jueces u otras autoridades de los Estados o de la Federación, con los cuales se hayan invadido u ocupado ilegalmente tierras, aguas y montes de los ejidos, terrenos de común repartimiento, o de cualquiera otra clase, pertenecientes a núcleos de población.

Quedan exceptuadas de la nulidad anterior, únicamente las tierras que hubieren sido tituladas en los repartimientos hechos con apego a la Ley de 25 de junio de 1856 y poseídas en nombre propio a título de dominio por más de diez años, cuando su superficie no exceda de cincuenta hectáreas.

IX.- La división o reparto que se hubiere hecho con apariencia de legítima entre los vecinos de algún núcleo de población y en la que haya habido error o vicio, podrá ser nulificada cuando así lo soliciten las tres cuartas partes de los vecinos que estén en posesión de una cuarta parte de los terrenos, materia de la división, o una cuarta parte de los mismos vecinos cuando estén en posesión de las tres cuartas partes de los terrenos.

X.- (Se deroga).

XI.- (Se deroga).

XII.- (Se deroga).

XIII.- (Se deroga).

XIV.- (Se deroga).

XV.- En los Estados Unidos Mexicanos quedan prohibidos los latifundios.

Se considera pequeña propiedad agrícola la que no exceda por individuo de cien hectáreas de riego o humedad de primera o sus equivalentes en otras clases de tierras.

Para los efectos de la equivalencia se computará una hectárea de riego por dos de temporal, por cuatro de agostadero de buena calidad y por ocho de bosque, monte o agostadero en terrenos áridos.

Se considerará, asimismo, como pequeña propiedad, la superficie que no exceda por individuo de ciento cincuenta hectáreas cuando las tierras se dediquen al cultivo de algodón, si reciben riego; y de trescientas, cuando se destinen al cultivo del plátano, caña de azúcar, café, henequén, hule, palma, vid, olivo, quina, vainilla, cacao, agave, nopal o árboles frutales.

Se considerará pequeña propiedad ganadera la que no exceda por individuo la superficie necesaria para mantener hasta quinientas cabezas de ganado mayor o su equivalente en ganado menor, en los términos que fije la ley, de acuerdo con la capacidad forrajera de los terrenos.

Cuando debido a obras de riego, drenaje o cualesquiera otras ejecutadas por los dueños o poseedores de una pequeña propiedad se hubiese mejorado la calidad de sus tierras, seguirá siendo considerada como pequeña propiedad, aún cuando, en virtud de la mejoría obtenida, se rebasen los máximos señalados por esta fracción, siempre que se reúnan los requisitos que fije la ley.

Cuando dentro de una pequeña propiedad ganadera se realicen mejoras en sus tierras y éstas se destinen a usos agrícolas, la superficie utilizada para este fin no podrá exceder, según el caso, los límites a que se refieren los párrafos segundo y tercero de esta fracción que correspondan a la calidad que hubieren tenido dichas tierras antes de la mejora;

XVI.- (Se deroga).

XVII.- El Congreso de la Unión y las legislaturas de los estados, en sus respectivas jurisdicciones, expedirán leyes que establezcan los procedimientos para el fraccionamiento y enajenación de las extensiones que llegaren a exceder los límites señalados en las fracciones IV y XV de este artículo.

El excedente deberá ser fraccionado y enajenado por el propietario dentro del plazo de un año contado a partir de la notificación correspondiente. Si transcurrido el plazo el excedente no se ha enajenado, la venta deberá hacerse mediante pública almoneda. En igualdad de condiciones, se respetará el derecho de preferencia que prevea la ley reglamentaria.

Las leyes locales organizarán el patrimonio de familia, determinando los bienes que deben constituirlo, sobre la base de que será inalienable y no estará sujeto a embargo ni a gravamen ninguno;

XVIII.- Se declaran revisables todos los contratos y concesiones hechos por los Gobiernos anteriores desde el año 1876, que hayan traído por consecuencia el acaparamiento de tierras, aguas y riquezas naturales de la Nación, por una sola persona o sociedad, y se faculta al Ejecutivo de la Unión para declararlos nulos cuando impliquen perjuicios graves para el interés público;

XIX.- Con base en esta Constitución, el Estado dispondrá las medidas para la expedita y honesta impartición de la justicia agraria, con objeto de garantizar la seguridad jurídica en la tenencia de la tierra ejidal, comunal y de la pequeña propiedad, y apoyará la asesoría legal de los campesinos.

Son de jurisdicción federal todas las cuestiones que por límites de terrenos ejidales y comunales, cualquiera que sea el origen de éstos, se hallen pendientes o se susciten entre dos o más núcleos de población; así como las relacionadas con la tenencia de la tierra de los ejidos y comunidades. Para estos efectos y, en general, para la administración de justicia agraria, la ley instituirá tribunales dotados de autonomía y plena jurisdicción, integrados por magistrados propuestos por el Ejecutivo Federal y designados por la Cámara de Senadores o, en los recesos de ésta, por la Comisión Permanente.

La ley establecerá un órgano para la procuración de justicia agraria, y

XX.- El Estado promoverá las condiciones para el desarrollo rural integral, con el propósito de generar empleo y garantizar a la población campesina el bienestar y su participación e incorporación en el desarrollo nacional, y fomentará la actividad agropecuaria y forestal para el óptimo uso de la tierra, con obras de infraestructura, insumos, créditos, servicios de capacitación y asistencia técnica. Asimismo expedirá la legislación reglamentaria para planear y organizar la producción agropecuaria, su industrialización y comercialización, considerándolas de interés público.

ART. 28.- En los Estados Unidos Mexicanos quedan prohibidos los monopolios, las prácticas monopólicas, los estancos y las exenciones de impuestos en los términos y condiciones que fijan las leyes. El mismo tratamiento se dará a las prohibiciones a título de protección a la industria.

En consecuencia, la ley castigará severamente, y las autoridades perseguirán con eficacia, toda concentración o acaparamiento en una o pocas manos de artículos de consumo necesario y que tengan por objeto obtener el alza de los precios; todo acuerdo, procedimiento o combinación de los productores, industriales, comerciantes o empresarios de servicios, que de cualquier manera hagan, para evitar la libre concurrencia o la competencia entre sí y obligar a los consumidores a pagar precios exagerados y, en general, todo lo que constituya una ventaja exclusiva indebida a favor de una o varias personas determinadas y con perjuicio del público en general o de alguna clase social.

Las Leyes fijarán bases para que se señalen precios máximos a los artículos, materias o productos que se consideren necesarios para la economía nacional o el consumo popular, así como para imponer modalidades a la organización de la distribución de esos artículos, materias o productos, a fin de evitar que intermediaciones innecesarias o excesivas provoquen insuficiencia en el abasto, así como el alza de precios. La ley protegerá a los consumidores y propiciará su organización para el mejor cuidado de sus intereses.

No constituirán monopolios las funciones que el Estado ejerza de manera exclusiva en las siguientes áreas estratégicas: correos, telégrafos y radiotelegrafía; petróleo y los demás hidrocarburos; petroquímica básica; minerales radioactivos y generación de energía nuclear; electricidad y las actividades que expresamente señalen las leyes que expida el Congreso de la Unión. La comunicación vía satélite y los ferrocarriles son áreas prioritarias para el desarrollo nacional en los términos del artículo 25 de esta Constitución; el Estado al ejercer en ellas su rectoría, protegerá la seguridad y la soberanía de la Nación, y al otorgar concesiones o permisos mantendrá o establecerá el dominio de las respectivas vías de comunicación de acuerdo con las leyes de la materia.

El Estado contará con los organismos y empresas que requiera para el eficaz manejo de las áreas estratégicas a su cargo y en las actividades de carácter prioritario donde, de acuerdo con las leyes, participe por sí o con los sectores social y privado.

El Estado tendrá un banco central que será autónomo en el ejercicio de sus funciones y en su administración. Su objetivo prioritario será procurar la estabilidad del poder adquisitivo de la moneda nacional, fortaleciendo con ello la rectoría del desarrollo nacional que corresponde al Estado. Ninguna autoridad podrá ordenar al banco conceder financiamiento.

No constituyen monopolios las funciones que el Estado ejerza de manera exclusiva, a través del banco central en las áreas estratégicas de acuñación de moneda y emisión de billetes. El banco central, en los términos que establezcan las leyes y con la intervención que corresponda a las autoridades competentes, regulará los cambios, así como la intermediación y los servicios financieros, contando con las atribuciones de autoridad necesarias para llevar a cabo dicha regulación y proveer a su observancia. La conducción del banco estará a cargo de personas cuya designación será hecha por el Presidente de la República con la aprobación de la Cámara de Senadores o de la Comisión Permanente, en su caso; desempeñarán su encargo por períodos cuya duración y escalonamiento provean al ejercicio autónomo de sus funciones; sólo podrán ser removidas por causa grave y no podrán tener ningún otro empleo, cargo o comisión, con excepción de aquéllos que actúen en representación del banco y de los no remunerados en asociaciones docentes, científicas, culturales o de beneficencia. Las personas encargadas de la conducción del banco central, podrán ser sujetos de juicio político conforme a lo dispuesto por el artículo 110 de esta Constitución.

No constituyen monopolios las asociaciones de trabajadores formadas para proteger sus propios intereses y las asociaciones o sociedades cooperativas de productores para que, en defensa de sus intereses o del interés general, vendan directamente en los mercados extranjeros los productos nacionales o industriales que sean la principal fuente de riqueza de la región en que se produzcan o que no sean artículos de primera necesidad, siempre que dichas asociaciones estén bajo vigilancia o amparo del Gobierno Federal o de los Estados, y previa autorización que al efecto se obtenga de las legislaturas respectivas en cada caso. Las mismas Legislaturas, por sí o a propuesta del Ejecutivo podrán derogar, cuando así lo exijan las necesidades públicas, las autorizaciones concedidas para la formación de las asociaciones de que se trata.

Tampoco constituyen monopolios los privilegios que por determinado tiempo se concedan a los autores y artistas para la producción de sus obras y los que para el uso exclusivo de sus inventos, se otorguen a los inventores y perfeccionadores de alguna mejora.

El Estado, sujetándose a las leyes, podrá en casos de interés general, concesionar la prestación de servicios públicos o la explotación, uso y aprovechamiento de bienes de dominio de la Federación, salvo las excepciones que las mismas prevengan. Las leyes fijarán las modalidades y condiciones que aseguren la eficacia de la prestación de los servicios y la utilización social de los bienes, y evitarán fenómenos de concentración que contraríen el interés público.

La sujeción a regímenes de servicio público se apegará a lo dispuesto por la Constitución y sólo podrá llevarse a cabo mediante ley.

Se podrán otorgar subsidios a actividades prioritarias, cuando sean generales, de carácter temporal y no afecten sustancialmente las finanzas de la Nación. El Estado vigilará su aplicación y evaluará los resultados de ésta.

[1]**ART. 29.-** En los casos de invasión, perturbación grave de la paz pública, o de cualquier otro que ponga a la sociedad en grave peligro o conflicto, solamente el Presidente de los Estados Unidos Mexicanos, de acuerdo con los Titulares de las Secretarías de Estado y la Procuraduría General de la República y con la aprobación del Congreso de la Unión y, en los recesos de éste, de la Comisión Permanente, podrá suspender en todo el país o en lugar determinado las garantías que fuesen obstáculo para hacer frente, rápida y fácilmente a la situación; pero deberá hacerlo por un tiempo limitado, por medio de prevenciones generales y sin que la suspensión se contraiga a determinado individuo. Si la suspensión tuviese lugar hallándose el Congreso reunido, éste concederá las autorizaciones que estime necesarias

---

[1] *Se reforma el artículo 29 según D. O. F. del 2 de agosto de 2007.*

para que el Ejecutivo haga frente a la situación; pero si se verificase en tiempo de receso, se convocará sin demora al Congreso para que las acuerde.

CAPÍTULO II
De los Mexicanos

ART. 30. La nacionalidad mexicana se adquiere por nacimiento o por naturalización.

A. Son mexicanos por nacimiento:

I.- Los que nazcan en territorio de la República, sea cual fuere la nacionalidad de sus padres.

II.- Los que nazcan en el extranjero, hijos de padres mexicanos nacidos en territorio nacional, de padre mexicano nacido en territorio nacional, o de madre mexicana nacida en territorio nacional;

III.- Los que nazcan en el extranjero, hijos de padres mexicanos por naturalización, de padre mexicano por naturalización, o de madre mexicana por naturalización, y

IV.- Los que nazcan a bordo de embarcaciones o aeronaves mexicanas, sean de guerra o mercantes.

B. Son mexicanos por naturalización:

I.- Los extranjeros que obtengan de la Secretaría de Relaciones carta de naturalización.

II.- La mujer o el varón extranjeros que contraigan matrimonio con varón o con mujer mexicanos, que tengan o establezcan su domicilio dentro del territorio nacional y cumplan con los demás requisitos que al efecto señale la ley.

ART. 31. Son obligaciones de los mexicanos:

I.- Hacer que sus hijos o pupilos concurran a las escuelas públicas o privadas, para obtener la educación preescolar, primaria y secundaria, y reciban la militar, en los términos que establezca la ley.

II.- Asistir en los días y horas designados por el Ayuntamiento del lugar en que residan, para recibir instrucción cívica y militar que los mantenga aptos en el ejercicio de los derechos de ciudadano, diestros en el manejo de las armas, y conocedores de la disciplina militar;

III.- Alistarse y servir en la Guardia Nacional, conforme a la ley orgánica respectiva, para asegurar y defender la independencia, el territorio, el honor, los derechos e intereses de la Patria, así como la tranquilidad y el orden interior; y

IV.- Contribuir para los gastos públicos, así de la Federación, como del Distrito Federal o del Estado y Municipio en que residan, de la manera proporcional y equitativa que dispongan las leyes.

ART. 32.- La Ley regulará el ejercicio de los derechos que la legislación mexicana otorga a los mexicanos que posean otra nacionalidad y establecerá normas para evitar conflictos por doble nacionalidad.

El ejercicio de los cargos y funciones para los cuales, por disposición de la presente Constitución, se requiera ser mexicano por nacimiento, se reserva a quienes tengan esa calidad y no adquieran otra nacionalidad. Esta reserva también será aplicable a los casos que así lo señalen otras leyes del Congreso de la Unión.

En tiempo de paz, ningún extranjero podrá servir en el Ejército, ni en las fuerzas de policía o seguridad pública. Para pertenecer al activo del Ejército en tiempo de paz y al de la Armada o al de la Fuerza Aérea en todo momento, o desempeñar cualquier cargo o comisión en ellos, se requiere ser mexicano por nacimiento.

Esta misma calidad será indispensable en capitanes, pilotos, patrones, maquinistas, mecánicos y, de una manera general, para todo el personal que tripule cualquier embarcación o aeronave que se ampare con la bandera o insignia mercante mexicana. Será también necesaria para desempeñar los cargos de capitán de puerto y todos los servicios de practicaje y comandante de aeródromo.

Los mexicanos serán preferidos a los extranjeros en igualdad de circunstancias, para toda clase de concesiones y para todos los empleos, cargos o comisiones de gobierno en que no sea indispensable la calidad de ciudadano.

CAPÍTULO III
De los extranjeros

ART. 33.- Son extranjeros, los que no posean las calidades determinadas en el artículo 30. Tienen derecho a las garantías que otorga el Capítulo I, Título Primero, de la presente Constitución; pero el Ejecutivo de la Unión tendrá la facultad exclusiva de hacer abandonar el territorio nacional, inmediatamente y sin necesidad de juicio previo, a todo extranjero cuya permanencia juzgue inconveniente.

Los extranjeros no podrán de ninguna manera inmiscuirse en los asuntos políticos del país.

CAPÍTULO IV
De los ciudadanos mexicanos

ART. 34.- Son ciudadanos de la República los varones y mujeres que, teniendo la calidad de mexicanos, reúnan, además, los siguientes requisitos:

I.- Haber cumplido 18 años, y

II.- Tener un modo honesto de vivir.

ART. 35.- Son prerrogativas del ciudadano:

I.- Votar en las elecciones populares;

II.- Poder ser votado para todos los cargos de elección popular, y nombrado para cualquier otro empleo o comisión, teniendo las calidades que establezca la ley;

III.- Asociarse individual y libremente para tomar parte en forma pacífica en los asuntos políticos del país;

IV.- Tomar las armas en el Ejército o Guardia Nacional, para la defensa de la República y de sus instituciones, en los términos que prescriben las leyes; y

V.- Ejercer en toda clase de negocios el derecho de petición.

ART. 36.- Son obligaciones del ciudadano de la República:

I.- Inscribirse en el catastro de la municipalidad, manifestando la propiedad que el mismo ciudadano tenga, la industria, profesión o trabajo de que subsista; así como también inscribirse en el Registro Nacional de Ciudadanos, en los términos que determinen las leyes.

La organización y el funcionamiento permanente del Registro Nacional de Ciudadanos y la expedición del documento que acredite la ciudadanía mexicana son servicios de interés público, y por tanto, responsabilidad que corresponde al Estado y a los ciudadanos en los términos que establezca la ley;

II.- Alistarse en la Guardia Nacional;

III.- Votar en las elecciones populares en los términos que señale la ley;

IV.- Desempeñar los cargos de elección popular de la Federación o de los Estados, que en ningún caso serán gratuitos; y

V.- Desempeñar los cargos concejiles del municipio donde resida, las funciones electorales y las de jurado.

ART. 37.-

A) Ningún mexicano por nacimiento podrá ser privado de su nacionalidad.

B) La nacionalidad mexicana por naturalización se perderá en los siguientes casos:

I.- Por adquisición voluntaria de una nacionalidad extranjera, por hacerse pasar en cualquier instrumento público como extranjero, por usar un pasaporte extranjero, o por aceptar o usar títulos nobiliarios que impliquen sumisión a un Estado extranjero, y

II.- Por residir durante cinco años continuos en el extranjero.

C) La ciudadanía mexicana se pierde:

I.- Por aceptar o usar títulos nobiliarios de gobiernos extranjeros;

II.- Por prestar voluntariamente servicios oficiales a un gobierno extranjero sin permiso del Congreso Federal o de su Comisión Permanente;

III.- Por aceptar o usar condecoraciones extranjeras sin permiso del Congreso Federal o de su Comisión Permanente;

IV.- Por admitir del gobierno de otro país títulos o funciones sin previa licencia del Congreso Federal o de su Comisión Permanente, exceptuando los títulos literarios, científicos o humanitarios que pueden aceptarse libremente;

V.- Por ayudar, en contra de la Nación, a un extranjero, o a un gobierno extranjero, en cualquier reclamación diplomática o ante un tribunal internacional, y

VI.- En los demás casos que fijan las leyes.

En el caso de las fracciones II a IV de este apartado, el Congreso de la Unión establecerá en la ley reglamentaria respectiva, los casos de excepción en los cuales los permisos y licencias se entenderán otorgados, una vez transcurrido el plazo que la propia ley señale, con la sola presentación de la solicitud del interesado.

ART. 38.- Los derechos o prerrogativas de los ciudadanos se suspenden:

I.- Por falta de cumplimiento, sin causa justificada, de cualquiera de las obligaciones que impone el artículo 36. Esta suspensión durará un año y se impondrá además de las otras penas que por el mismo hecho señalare la ley;

II.- Por estar sujeto a un proceso criminal por delito que merezca pena corporal, a contar desde la fecha del auto de formal prisión;

III.- Durante la extinción de una pena corporal;

IV.- Por vagancia o ebriedad consuetudinaria, declarada en los términos que prevengan las leyes;

V.- Por estar prófugo de la justicia, desde que se dicte la orden de aprehensión hasta que prescriba la acción penal; y

VI.- Por sentencia ejecutoria que imponga como pena esa suspensión.

La ley fijará los casos en que se pierden, y los demás en que se suspenden los derechos de ciudadano, y la manera de hacer la rehabilitación.

TÍTULO SEGUNDO
CAPÍTULO I
De la soberanía nacional y de la forma de gobierno

ART. 39.- La soberanía nacional reside esencial y originariamente en el pueblo. Todo poder público dimana del pueblo y se instituye para beneficio de éste. El pueblo tiene en todo tiempo el inalienable derecho de alterar o modificar la forma de su gobierno.

ART. 40.- Es voluntad del pueblo mexicano constituirse en una República representativa, democrática, federal, compuesta de Estados libres y soberanos en todo lo concerniente a su régimen interior; pero unidos en una federación establecida según los principios de esta ley fundamental.

ART. 41.- El pueblo ejerce su soberanía por medio de los Poderes de la Unión, en los casos de la competencia de éstos, y por los de los Estados, en lo que toca a sus regímenes interiores, en los términos respectivamente establecidos por la presente Constitución Federal y las particulares de los Estados, las que en ningún caso podrán contravenir las estipulaciones del Pacto Federal.

La renovación de los poderes Legislativo y Ejecutivo se realizará mediante elecciones libres, auténticas y periódicas, conforme a las siguientes bases:

I.- Los partidos políticos son entidades de interés público; la ley determinará las formas específicas de su intervención en el proceso electoral. Los partidos políticos nacionales tendrán derecho a participar en las elecciones estatales y municipales.

Los partidos políticos tienen como fin promover la participación del pueblo en la vida democrática, contribuir a la integración de la representación nacional y como organizaciones de ciudadanos, hacer posible el acceso de éstos al ejercicio del poder público, de acuerdo con los programas, principios e ideas que postulan y mediante el sufragio universal, libre, secreto y directo. Sólo los ciudadanos podrán afiliarse libre e individualmente a los partidos políticos.

II.- La ley garantizará que los partidos políticos nacionales cuenten de manera equitativa con elementos para llevar a cabo sus actividades. Por tanto, tendrán derecho al uso en forma permanente de los medios de comunicación social, de acuerdo con las formas y procedimientos que establezca la misma. Además, la ley señalará las reglas a que se sujetará el financiamiento de los partidos políticos y sus campañas electorales, debiendo garantizar que los recursos públicos prevalezcan sobre los de origen privado.

El financiamiento público para los partidos políticos que mantengan su registro después de cada elección, se compondrá de las ministraciones destinadas al sostenimiento de sus actividades ordinarias permanentes y las tendientes a la obtención del voto durante los procesos electorales y se otorgará conforme a lo siguiente y a lo que disponga la ley:

a) El financiamiento público para el sostenimiento de sus actividades ordinarias permanentes se fijará anualmente, aplicando los costos mínimos de campaña calculados por el Órgano Superior de Dirección del Instituto Federal Electoral, el número de senadores y diputados a elegir, el número de partidos políticos con representación en las Cámaras del Congreso de la Unión y la duración de las campañas electorales. El 30% de la cantidad total que resulte de acuerdo con lo señalado anteriormente, se distribuirá entre los partidos políticos en forma igualitaria y el 70% restante se distribuirá entre los mismos de acuerdo con el porcentaje de votos que hubieren obtenido en la elección de diputados inmediata anterior;

b) El financiamiento público para las actividades tendientes a la obtención del voto durante los procesos electorales, equivaldrá a una cantidad igual al monto del financiamiento público que le corresponda a cada partido político por actividades ordinarias en ese año; y

c) Se reintegrará un porcentaje de los gastos anuales que eroguen los partidos políticos por concepto de las actividades relativas a la educación, capacitación, investigación socioeconómica y política, así como a las tareas editoriales.

La ley fijará los criterios para determinar los límites a las erogaciones de los partidos políticos en sus campañas electorales; establecerá los montos máximos que tendrán las aportaciones pecuniarias de sus simpatizantes y los procedimientos para el control y vigilancia del origen y uso de todos los recursos con que cuenten y asimismo, señalará las sanciones que deban imponerse por el incumplimiento de estas disposiciones.

III.- La organización de las elecciones federales es una función estatal que se realiza a través de un organismo público autónomo denominado Instituto Federal Electoral, dotado de personalidad jurídica y patrimonio propios, en cuya integración participan el Poder Legislativo de la Unión, los partidos políticos nacionales y los ciudadanos, en los términos que ordene la ley. En el ejercicio de esa función estatal, la certeza, legalidad, independencia, imparcialidad y objetividad serán principios rectores.

El Instituto Federal Electoral será autoridad en la materia, independiente en sus decisiones, y funcionamiento y profesional en su desempeño; contará en su estructura con órganos de dirección, ejecutivos, técnicos y de vigilancia. El Consejo General será su órgano superior de dirección y se integrará por un consejero Presidente y ocho consejeros electorales, y concurrirán, con voz pero sin voto, los consejeros del Poder Legislativo, los representantes de los partidos políticos y un Secretario Ejecutivo; la ley determinará las reglas para la organización y funcionamiento de los órganos, así como las relaciones de mando entre éstos. Los órganos ejecutivos y técnicos dispondrán del personal calificado necesario para prestar el servicio profesional electoral. Las disposiciones de la ley electoral y del Estatuto que con base en ella apruebe el Consejo General, regirán las relaciones de trabajo de los servidores del organismo público.

Los órganos de vigilancia se integrarán mayoritariamente por representantes de los partidos políticos nacionales. Las mesas directivas de casilla estarán integradas por ciudadanos.

El consejero Presidente y los consejeros electorales del Consejo General serán elegidos, sucesivamente, por el voto de las dos terceras partes de los miembros presentes de la Cámara de Diputados, o en sus recesos por la Comisión Permanente, a propuesta de los grupos parlamentarios. Conforme al mismo procedimiento, se designarán ocho consejeros electorales suplentes, en orden de prelación. La ley establecerá las reglas y el procedimiento correspondientes.

El consejero Presidente y los consejeros electorales durarán en su cargo siete años y no podrán tener ningún otro empleo, cargo o comisión, con excepción de aquellos en que actúen en representación del Consejo General y de los que desempeñen en asociaciones docentes, científicas, culturales, de investigación o de beneficencia, no remunerados. La retribución que perciban el consejero Presidente y los consejeros electorales será igual a la prevista para los Ministros de la Suprema Corte de Justicia de la Nación.

El Secretario Ejecutivo será nombrado por las dos terceras partes del Consejo General a propuesta de su Presidente.

La ley establecerá los requisitos que deberán reunir para su designación el consejero Presidente del Consejo General, los Consejeros Electorales y el Secretario Ejecutivo del Instituto Federal Electoral, los que estarán sujetos al régimen de responsabilidades establecido en el Título Cuarto de esta Constitución.

Los consejeros del Poder Legislativo serán propuestos por los grupos parlamentarios con afiliación de partido en alguna de las Cámaras. Sólo habrá un Consejero por cada grupo parlamentario no obstante su reconocimiento en ambas Cámaras del Congreso de la Unión.

El Instituto Federal Electoral tendrá a su cargo en forma integral y directa, además de las que le determine la ley, las actividades relativas a la capacitación y educación cívica, geografía electoral, los derechos y prerrogativas de las agrupaciones y de los partidos políticos, al padrón y lista de electores, impresión de materiales electorales, preparación de la jornada electoral, los cómputos en los términos que señale la ley, declaración de validez y otorgamiento de constancias en las elecciones de diputados y senadores, cómputo de la elección de Presidente de los Estados Unidos Mexicanos en cada uno de los distritos electorales uninominales, así como la regulación de la observación electoral y de las encuestas o sondeos de opinión con fines electorales. Las sesiones de todos los órganos colegiados de dirección serán públicas en los términos que señale la ley.

IV.- Para garantizar los principios de constitucionalidad y legalidad de los actos y resoluciones electorales, se establecerá un sistema de medios de impugnación en los términos que señalen esta Constitución y la ley. Dicho sistema dará definitividad a las distintas etapas de los procesos electorales y garantizará la protección de los derechos políticos de los ciudadanos de votar, ser votado y de asociación, en los términos del artículo 99 de esta Constitución.

En materia electoral la interposición de los medios de impugnación constitucionales o legales no producirá efectos suspensivos sobre la resolución o el acto impugnado.

CAPÍTULO II
De las partes integrantes de la federación y del territorio nacional

ART. 42.- El territorio nacional comprende:

I.- El de las partes integrantes de la Federación;

II.- El de las islas, incluyendo los arrecifes y cayos en los mares adyacentes:

III.- El de las islas de Guadalupe y las de Revillagigedo situadas en el Océano Pacífico;

IV.- La plataforma continental y los zócalos submarinos de las islas, cayos y arrecifes;

V.- Las aguas de los mares territoriales en la extensión y términos que fija el Derecho Internacional y las marítimas interiores;

VI.- El espacio situado sobre el territorio nacional, con la extensión y modalidades que establezca el propio Derecho Internacional.

ART. 43.- Las partes integrantes de la Federación son los Estados de Aguascalientes, Baja California, Baja California Sur, Campeche, Coahuila, Colima, Chiapas, Chihuahua, Durango, Guanajuato, Guerrero, Hidalgo, Jalisco, México, Michoacán, Morelos, Nayarit, Nuevo León, Oaxaca, Puebla, Querétaro, Quintana Roo, San Luis Potosí, Sinaloa, Sonora, Tabasco, Tamaulipas, Tlaxcala, Veracruz, Yucatán, Zacatecas y el Distrito Federal.

ART. 44.- La Ciudad de México es el Distrito Federal, sede de los Poderes de la Unión y Capital de los Estados Unidos Mexicanos. Se compondrá del territorio que actualmente tiene y en el caso de que los poderes Federales se trasladen a otro lugar, se erigirá en el Estado del Valle de México con los límites y extensión que le asigne el Congreso General.

ART. 45.- Los Estados de la Federación conservan la extensión y límites que hasta hoy han tenido, siempre que no haya dificultad en cuanto a éstos.

ART. 46.- Las entidades federativas pueden arreglar entre sí, por convenios amistosos, sus respectivos límites; pero no se llevarán a efecto esos arreglos sin la aprobación de la Cámara de Senadores.

A falta de acuerdo, cualquiera de las partes podrá acudir ante la Cámara de Senadores, quien actuará en términos del artículo 76, fracción XI, de esta Constitución.

Las resoluciones del Senado en la materia serán definitivas e inatacables. La Suprema Corte de Justicia de la Nación podrá conocer a través de controversia constitucional, a instancia de parte interesada, de los conflictos derivados de la ejecución del correspondiente decreto de la Cámara de Senadores.

ART. 47.- El Estado de Nayarit tendrá la extensión territorial y límites que comprende actualmente el Territorio de Tepic.

ART. 48.- Las islas, los cayos y arrecifes de los mares adyacentes que pertenezcan al territorio nacional, la plataforma continental, los zócalos submarinos de las islas, de los cayos y arrecifes, los mares territoriales, las aguas marítimas interiores y el espacio situado sobre el territorio nacional, dependerán directamente del Gobierno de la Federación, con excepción de aquellas islas sobre las que hasta la fecha hayan ejercido jurisdicción los Estados.

TÍTULO TERCERO
CAPÍTULO I
De la división de poderes

ART. 49.- El Supremo Poder de la Federación se divide para su ejercicio en Legislativo, Ejecutivo y Judicial.

No podrán reunirse dos o más de estos Poderes en una sola persona o corporación, ni depositarse el Legislativo en un individuo, salvo el caso de facultades extraordinarias al Ejecutivo de la Unión, conforme a lo dispuesto en el artículo 29.

En ningún otro caso, salvo lo dispuesto en el segundo párrafo del artículo 131, se otorgarán facultades extraordinarias para legislar.

CAPÍTULO II
Del poder legislativo

ART. 50.- El Poder Legislativo de los Estados Unidos Mexicanos se deposita en un Congreso General que se dividirá en dos Cámaras, una de Diputados y otra de Senadores.

Sección Primera
De la Elección e Instalación del Congreso

ART. 51.- La Cámara de Diputados se compondrá de representantes de la Nación, electos en su totalidad cada tres años. Por cada diputado propietario, se elegirá un suplente.

ART. 52.- La Cámara de Diputados estará integrada por 300 diputados electos según el principio de votación mayoritaria relativa, mediante el sistema de distritos electorales uninominales, y 200 diputados que serán electos según el principio de representación proporcional, mediante el Sistema de Listas Regionales, votadas en circunscripciones plurinominales.

ART. 53.- La demarcación territorial de los 300 distritos electorales uninominales será la que resulte de dividir la población total del país entre los distritos señalados. La distribución de los distritos electorales uninominales entre las entidades federativas se hará teniendo en cuenta el último censo general de población, sin que en ningún caso la representación de un Estado pueda ser menor de dos diputados de mayoría.

Para la elección de los 200 diputados según el principio de representación proporcional y el Sistema de Listas Regionales, se constituirán cinco circunscripciones electorales plurinominales en el país. La Ley determinará la forma de establecer la demarcación territorial de estas circunscripciones.

ART. 54.- La elección de los 200 diputados según el principio de representación proporcional y el sistema de asignación por listas regionales, se sujetará a las siguientes bases y a lo que disponga la ley:

I.- Un partido político, para obtener el registro de sus listas regionales, deberá acreditar que participa con candidatos a diputados por mayoría relativa en por lo menos doscientos distritos uninominales;

II.- Todo partido político que alcance por lo menos el dos por ciento del total de la votación emitida para las listas regionales de las circunscripciones plurinominales, tendrá derecho a que le sean atribuidos diputados según el principio de representación proporcional;

III.- Al partido político que cumpla con las dos bases anteriores, independiente y adicionalmente a las constancias de mayoría relativa que hubiesen obtenido sus candidatos, le serán asignados por el principio de representación proporcional, de acuerdo con su votación nacional emitida, el número de diputados de su lista regional que le corresponda en cada circunscripción plurinominal. En la asignación se seguirá el orden que tuviesen los candidatos en las listas correspondientes.

IV.- Ningún partido político podrá contar con más de 300 diputados por ambos principios.

V.- En ningún caso, un partido político podrá contar con un número de diputados por ambos principios que representen un porcentaje del total de la Cámara que exceda en ocho puntos a su porcentaje de votación nacional emitida. Esta base no se aplicará al partido político que, por sus triunfos en distritos uninominales, obtenga un porcentaje de curules del total de la Cámara, superior a la suma del porcentaje de su votación nacional emitida más el ocho por ciento; y

VI.- En los términos de lo establecido en las fracciones III, IV y V anteriores, las diputaciones de representación proporcional que resten después de asignar las que correspondan al partido político que se halle en los supuestos de las fracciones IV o V, se adjudicarán a los demás partidos políticos con derecho a ello en cada una de las circunscripciones plurinominales, en proporción directa con las respectivas votaciones nacionales efectivas de estos últimos. La ley desarrollará las reglas y fórmulas para estos efectos.

ART. 55.- Para ser diputado se requieren los siguientes requisitos:

I.- Ser ciudadano mexicano, por nacimiento, en el ejercicio de sus derechos;

II.- Tener veintiún años cumplidos el día de la elección;

III.- Ser originario del Estado en que se haga la elección o vecino de él con residencia efectiva de más de seis meses anteriores a la fecha de ella.

Para poder figurar en las listas de las circunscripciones electorales plurinominales como candidato a diputado, se requiere ser originario de alguna de las entidades federativas que comprenda la circunscripción en la que se realice la elección, o vecino de ella con residencia efectiva de más de seis meses anteriores a la fecha en que la misma se celebre.

La vecindad no se pierde por ausencia en el desempeño de cargos públicos de elección popular.

IV.- No estar en servicio activo en el Ejército Federal ni tener mando en la policía o gendarmería rural en el distrito donde se haga la elección, cuando menos noventa días antes de ella.

[1]**V.-** No ser titular de alguno de los organismos a los que esta Constitución otorga autonomía, ni ser Secretario o Subsecretario de Estado, ni titular de alguno de los organismos descentralizados o desconcentrados de la administración pública federal, a menos que se separe definitivamente de sus funciones 90 días antes del día de la elección.

No ser Ministro de la Suprema Corte de Justicia de la Nación, ni Magistrado, ni Secretario del Tribunal Electoral del Poder Judicial de la Federación, ni Consejero Presidente o Consejero Electoral en los consejos General, locales o distritales del Instituto Federal Electoral, ni Secretario Ejecutivo, Director Ejecutivo o personal profesional directivo del propio Instituto, salvo que se hubieren separado de su encargo, de manera definitiva, tres años antes del día de la elección.

Los Gobernadores de los Estados y el Jefe de Gobierno del Distrito Federal no podrán ser electos en las entidades de sus respectivas jurisdicciones durante el período de su encargo, aun cuando se separen definitivamente de sus puestos.

Los Secretarios del Gobierno de los Estados y del Distrito Federal, los Magistrados y Jueces Federales o del Estado o del Distrito Federal, así como los Presidentes Municipales y titulares de algún órgano político-administrativo en el caso del Distrito Federal, no podrán ser electos en las entidades de sus respectivas jurisdicciones, si no se separan definitivamente de sus cargos noventa días antes del día de la elección;

VI.- No ser Ministro de algún culto religioso, y

VII.- No estar comprendido en alguna de las incapacidades que señala el artículo 59.

ART. 56.- La Cámara de Senadores se integrará por ciento veintiocho senadores, de los cuales, en cada Estado y en el Distrito Federal, dos serán elegidos según el principio de votación mayoritaria relativa y uno será asignado a la primera minoría.

Para estos efectos, los partidos políticos deberán registrar una lista con dos fórmulas de candidatos. La senaduría de primera minoría le será asignada a la fórmula de candidatos que encabece la lista del partido político que, por sí mismo, haya ocupado el segundo lugar en número de votos en la entidad de que se trate.

Los treinta y dos senadores restantes serán elegidos según el principio de representación proporcional, mediante el sistema de listas votadas en

---

[1] *Se reforma la fracción V del artículo 55 según D. O. F. del 19 de junio de 2007.*

una sola circunscripción plurinominal nacional. La ley establecerá las reglas y fórmulas para estos efectos.

La Cámara de Senadores se renovará en su totalidad cada seis años.

ART. 57.- Por cada senador propietario se elegirá un suplente.

ART. 58.- Para ser senador se requieren los mismos requisitos que para ser diputado, excepto el de la edad, que será de 25 años cumplidos el día de la elección.

ART. 59.- Los Senadores y Diputados al Congreso de la Unión no podrán ser reelectos para el período inmediato.

Los Senadores y Diputados Suplentes podrán ser electos para el período inmediato con el carácter de propietarios, siempre que no hubieren estado en ejercicio; pero los Senadores y Diputados propietarios no podrán ser electos para el período inmediato con el carácter de suplentes.

ART. 60.- El organismo público previsto en el artículo 41 de esta Constitución, de acuerdo con lo que disponga la ley, declarará la validez de las elecciones de diputados y senadores en cada uno de los distritos electorales uninominales y en cada una de las entidades federativas; otorgará las constancias respectivas a las fórmulas de candidatos que hubiesen obtenido mayoría de votos y hará la asignación de senadores de primera minoría de conformidad con lo dispuesto en el artículo 56 de esta Constitución y en la ley. Asimismo, hará la declaración de validez y la asignación de diputados según el principio de representación proporcional de conformidad con el artículo 54 de esta Constitución y la ley.

Las determinaciones sobre la declaración de validez, el otorgamiento de las constancias y la asignación de diputados o senadores podrán ser impugnadas ante las salas regionales del Tribunal Electoral del Poder Judicial de la Federación, en los términos que señale la ley.

Las resoluciones de las salas a que se refiere el párrafo anterior, podrán ser revisadas exclusivamente por la Sala Superior del propio Tribunal, a través del medio de impugnación que los partidos políticos podrán interponer únicamente cuando por los agravios esgrimidos se pueda modificar el resultado de la elección. Los fallos de la Sala serán definitivos e inatacables. La ley establecerá los presupuestos, requisitos de procedencia y el trámite para este medio de impugnación.

ART. 61.- Los diputados y senadores son inviolables por sus opiniones manifestadas en el desempeño de sus cargos, y jamás podrán ser reconvenidos por ellos.

El Presidente de cada Cámara velará por el respeto al fuero constitucional de los miembros de la misma y por la inviolabilidad del recinto donde se reúnan a sesionar.

ART. 62.- Los diputados y senadores propietarios durante el período de su encargo, no podrán desempeñar ninguna otra comisión o empleo de la Federación o de los Estados por los cuales se disfrute sueldo, sin licencia previa de la Cámara respectiva; pero entonces cesarán en sus funciones representativas, mientras dure la nueva ocupación. La misma regla se observará con los diputados y senadores suplentes, cuando estuvieren en ejercicio. La infracción de esta disposición será castigada con la pérdida del carácter de diputado o senador.

ART. 63.- Las Cámaras no pueden abrir sus sesiones ni ejercer su cargo sin la concurrencia, en cada una de ellas, de más de la mitad del número total de sus miembros; pero los presentes de una y otra deberán reunirse el día señalado por la ley y compeler a los ausentes a que concurran dentro de los treinta días siguientes, con la advertencia de que si no lo hiciesen se entenderá por ese sólo hecho, que no aceptan su encargo, llamándose luego a los suplentes, los que deberán presentarse en un plazo igual, y si tampoco lo hiciesen, se declarará vacante el puesto. Tanto las vacantes de diputados y senadores del Congreso de la Unión que se presenten al inicio de la legislatura, como las que ocurran durante su ejercicio, se cubrirán: la vacante de diputados y senadores del Congreso de la Unión por el principio de mayoría relativa, la Cámara respectiva convocará a elecciones extraordinarias de conformidad con lo que dispone la fracción IV del artículo 77 de esta Constitución; la vacante de miembros de la Cámara de Diputados electos por el principio de representación proporcional, será cubierta por la fórmula de candidatos del mismo partido que siga en el orden de la lista regional respectiva, después de habérsele asignado los diputados que le hubieren correspondido; la vacante de miembros de la Cámara de Senadores electos por el principio de representación proporcional, será cubierta por aquella fórmula de candidatos del mismo partido que siga en el orden de lista nacional, después de habérsele asignado los senadores que le hubieren correspondido; y la vacante de miembros de la Cámara de Senadores electos por el principio de primera minoría, será cubierta por la fórmula de candidatos del mismo partido que para la entidad federativa de que se trate se haya registrado en segundo lugar de la lista correspondiente.

Se entiende también que los diputados y senadores que falten diez días consecutivos sin causa justificada o sin previa licencia del presidente de su respectiva Cámara, de lo cual se de conocimiento a ésta, renuncian a concurrir hasta el período inmediato, llamándose desde luego a los suplentes.

Si no hubiese quórum para instalar cualquiera de las Cámaras o para que ejerzan sus funciones una vez instaladas, se convocará inmediatamente a los suplentes para que se presenten a la mayor brevedad a desempeñar su cargo, entre tanto transcurren los treinta días de que antes se habla.

Incurrirán en responsabilidad, y se harán acreedores a las sanciones que la ley señale, quienes habiendo sido electos diputados o senadores, no se presenten, sin causa justificada a juicio de la Cámara respectiva, a desempeñar el cargo dentro del plazo señalado en el primer párrafo de este artículo. También incurrirán en responsabilidad, que la misma ley sancionará, los Partidos Políticos Nacionales que habiendo postulado candidatos en una elección para diputados o senadores, acuerden que sus miembros que resultaren electos no se presenten a desempeñar sus funciones.

ART. 64.- Los diputados y senadores que no concurran a una sesión, sin causa justificada o sin permiso del presidente la Cámara respectiva, no tendrán derecho a la dieta correspondiente al día en que falten.

ART. 65.- El Congreso se reunirá a partir del 1o. de septiembre de cada año, para celebrar un primer período de sesiones ordinarias y a partir del 1o. de febrero de cada año para celebrar un segundo período de sesiones ordinarias.

En ambos Períodos de Sesiones el Congreso se ocupará del estudio, discusión y votación de las Iniciativas de Ley que se le presenten y de la resolución de los demás asuntos que le correspondan conforme a esta Constitución.

En cada Período de Sesiones Ordinarias el Congreso se ocupará de manera preferente de los asuntos que señale su Ley Orgánica.

ART. 66.- Cada período de sesiones ordinarias durará el tiempo necesario para tratar todos los asuntos mencionados en el artículo anterior. El primer período no podrá prolongarse sino hasta el 15 de diciembre del mismo año, excepto cuando el Presidente de la República inicie su encargo en la fecha prevista por el artículo 83, en cuyo caso las sesiones podrán extenderse hasta el 31 de diciembre de ese mismo año. El segundo período no podrá prolongarse más allá del 30 de abril del mismo año.

Si las dos Cámaras no estuvieren de acuerdo para poner término a las Sesiones antes de las fechas indicadas, resolverá el Presidente de la República.

ART. 67.- El Congreso o una sola de las Cámaras, cuando se trate de asunto exclusivo de ella, se reunirán en sesiones extraordinarias cada vez que los convoque para ese objeto la Comisión Permanente; pero en ambos casos sólo se ocuparán del asunto o asuntos que la propia Comisión sometiese a su conocimiento, los cuales se expresarán en la convocatoria respectiva.

ART. 68.- Las dos Cámaras residirán en un mismo lugar y no podrán trasladarse a otro sin que antes convengan en la traslación y en el tiempo y modo de verificarla, designando un mismo punto para la reunión de ambas. Pero si conviniendo las dos en la traslación, difieren en cuanto al tiempo, modo y lugar, el Ejecutivo terminará la diferencia, eligiendo uno de los dos extremos en cuestión. Ninguna Cámara podrá suspender sus sesiones por más de tres días, sin consentimiento de la otra.

ART. 69.- A la apertura de Sesiones Ordinarias del Primer Período del Congreso asistirá el Presidente de la República y presentará un informe por escrito, en el que manifieste el estado general que guarda la administración pública del país. En la apertura de las sesiones extraordinarias del Congreso de la Unión, o de una sola de sus Cámaras, el Presidente de la Comisión Permanente, informará acerca de los motivos o razones que originaron la convocatoria.

ART. 70.- Toda resolución del Congreso tendrá el carácter de ley o decreto. Las leyes o decretos se comunicarán al Ejecutivo firmados por los presidentes de ambas Cámaras y por un secretario de cada una de ellas, y se promulgarán en esta forma:

"El Congreso de los Estados Unidos Mexicanos decreta: (texto de la ley o decreto)".

El Congreso expedirá la Ley que regulará su estructura y funcionamiento internos.

La ley determinará, las formas y procedimientos para la agrupación de los diputados, según su afiliación de partido, a efecto de garantizar la libre expresión de las corrientes ideológicas representadas en la Cámara de Diputados.

Esta ley no podrá ser vetada ni necesitará de promulgación del Ejecutivo Federal para tener vigencia.

Sección Segunda
De la Iniciativa y Formación de las Leyes

ART. 71.- El derecho de iniciar leyes o decretos compete:

I.- Al Presidente de la República;

II.- A los Diputados y Senadores al Congreso de la Unión; y

III.- A las Legislaturas de los Estados.

Las iniciativas presentadas por el Presidente de la República, por las Legislaturas de los Estados o por las Diputaciones de los mismos, pasarán desde luego a comisión. Las que presentaren los diputados o los senadores, se sujetarán a los trámites que designe el Reglamento de Debates.

ART. 72.- Todo proyecto de ley o decreto, cuya resolución no sea exclusiva de alguna de las Cámaras, se discutirá sucesivamente en ambas, observándose el Reglamento de Debates sobre la forma, intervalos y modo de proceder en las discusiones y votaciones.

A.- Aprobado un proyecto en la Cámara de su origen, pasará para su discusión a la otra. Si ésta lo aprobare, se remitirá al Ejecutivo, quien, si no tuviere observaciones que hacer, lo publicará inmediatamente.

B. Se reputará aprobado por el Poder Ejecutivo, todo proyecto no devuelto con observaciones a la Cámara de su origen, dentro de diez días útiles; a no ser que, corriendo este término hubiere el Congreso cerrado o suspendido sus acciones, en cuyo caso la devolución deberá hacerse el primer día útil en que el Congreso esté reunido.

C. El proyecto de ley o decreto desechado en todo o en parte por el Ejecutivo, será devuelto, con sus observaciones, a la Cámara de su origen. Deberá ser discutido de nuevo por ésta, y si fuese confirmado por las dos terceras partes del número total de votos, pasará otra vez a la Cámara revisora. Si por ésta fuese sancionado por la misma mayoría, el proyecto será ley o decreto y volverá al Ejecutivo para su promulgación.

Las votaciones de ley o decreto, serán nominales.

D. Si algún proyecto de ley o decreto, fuese desechado en su totalidad por la Cámara de revisión, volverá a la de su origen con las observaciones que aquella le hubiese hecho. Si examinado de nuevo fuese aprobado por la mayoría absoluta de los miembros presentes, volverá a la Cámara que lo desechó, la cual lo tomará otra vez en consideración, y si lo aprobare por la misma mayoría, pasará al Ejecutivo para los efectos de la fracción A; pero si lo reprobase, no podrá volver a presentarse en el mismo período de sesiones.

E. Si un proyecto de ley o decreto fuese desechado en parte, o modificado, o adicionado por la Cámara revisora, la nueva discusión de la Cámara de su origen versará únicamente sobre lo desechado o sobre las reformas o adiciones, sin poder alterarse en manera alguna los artículos aprobados. Si las adiciones o reformas hechas por la Cámara revisora fuesen aprobadas por la mayoría absoluta de los votos presentes en la Cámara de su origen, se pasará todo el proyecto al Ejecutivo, para los efectos de la fracción A. Si las adiciones o reformas hechas por la Cámara revisora fueren reprobadas por la mayoría de votos en la Cámara de su origen, volverán a aquella para que tome en consideración las razones de ésta, y si por mayoría absoluta de votos presentes se desecharen en esta segunda revisión dichas adiciones o reformas, el proyecto, en lo que haya sido aprobado por ambas Cámaras, se pasará al Ejecutivo para los efectos de la fracción A. Si la Cámara revisora insistiere, por la mayoría absoluta de votos presentes, en dichas adiciones o reformas, todo el proyecto no volverá a presentarse sino hasta el siguiente período de sesiones, a no ser que ambas Cámaras acuerden, por la mayoría absoluta de sus miembros presentes, que se expida la ley o decreto sólo con los artículos aprobados, y que se reserven los adicionados o reformados para su examen y votación en las sesiones siguientes.

F. En la interpretación, reforma o derogación de las leyes o decretos, se observarán los mismos trámites establecidos para su formación.

G. Todo proyecto de ley o decreto que fuere desechado en la Cámara de su origen, no podrá volver a presentarse en las sesiones del año.

H. La formación de las leyes o decretos puede comenzar indistintamente en cualquiera de las dos Cámaras, con excepción de los proyectos que versaren sobre empréstitos, contribuciones o impuestos, o sobre reclutamiento de tropas, todos los cuales deberán discutirse primero en la Cámara de Diputados.

I. Las iniciativas de leyes o decretos se discutirán preferentemente en la Cámara en que se presenten, a menos que transcurra un mes desde que se pasen a la Comisión dictaminadora sin que ésta rinda dictamen, pues en tal caso el mismo proyecto de ley o decreto puede presentarse y discutirse en la otra Cámara.

J. El Ejecutivo de la Unión no puede hacer observaciones a las resoluciones del Congreso o de alguna de las Cámaras, cuando ejerzan funciones de cuerpo electoral o de jurado, lo mismo que cuando la Cámara de Diputados declare que debe acusarse a uno de los altos funcionarios de la Federación por delitos oficiales.

Tampoco podrá hacerlas al decreto de convocatoria a sesiones extraordinarias que expida la Comisión Permanente.

Sección Tercera
De las Facultades del Congreso

ART. 73.- El Congreso tiene facultad:

I.- Para admitir nuevos Estados a la Unión Federal;

II.- (Se deroga).

III.- Para formar nuevos Estados dentro de los límites de los existentes, siendo necesario al efecto:

1o.- Que la fracción o fracciones que pidan erigirse en Estados, cuenten con una población de ciento veinte mil habitantes, por lo menos.

2o.- Que se compruebe ante el Congreso que tiene los elementos bastantes para proveer a su existencia política.

3o. - Que sean oídas las Legislaturas de los Estados de cuyo territorio se trate, sobre la conveniencia o inconveniencia de la erección del nuevo Estado. quedando obligadas a dar su informe dentro de seis. meses, contados desde el día en que se les remita la comunicación respectiva.

4o. - Que igualmente se oiga al Ejecutivo de la Federación, el cual enviará su informe dentro de siete días contados desde la fecha en que le sea pedido.

5o. - Que sea votada la erección del nuevo Estado por dos terceras partes de los diputados y senadores presentes en sus respectivas Cámaras.

6o. - Que la resolución del Congreso sea ratificada por la mayoría de las Legislaturas de los Estados, previo examen de la copia del expediente, siempre que hayan dado su consentimiento las Legislaturas de los Estados de cuyo territorio se trate.

7o. - Si las Legislaturas de los Estados de cuyo territorio se trate, no hubieren dado su consentimiento, la ratificación de que habla la fracción anterior, deberá ser hecha por las dos terceras partes del total de Legislaturas de los demás Estados;

IV.- Derogada.

V.- Para cambiar la residencia de los Supremos Poderes de la Federación;

VI.- (Se deroga)

VII.- Para imponer las contribuciones necesarias a cubrir el Presupuesto;

VIII.- Para dar bases sobre las cuales el Ejecutivo pueda celebrar empréstitos sobre el crédito de la Nación, para aprobar esos mismos empréstitos y para reconocer y mandar pagar la deuda nacional. Ningún empréstito podrá celebrarse sino para la ejecución de obras que directamente produzcan un incremento en los ingresos públicos, salvo los que se realicen con propósitos de regulación monetaria, las operaciones de conversión y los que se contraten durante alguna emergencia declarada por el Presidente de República en los términos del artículo 29. Asimismo, aprobar anualmente los montos de endeudamiento que deberán incluirse en la ley de ingresos, que en su caso requiera el Gobierno del Distrito Federal y las entidades de su sector público, conforme a las bases de la ley correspondiente. El Ejecutivo Federal informará anualmente al Congreso de la Unión sobre el ejercicio de dicha deuda a cuyo efecto el Jefe del Distrito Federal le hará llegar el informe que sobre el ejercicio de los recursos correspondientes hubiere realizado. El Jefe del Distrito Federal informará igualmente a la Asamblea de Representantes del Distrito Federal, al rendir la cuenta pública;

IX.- Para impedir que en el comercio de Estado a Estado se establezcan restricciones;

[1]**X.-** Para legislar en toda la República sobre hidrocarburos, minería, sustancias químicas, explosivos, pirotecnia, industria cinematográfica, comercio, juegos con apuestas y sorteos, intermediación y servicios financieros, energía eléctrica y nuclear y para expedir las leyes del trabajo reglamentarias del artículo 123;

XI.- Para crear y suprimir empleos públicos de la Federación y señalar, aumentar o disminuir sus dotaciones.

XII.- Para declarar la guerra, en vista de los datos que le presente el Ejecutivo. '

XIII.- Para dictar leyes según las cuales deban declararse buenas o malas las presas de mar y tierra, y para expedir leyes relativas al derecho marítimo de paz y guerra.

XIV.- Para levantar y sostener a las instituciones armadas de la Unión, a saber: Ejército, Marina de Guerra y Fuerza Aérea Nacionales, y para reglamentar su organización y servicio.

XV.- Para dar reglamentos con objeto de organizar, armar y disciplinar la Guardia Nacional, reservándose a los ciudadanos que la forman, el nombramiento respectivo de jefes y oficiales, y a los Estados la facultad de instruirla conforme a la disciplina prescrita por dichos reglamentos.

XVI.- Para dictar leyes sobre nacionalidad, condición jurídica de los extranjeros, ciudadanía, naturalización, colonización, emigración e inmigración y salubridad general de la República.

1a.- El Consejo de Salubridad General dependerá directamente del Presidente de la República, sin intervención de ninguna Secretaría de Estado, y sus disposiciones generales serán obligatorias en el país.

[2]**2a.-** En caso de epidemias de carácter grave o peligro de invasión de enfermedades exóticas en el país, la Secretaría de Salud tendrá obligación de dictar inmediatamente las medidas preventivas indispensables, a reserva de ser después sancionadas por el Presidente de la República.

3a.- La autoridad sanitaria será ejecutiva y sus disposiciones serán obedecidas por las autoridades administrativas del País.

4a.- Las medidas que el Consejo haya puesto en vigor en la Campaña contra el alcoholismo y la venta de sustancias que envenenan al individuo o degeneran la especie humana, así como las adoptadas para prevenir y combatir la contaminación ambiental, serán después revisadas por el Congreso de la Unión en los casos que le competan.

---

[1] *Se reforma la fracción X del artículo 73 según D. O. F. del 20 de julio de 2007.*
[2] *Se reforma el numeral 2 de la fracción XVI del artículo 73 según D. O. F. del 2 de agosto de 2007.*

XVII.- Para dictar leyes sobre vías generales de comunicación, y sobre postas y correos, para expedir leyes sobre el uso y aprovechamiento de las aguas de jurisdicción federal;

XVIII.- Para establecer casas de moneda, fijar las condiciones que ésta deba tener, dictar reglas para determinar el valor relativo de la moneda extranjera y adoptar un sistema general de pesas y medidas;

XIX.- Para fijar las reglas a que deba sujetarse la ocupación y enajenación de terrenos baldíos y el precio de éstos;

XX.- Para expedir las leyes de organización del Cuerpo Diplomático y del Cuerpo Consular mexicano;

XXI.- Para establecer los delitos y faltas contra la Federación y fijar los castigos que por ellos deban imponerse.

Las autoridades federales podrán conocer también de los delitos del fuero común, cuando éstos tengan conexidad con delitos federales;

En las materias concurrentes previstas en esta Constitución, las leyes federales establecerán los supuestos en que las autoridades del fuero común podrán conocer y resolver sobre delitos federales;

XXII.- Para conceder amnistías por delitos cuyo conocimiento pertenezca a los tribunales de la Federación;

XXIII.- Para expedir leyes que establezcan las bases de coordinación entre la Federación, el Distrito Federal, los Estados y los Municipios, en materia de seguridad pública; así como para la organización y funcionamiento, el ingreso, selección, promoción y reconocimiento de los integrantes de las instituciones de seguridad pública en el ámbito federal;

XXIV.- Para expedir la Ley que regule la organización de la entidad de fiscalización superior de la Federación y las demás que normen la gestión, control y evaluación de los Poderes de la Unión y de los entes públicos federales;

XXV.- Para establecer, organizar y sostener en toda la República escuelas rurales, elementales, superiores, secundarias y profesionales; de investigación científica, de bellas artes y de enseñanza técnica, escuelas prácticas de agricultura y de minería, de artes y oficios, museos, bibliotecas, observatorios y demás institutos concernientes a la cultura general de los habitantes de la nación y legislar en todo lo que se refiere a dichas instituciones; para legislar sobre vestigios o restos fósiles y sobre monumentos arqueológicos, artísticos e históricos, cuya conservación sea de interés nacional; así como para dictar las leyes encaminadas a distribuir convenientemente entre la Federación, los Estados y los Municipios el ejercicio de la función educativa y las aportaciones económicas correspondientes a ese servicio público, buscando unificar y coordinar la educación en toda la República. Los Títulos que se expidan por los establecimientos de que se trata surtirán sus efectos en toda la República.

XXVI.- Para conceder licencia al Presidente de la República y para constituirse en Colegio Electoral y designar al ciudadano que deba substituir al Presidente de la República, ya sea con el carácter de substituto, interino o provisional, en los términos de los artículos 84 y 85 de esta Constitución;

XXVII.- Para establecer, organizar y sostener en toda la república escuelas rurales, elementales, superiores, secundarias y profesionales; de investigación científica, de bellas artes y de enseñanza técnica; escuelas prácticas de agricultura, de artes y oficios, museos, bibliotecas, observatorios y demás institutos concernientes a la cultura general de los habitantes de la Nación, y legislar en todo lo que se refiera a dichas instituciones.

La Federación tendrá jurisdicción sobre los planteles que ella establezca, sostenga y organice, sin menoscabo de la libertad que tienen los Estados para legislar sobre el mismo ramo educacional. Los títulos que se expidan por los establecimientos de que se trata, surtirán sus efectos en toda la República.

XXVIII.- (Se deroga).

XXIX.- Para establecer contribuciones:

1o. - Sobre el comercio exterior;

2o. - Sobre el aprovechamiento y explotación de los recursos naturales comprendidos en los párrafos 4o. y 5o. del artículo 27;

3o. - Sobre instituciones de crédito y sociedades de seguros;

4o. - Sobre servicios públicos concesionados o explotados directamente por la Federación; y

5o. - Especiales sobre:

a) Energía eléctrica;

b) Producción y consumo de tabacos labrados;

c) Gasolina y otros productos derivados del petróleo;

d) Cerillos y fósforos;

e) Aguamiel y productos de su fermentación;

f) Explotación forestal, y

g) Producción y consumo de cerveza.

Las entidades federativas participarán en el rendimiento de estas contribuciones especiales, en la proporción que la ley secundaria federal determine. Las legislaturas locales fijarán el porcentaje correspondiente a los Municipios, en sus ingresos por concepto de impuestos sobre energía eléctrica;

XXIX-B.- Para legislar sobre las características y uso de la Bandera, Escudo e Himno Nacionales.

XXIX-C.- Para expedir las leyes que establezcan la concurrencia del Gobierno Federal, de los Estados y de los Municipios, en el ámbito de sus respectivas competencias, en materia de asentamientos humanos, con objeto de cumplir los fines previstos en el párrafo tercero del artículo 27 de esta Constitución;

'XXIX-D.- Para expedir leyes sobre planeación nacional del desarrollo económico y social, así como en materia de información estadística y geográfica de interés nacional;

XXIX-E.- Para expedir leyes para la programación, promoción, concertación y ejecución de acciones de orden económico, especialmente las referentes al abasto y otras que tengan como fin la producción suficiente y oportuna de bienes y servicios, social y nacionalmente necesarios;

XXIX-F.- Para expedir leyes tendientes a la promoción de la inversión mexicana, la regulación de la inversión extranjera, la transferencia de tecnología y la generación, difusión y aplicación de los conocimientos científicos y tecnológicos que requiere el desarrollo nacional;

XXIX-G.- Para expedir leyes que establezcan la concurrencia del Gobierno Federal, de los gobiernos de los Estados y de los Municipios, en el ámbito de sus respectivas competencias, en materia de protección al ambiente y de preservación y restauración del equilibrio ecológico;

XXIX-H. Para expedir leyes que instituyan tribunales de lo contencioso-administrativo, dotados de plena autonomía para dictar sus fallos, y que tengan a su cargo dirimir las controversias que se susciten entre la administración pública federal y los particulares, así como para imponer sanciones a los servidores públicos por responsabilidad administrativa que determine la ley, estableciendo las normas para su organización, su funcionamiento, los procedimientos y los recursos contra sus resoluciones;

XXIX-I. Para expedir leyes que establezcan las bases sobre las cuales la Federación, los estados, el Distrito Federal y los municipios, coordinarán sus acciones en materia de protección civil, y

XXIX-J. Para legislar en materia de deporte, estableciendo las bases generales de coordinación de la facultad concurrente entre la Federación, los estados, el Distrito Federal y municipios; asimismo de la participación de los sectores social y privado, y

XXIX-K.- Para expedir leyes en materia de turismo, estableciendo las bases generales de coordinación de las facultades concurrentes entre la

Federación, Estados, Municipios y el Distrito Federal, así como la participación de los sectores social y privado.

XXIX-L.- Para expedir leyes que establezcan la concurrencia del gobierno federal, de los gobiernos de las entidades federativas y de los municipios, en el ámbito de sus respectivas competencias, en materia de pesca y acuacultura, así como la participación de los sectores social y privado, y

XXIX-M.- Para expedir leyes en materia de seguridad nacional, estableciendo los requisitos y límites a las investigaciones correspondientes.

[1]**XXIX-N.-** Para expedir leyes en materia de constitución, organización, funcionamiento y extinción de las sociedades cooperativas. Estas leyes establecerán las bases para la concurrencia en materia de fomento y desarrollo sustentable de la actividad cooperativa de la Federación, Estados y Municipios, así como del Distrito Federal, en el ámbito de sus respectivas competencias.

XXX.- Para expedir todas las leyes que sean necesarias, a objeto de hacer efectivas las facultades anteriores, y todas las otras concedidas por esta Constitución a los Poderes de la Unión.

ART. 74.- Son facultades exclusivas de la Cámara de Diputados:

I.- Expedir el Bando Solemne para dar a conocer en toda la República la declaración de Presidente Electo que hubiere hecho el Tribunal Electoral del Poder Judicial de la Federación;

II.- Coordinar y evaluar, sin perjuicio de su autonomía técnica y de gestión, el desempeño de las funciones de la entidad de fiscalización superior de la Federación, en los términos que disponga la ley;

III.- Derogada.

IV.- Aprobar anualmente el Presupuesto de Egresos de la Federación, previo examen, discusión y, en su caso, modificación del Proyecto enviado por el Ejecutivo Federal, una vez aprobadas las contribuciones que, a su juicio, deben decretarse para cubrirlo, así como revisar la Cuenta Pública del año anterior.

El Ejecutivo Federal hará llegar a la Cámara la Iniciativa de Ley de Ingresos y el Proyecto de Presupuesto de Egresos de la Federación a más tardar el día 8 del mes de septiembre, debiendo comparecer el secretario de despacho correspondiente a dar cuenta de los mismos. La Cámara de Diputados deberá aprobar el Presupuesto de Egresos de la Federación a más tardar el día 15 del mes de noviembre.

Cuando inicie su encargo en la fecha prevista por el artículo 83, el Ejecutivo Federal hará llegar a la Cámara la Iniciativa de Ley de Ingresos y el Proyecto de Presupuesto de Egresos de la Federación a más tardar el día 15

---

[1] *Se adiciona una fracción XXIX-N al artículo 73 según D. O. F. del 15 de agosto de 2007.*

del mes de diciembre.

No podrá haber otras partidas secretas, fuera de las que se consideren necesarias, con ese carácter, en el mismo presupuesto; las que emplearán emplearán los secretarios por acuerdo escrito del Presidente de la República.

La revisión de la Cuenta Pública tendrá por objeto conocer los resultados de la gestión financiera, comprobar si se ha ajustado a los criterios señalados por el Presupuesto y el cumplimiento de los objetivos contenidos en los programas.

Para la revisión de la Cuenta Pública, la Cámara de Diputados se apoyará en la entidad de fiscalización superior de la Federación. Si del examen que ésta realice aparecieran discrepancias entre las cantidades correspondientes a los ingresos o a los egresos, con relación a los conceptos y las partidas respectivas o no existiera exactitud o justificación en los ingresos obtenidos o en los gastos realizados, se determinarán las responsabilidades de acuerdo con la Ley.

La Cuenta Pública del año anterior deberá ser presentada a la Cámara de Diputados del H. Congreso de la Unión dentro de los diez primeros días del mes de junio.

Sólo se podrá ampliar el plazo de presentación de la iniciativa de Ley de Ingresos y del Proyecto de Presupuesto de Egresos, así como de la Cuenta Pública, cuando medie solicitud del Ejecutivo suficientemente justificada a juicio de la Cámara o de la Comisión Permanente, debiendo comparecer en todo caso el Secretario del Despacho correspondiente a informar de las razones que lo motiven;

V.- Declarar si ha o no lugar a proceder penalmente contra los servidores públicos que hubieren incurrido en delito en los términos del artículo 111 de esta Constitución.

Conocer de las imputaciones que se hagan a los servidores públicos a que se refiere el artículo 110 de esta Constitución y fungir como órgano de acusación en los juicios políticos que contra éstos se instauren.

VI.- (Se deroga).

VII.- (Se deroga).

VIII.- Las demás que le confiere expresamente esta Constitución.

ART. 75.- La Cámara de Diputados, al aprobar el Presupuesto de Egresos, no podrá dejar de señalar la retribución que corresponda a un empleo que esté establecido por la ley; y en caso de que por cualquiera circunstancia se omita fijar dicha remuneración, se entenderá por señalada la que hubiere tenido fijada en el Presupuesto anterior o en la ley que estableció el empleo.

ART. 76.- Son facultades exclusivas del Senado:

[1]**I.-** Analizar la política exterior desarrollada por el Ejecutivo Federal

---

[1] *Se reforma la fracción I al artículo 76 según D. O. F. del 12 de febrero de 2007.*

con base en los informes anuales que el Presidente de la República y el Secretario del Despacho correspondiente rindan al Congreso.

Además, aprobar los tratados internacionales y convenciones diplomáticas que el Ejecutivo Federal suscriba, así como su decisión de terminar, denunciar, suspender, modificar, enmendar, retirar reservas y formular declaraciones interpretativas sobre los mismos;

II.- Ratificar los nombramientos que el mismo funcionario haga del Procurador General de la República, Ministros, agentes diplomáticos, cónsules generales, empleados superiores de Hacienda, coroneles y demás jefes superiores del Ejército, Armada y Fuerza Aérea Nacionales, en los términos que la ley disponga;

III.- Autorizarlo también para que pueda permitir la salida de tropas nacionales fuera de los límites del País, el paso de tropas extranjeras por el territorio nacional y la estación de escuadras de otra potencia, por más de un mes, en aguas mexicanas;

IV.- Dar su consentimiento para que el Presidente de la República pueda disponer de la Guardia Nacional fuera de sus respectivos Estados, fijando la fuerza necesaria;

V.- Declarar, cuando hayan desaparecido todos los poderes constitucionales de un Estado, que es llegado el caso de nombrarle un gobernador provisional, quién convocará a elecciones conforme a las leyes constitucionales del mismo Estado. El nombramiento de Gobernador se hará por el Senado a propuesta en terna del Presidente de la República con aprobación de las dos terceras partes de los miembros presentes, y en los recesos, por la Comisión Permanente, conforme a las mismas reglas. El funcionario así nombrado, no podrá ser electo Gobernador Constitucional en las elecciones que se verifiquen en virtud de la convocatoria que él expidiere. Esta disposición regirá siempre que las constituciones de los Estados no prevean el caso;

VI.- Resolver las cuestiones políticas que surjan entre los poderes de un Estado cuando alguno de ellos ocurra con ese fin al Senado, o cuando, con motivo de dichas cuestiones se haya interrumpido el orden constitucional, mediando un conflicto de armas.

En este caso el Senado dictará su resolución, sujetándose a la Constitución General de la República y a la del Estado;

La ley reglamentará el ejercicio de esta facultad y el de la anterior.

VII.- Erigirse en Jurado de sentencia para conocer en juicio político de las faltas u omisiones que cometan los servidores públicos y que redunden en perjuicio de los intereses públicos fundamentales y de su buen despacho, en los términos del artículo 110 de esta Constitución;

VIII.- Designar a los Ministros de la Suprema Corte de Justicia de la Nación, de entre la terna que someta a su consideración el Presidente de la República, así como otorgar o negar su aprobación a las solicitudes de licencia o renuncia de los mismos, que le someta dicho funcionario;

IX.- Nombrar y remover al Jefe del Distrito Federal en los supuestos previstos en esta Constitución;

X.- Autorizar mediante decreto aprobado por el voto de las dos terceras partes de los individuos presentes, los convenios amistosos que sobre sus respectivos límites celebren las entidades federativas;

XI.- Resolver de manera definitiva los conflictos sobre límites territoriales de las entidades federativas que así lo soliciten, mediante decreto aprobado por el voto de las dos terceras partes de los individuos presentes;

XII.- Las demás que la misma Constitución le atribuya.

ART. 77.- Cada una de las Cámaras puede, sin la intervención de la otra:

I.- Dictar resoluciones económicas relativas a su régimen interior;

II.- Comunicarse en la Cámara colegisladora y con el Ejecutivo de la Unión, por medio de comisiones de su seno;

III.- Nombrar los empleados de su secretaría y hacer el reglamento interior de la misma; y

IV.- Expedir convocatoria, dentro del término de 30 días a partir de que ocurra la vacante, para elecciones extraordinarias que deberán celebrarse dentro de los 90 días siguientes, con el fin de cubrir las vacantes de sus miembros a que se refiere el artículo 63 de esta Constitución, en el caso de vacantes de diputados y senadores del Congreso de la Unión por el principio de mayoría relativa, salvo que la vacante ocurra dentro del año final del ejercicio del legislador correspondiente.

Sección Cuarta
De la Comisión Permanente

ART. 78.- Durante los recesos del Congreso de la Unión habrá una Comisión Permanente compuesta de 37 miembros de los que 19 serán Diputados y 18 Senadores, nombrados por sus respectivas Cámaras la víspera de la clausura de los períodos ordinarios de sesiones. Para cada titular las Cámaras nombrarán, de entre sus miembros en ejercicio, un sustituto.

La Comisión Permanente, además de las atribuciones que expresamente le confiere esta Constitución, tendrá las siguientes:

I.- Prestar su consentimiento para el uso de la Guardia Nacional en los casos de que habla el artículo 76 fracción IV;

II.- Recibir, en su caso, la protesta del Presidente de la República;

III.- Resolver los asuntos de su competencia; recibir durante el receso del Congreso de la Unión las iniciativas de ley y proposiciones dirigidas a las Cámaras y turnarlas para dictamen a las Comisiones de la Cámara a la que vayan dirigidas, a fin de que se despachen en el inmediato periodo de sesiones;

IV.- Acordar por sí o a propuesta del Ejecutivo, la convocatoria del Congreso o de una sola Cámara a sesiones extraordinarias, siendo necesario en ambos casos el voto de las dos terceras partes de los individuos presentes. La convocatoria señalará el objeto u objetos de las sesiones extraordinarias;

V.- Otorgar o negar su ratificación a la designación del Procurador General de la República, que le someta el titular del Ejecutivo Federal;

VI.- Conceder licencia hasta por treinta días al Presidente de la República y nombrar el interino que supla esa falta;

VII.- Ratificar los nombramientos que el Presidente haga de ministros, agentes diplomáticos, cónsules generales, empleados superiores de Hacienda, coroneles y demás jefes superiores del Ejército, Armada y Fuerza Aérea Nacionales, en los términos que la ley disponga, y

VIII.- Conocer y resolver sobre las solicitudes de licencia que le sean presentadas por los legisladores.

Sección V
De la Fiscalización Superior de la Federación

ART. 79.- La entidad de fiscalización superior de la Federación, de la Cámara de Diputados, tendrá autonomía técnica y de gestión en el ejercicio de sus atribuciones y para decidir sobre su organización interna, funcionamiento y resoluciones, en los términos que disponga la ley.

Esta entidad de fiscalización superior de la Federación tendrá a su cargo:

I.- Fiscalizar en forma posterior los ingresos y egresos; el manejo, la custodia y la aplicación de fondos y recursos de los Poderes de la Unión y de los entes públicos federales, así como el cumplimiento de los objetivos contenidos en los programas federales, a través de los informes que se rendirán en los términos que disponga la ley.

También fiscalizará los recursos federales que ejerzan las entidades federativas, los municipios y los particulares.

Sin perjuicio de los informes a que se refiere el primer párrafo de esta fracción, en las situaciones excepcionales que determine la ley, podrá requerir a los sujetos de fiscalización que procedan a la revisión de los conceptos que estime pertinentes y le rindan un informe. Si estos requerimientos no fueren atendidos en los plazos y formas señalados por la ley, se podrá dar lugar al fincamiento de las responsabilidades que corresponda.

II.- Entregar el informe del resultado de la revisión de la Cuenta Pública a la Cámara de Diputados a más tardar el 31 de marzo del año siguiente al de su presentación. Dentro de dicho informe se incluirán los dictámenes de su revisión y el apartado correspondiente a la fiscalización y verificación del cumplimiento de los programas, que comprenderá los comentarios y observaciones de los auditados, mismo que tendrá carácter público.

La entidad de fiscalización superior de la Federación deberá guardar reserva de sus actuaciones y observaciones hasta que rinda los informes a que se refiere este artículo; la ley establecerá las sanciones aplicables a quienes infrinjan esta disposición.

III.- Investigar los actos u omisiones que impliquen alguna irregularidad o conducta ilícita en el ingreso, egreso, manejo, custodia y aplicación de fondos y recursos federales, y efectuar visitas domiciliarias, únicamente para exigir la exhibición de libros, papeles o archivos indispensables para la realización de sus investigaciones, sujetándose a las leyes y a las formalidades establecidas para los cateos, y

IV.- Determinar los daños y perjuicios que afecten a la Hacienda Pública Federal o al patrimonio de los entes públicos federales y fincar directamente a los responsables las indemnizaciones y sanciones pecuniarias correspondientes, así como promover ante las autoridades competentes el fincamiento de otras responsabilidades; promover las acciones de responsabilidad a que se refiere el Título Cuarto de esta Constitución, y presentar las denuncias y querellas penales, en cuyos procedimientos tendrá la intervención que señale la ley.

La Cámara de Diputados designará al titular de la entidad de fiscalización por el voto de las dos terceras partes de sus miembros presentes. La ley determinará el procedimiento para su designación. Dicho titular durará en su encargo ocho años y podrá ser nombrado nuevamente por una sola vez. Podrá ser removido, exclusivamente, por las causas graves que la ley señale, con la misma votación requerida para su nombramiento, o por las causas y conforme a los procedimientos previstos en el Título Cuarto de esta Constitución.

Para ser titular de la entidad de fiscalización superior de la Federación se requiere cumplir, además de los requisitos establecidos en las fracciones I, II, IV, V y VI del artículo 95 de esta Constitución, los que señale la ley. Durante el ejercicio de su encargo no podrá formar parte de ningún partido político, ni desempeñar otro empleo, cargo o comisión, salvo los no remunerados en asociaciones científicas, docentes, artísticas o de beneficencia.

Los Poderes de la Unión y los sujetos de fiscalización facilitarán los auxilios que requiera la entidad de fiscalización superior de la Federación para el ejercicio de sus funciones.

El Poder Ejecutivo Federal aplicará el procedimiento administrativo de ejecución para el cobro de las indemnizaciones y sanciones pecuniarias a que se refiere la fracción IV del presente artículo.

CAPÍTULO III
Del poder ejecutivo

ART. 80.- Se deposita el ejercicio del Supremo Poder Ejecutivo de la Unión en un sólo individuo, que se denominará "Presidente de los Estados Unidos Mexicanos".

ART. 81.- La elección del Presidente será directa y en los términos que disponga la ley electoral.

ART. 82.- Para ser Presidente se requiere:

I.- Ser ciudadano mexicano por nacimiento, en pleno goce de sus derechos, hijos de padre o madre mexicanos y haber residido en el país al menos durante veinte años.

II.- Tener 35 años cumplidos al tiempo de la elección;

III.- Haber residido en el país durante todo el año anterior al día de la elección. La ausencia del país hasta por treinta días, no interrumpe la residencia.

IV.- No pertenecer al estado eclesiástico ni ser ministro de algún culto;

V.- No estar en servicio activo, en caso de pertenecer al Ejército, seis meses antes del día de la elección.

[1]VI.- No ser Secretario o subsecretario de Estado, Procurador General de la República, gobernador de algún Estado ni Jefe de Gobierno del Distrito Federal, a menos de que se separe de su puesto seis meses antes del día de la elección; y

VII.- No estar comprendido en alguna de las causas de incapacidad establecidas en el artículo 83.

ART. 83.- El Presidente entrará a ejercer su encargo el 1o. de diciembre y durará en él seis años. El ciudadano que haya desempeñado el cargo de Presidente de la República, electo popularmente, o con el carácter

[1] *Se reforma la fracción VI del Artículo 82 según D. O. F. del 19 de junio de 2007*

de interino, provisional o substituto, en ningún caso y por ningún motivo podrá volver a desempeñar ese puesto.

ART. 84.- En caso de falta absoluta del Presidente de la República, ocurrida en los dos primeros años del período respectivo, si el Congreso estuviere en sesiones, se constituirá inmediatamente en Colegio Electoral, y concurriendo cuando menos las dos terceras partes del número total de sus miembros, nombrará en escrutinio secreto y por mayoría absoluta de votos, un presidente interino; el mismo Congreso expedirá, dentro de los diez días siguientes al de la designación de presidente interino, la convocatoria para la elección del presidente que deba concluir el período respectivo; debiendo mediar entre la fecha de la convocatoria y la que se señale para la verificación de las elecciones, un plazo no menor de catorce meses, ni mayor de dieciocho.

Si el Congreso no estuviere en sesiones, la Comisión Permanente nombrará desde luego un presidente provisional y convocará a sesiones extraordinarias al Congreso para que éste, a su vez, designe al presidente interino y expida la convocatoria a elecciones presidenciales en los términos del párrafo anterior.

Cuando la falta del Presidente ocurriese en los cuatro últimos años del período respectivo, si el Congreso de la Unión se encontrase en sesiones, designará al presidente substituto que deberá concluir el período; si el Congreso no estuviere reunido, la Comisión Permanente nombrará un presidente provisional y convocará al Congreso de la Unión a sesiones extraordinarias para que se erija en Colegio Electoral y haga la elección del presidente substituto.

ART. 85.- Si al comenzar un período constitucional no se presentase el presidente electo, o la elección no estuviere hecha y declarada el 1o. de diciembre, cesará, sin embargo, el presidente cuyo período haya concluido y se encargará desde luego del Poder Ejecutivo, en calidad de Presidente interino, el que designe el Congreso de la Unión, o en su falta con el carácter de provisional, el que designe la Comisión Permanente, procediéndose conforme a lo dispuesto en el artículo anterior.

Cuando la falta del presidente fuese temporal, el Congreso de la Unión, si estuviese reunido, o en su defecto la Comisión Permanente, designará un presidente interino para que funcione durante el tiempo que dure dicha falta.

Cuando la falta del presidente sea por más de treinta días y el Congreso de la Unión no estuviere reunido, la Comisión Permanente convocará a sesiones extraordinarias del Congreso para que éste resuelva sobre la licencia y nombre, en su caso, al presidente interino.

Si la falta, de temporal se convierte en absoluta, se procederá como dispone el artículo anterior.

ART. 86.- El cargo de Presidente de la República sólo es renunciable por causa grave, que calificará el Congreso de la Unión, ante el que se presentará la renuncia.

ART. 87.- El Presidente, al tomar posesión de su cargo, prestará ante el Congreso de la Unión o ante la Comisión Permanente, en los recesos de aquél, la siguiente protesta: "Protesto guardar y hacer guardar la Constitución Política de los Estados Unidos Mexicanos y las leyes que de ella emanen, y desempeñar leal y patrióticamente el cargo de Presidente de la República que el pueblo me ha conferido, mirando en todo por el bien y prosperidad de la Unión; y si así no lo hiciere que la Nación me lo demande".

ART. 88.- El Presidente de la República no podrá ausentarse del territorio nacional sin permiso del Congreso de la Unión o de la Comisión Permanente en su caso.

ART. 89.- Las facultades y obligaciones del Presidente son las siguientes:

I.- Promulgar y ejecutar las leyes que expida el Congreso de la Unión, proveyendo en la esfera administrativa a su exacta observancia;

II.- Nombrar y remover libremente a los secretarios del despacho, remover a los agentes diplomáticos y empleados superiores de Hacienda, y nombrar y remover libremente a los demás empleados de la Unión, cuyo nombramiento o remoción no esté determinado de otro modo en la Constitución o en las leyes;

III.- Nombrar los ministros, agentes diplomáticos y cónsules generales, con aprobación del Senado;

IV.- Nombrar, con aprobación del Senado, los Coroneles y demás oficiales superiores del Ejército, Armada y Fuerza Aérea Nacionales, y los empleados superiores de Hacienda;

V.- Nombrar a los demás oficiales del Ejército, Armada y Fuerza Aérea Nacionales, con arreglo a las leyes;

[1]**VI.-** Preservar la seguridad nacional, en los términos de la ley respectiva, y disponer de la totalidad de la Fuerza Armada permanente o sea del Ejército, de la Armada y de la Fuerza Aérea para la seguridad interior y defensa exterior de la Federación.

VII.- Disponer de la Guardia Nacional para los mismos objetos, en los términos que previene la fracción IV del artículo 76;

VIII.- Declarar la guerra en nombre de los Estados Unidos

_____
[1] *Se reforma la fracción VI al artículo 89 según D. O. F. del 5 de abril de 2004.*

Mexicanos, previa ley del Congreso de la Unión.

IX.- Designar, con ratificación del Senado, al Procurador General de la República;

[1]**X.-** Dirigir la política exterior y celebrar tratados internacionales, así como terminar, denunciar, suspender, modificar, enmendar, retirar reservas y formular declaraciones interpretativas sobre los mismos, sometiéndolos a la aprobación del Senado. En la conducción de tal política, el titular del Poder Ejecutivo observará los siguientes principios normativos: la autodeterminación de los pueblos; la no intervención; la solución pacífica de controversias; la proscripción de la amenaza o el uso de la fuerza en las relaciones internacionales; la igualdad jurídica de los Estados; la cooperación internacional para el desarrollo; y la lucha por la paz y la seguridad internacionales;

XI.- Convocar al Congreso a sesiones extraordinarias, cuando lo acuerde la Comisión Permanente.

XII.- Facilitar al Poder Judicial los auxilios que necesite para el ejercicio expedito de sus funciones.

XIII.- Habilitar toda clase de puertos, establecer aduanas marítimas y fronterizas, y designar su ubicación.

XIV.- Conceder, conforme a las leyes, indultos a los reos sentenciados por delitos de competencia de los tribunales federales y a los sentenciados por delitos del orden común, en el Distrito Federal;

XV.- Conceder privilegios exclusivos por tiempo limitado, con arreglo a la ley respectiva, a los descubridores, inventores o perfeccionadores de algún ramo de la industria.

XVI.- Cuando la Cámara de Senadores no esté en sesiones, el Presidente de la República podrá hacer los nombramientos de que hablan las fracciones III, IV y IX, con aprobación de la Comisión Permanente;

XVII.- Se deroga.

XVIII.- Presentar a consideración del Senado, la terna para la designación de Ministros de la Suprema Corte de Justicia y someter sus licencias y renuncias a la aprobación del propio Senado;

XIX.- Se deroga.

XX.- Las demás que le confiere expresamente esta Constitución.

[1]**ART. 90.-** La Administración Pública Federal será centralizada y paraestatal conforme a la Ley Orgánica que expida el Congreso, que

---

[1] *Se reforma la fracción X del artículo 89 según D. O. F. del 12 de febrero de 2007.*
[1] *Se reforman los dos párrafos del artículo 90, 92 y los dos primeros párrafos del artículo 93 según D. O. F. del 2 de 2007.*

distribuirá los negocios del orden administrativo de la Federación que estarán a cargo de las Secretarías de Estado y definirá las bases generales de creación de las entidades paraestatales y la intervención del Ejecutivo Federal en su operación.

La leyes determinarán las relaciones entre las entidades paraestatales y el Ejecutivo Federal, o entre éstas y las Secretarías de Estado.

ART. 91.- Para ser Secretario del Despacho se requiere: ser ciudadano mexicano por nacimiento, estar en ejercicio de sus derechos y tener treinta años cumplidos.

ART. 92.- Todos los reglamentos, decretos, acuerdos y órdenes del Presidente deberán estar firmados por el Secretario de Estado a que el asunto corresponda, y sin este requisito no serán obedecidos.

ART. 93.- Los Secretarios del Despacho, luego que esté abierto el periodo de sesiones ordinarias, darán cuenta al Congreso del estado que guarden sus respectivos ramos.

Cualquiera de las Cámaras podrá citar a los Secretarios de Estado, al Procurador General de la República, así como a los directores y administradores de los organismos descentralizados federales o de las empresas de participación estatal mayoritaria, para que informen cuando se discuta una ley o se estudie un negocio concerniente a sus respectivos ramos o actividades.

Las Cámaras, a pedido de una cuarta parte de sus miembros, tratándose de los diputados, y de la mitad, si se trata de los Senadores, tienen la facultad de integrar comisiones para investigar el funcionamiento de dichos organismos descentralizados y empresas de participación estatal mayoritaria. Los resultados de las investigaciones se harán del conocimiento del Ejecutivo Federal.

Capítulo IV
Del Poder Judicial

ART. 94.- Se deposita el ejercicio del Poder Judicial de la Federación en una Suprema Corte de Justicia, en un Tribunal Electoral, en Tribunales Colegiados y Unitarios de Circuito y en Juzgados de Distrito.

La administración, vigilancia y disciplina del Poder Judicial de la Federación, con excepción de la Suprema Corte de Justicia de la Nación, estarán a cargo del Consejo de la Judicatura Federal en los términos que, conforme a las bases que señala esta Constitución, establezcan las leyes.

La Suprema Corte de Justicia de la Nación se compondrá de once Ministros y funcionará en Pleno o en Salas.

En los términos que la ley disponga las sesiones del Pleno y de las Salas serán públicas, y por excepción secretas en los casos en que así lo exijan la moral o el interés público.

La competencia de la Suprema Corte, su funcionamiento en Pleno y Salas, la competencia de los Tribunales de Circuito, de los Juzgados de Distrito y del Tribunal Electoral, así como las responsabilidades en que incurran los servidores públicos del Poder Judicial de la Federación, se regirán por lo que dispongan las leyes, de conformidad con las bases que esta Constitución establece.

El Consejo de la Judicatura Federal determinará el número, división en circuitos, competencia territorial y, en su caso, especialización por materia, de los Tribunales Colegiados y Unitarios de Circuito y de los Juzgados de Distrito.

El Pleno de la Suprema Corte de Justicia estará facultado para expedir acuerdos generales, a fin de lograr una adecuada distribución entre las Salas de los asuntos que competa conocer a la Corte, así como remitir a los Tribunales Colegiados de Circuito, para mayor prontitud en el despacho de los asuntos, aquéllos en los que hubiera establecido jurisprudencia o los que, conforme a los referidos acuerdos, la propia corte determine para una mejor impartición de justicia. Dichos acuerdos surtirán efectos después de publicados.

La ley fijará los términos en que sea obligatoria la jurisprudencia que establezcan los Tribunales del Poder Judicial de la Federación sobre interpretación de la Constitución, leyes y reglamentos federales o locales y tratados internacionales celebrados por el Estado Mexicano, así como los requisitos para su interrupción y modificación.

La remuneración que perciban por sus servicios los Ministros de la Suprema Corte, los Magistrados de Circuito, los Jueces de Distrito y los Consejeros de la Judicatura Federal, así como los Magistrados Electorales, no podrá ser disminuida durante su encargo.

Los Ministros de la Suprema Corte de Justicia durarán en su encargo quince años, sólo podrán ser removidos del mismo en los término del Título Cuarto de esta Constitución y, al vencimiento de su período, tendrán derecho a un haber por retiro.

Ninguna persona que haya sido Ministro podrá ser nombrada para un nuevo período, salvo que hubiera ejercido el cargo con el carácter de provisional o interino.

ART. 95.- Para ser electo Ministro de la Suprema Corte de Justicia de la Nación, se necesita:

I.- Ser ciudadano mexicano por nacimiento, en pleno ejercicio de sus derechos políticos y civiles;

II.- Tener cuando menos treinta y cinco años cumplidos el día de la designación;

III.- Poseer el día de la designación, con antigüedad mínima de diez años, título profesional de licenciado en derecho, expedido por autoridad o institución legalmente facultada para ello;

IV.- Gozar de buena reputación y no haber sido condenado por delito que amerite pena corporal de más de un año de prisión; pero si se tratare de robo, fraude, falsificación, abuso de confianza y otro que lastime seriamente la buena fama en el concepto público, inhabilitará para el cargo, cualquiera que haya sido la pena.

V.- Haber residido en el país durante los dos años anteriores al día de la designación; y

¹**VI.-** No haber sido Secretario de Estado, Procurador General de la República o de Justicia del Distrito Federal, senador, diputado federal ni gobernador de algún Estado o Jefe del Distrito Federal, durante el año previo al día de su nombramiento.

Los nombramientos de los Ministros deberán recaer preferentemente entre aquellas personas que hayan servido con eficiencia, capacidad y probidad en la impartición de justicia o que se hayan distinguido por su honorabilidad, competencia y antecedentes profesionales en el ejercicio de la actividad jurídica.

ART. 96.- Para nombrar a los Ministros de la Suprema Corte de Justicia, el Presidente de la República someterá una terna a consideración del Senado, el cual, previa comparecencia de las personas propuestas, designará al Ministro que deba cubrir la vacante. La designación se hará por el voto de las dos terceras partes de los miembros del Senado presentes, dentro del improrrogable plazo de treinta días. Si el Senado no resolviere dentro de dicho plazo, ocupará el cargo de Ministro la persona que, dentro de dicha terna, designe el Presidente de la República.

En caso de que la Cámara de Senadores rechace la totalidad de la terna propuesta, el Presidente de la República someterá una nueva, en los términos del párrafo anterior. Si esta segunda terna fuera rechazada, ocupará el cargo la persona que dentro de dicha terna, designe el Presidente de la República.

ART. 97.- Los Magistrados de Circuito y los Jueces de Distrito serán nombrados y adscritos por el Consejo de la Judicatura Federal, con base en criterios objetivos y de acuerdo a los requisitos y procedimientos que establezca la ley. Durarán seis años en el ejercicio de su encargo, al término de los cuales, si fueran ratificados o promovidos a cargos superiores, sólo podrán ser privados de sus puestos en los casos y conforme a los procedimientos que establezca la ley.

---

¹ *Se reforma la fracción VI del artículo 95 según D. O. F. del 2 de agosto de 2007.*

La Suprema Corte de Justicia de la Nación podrá nombrar alguno o algunos de sus miembros o algún Juez de Distrito o Magistrado de Circuito, o designar uno o varios comisionados especiales, cuando así lo juzgue conveniente o lo pidiere el Ejecutivo Federal o alguna de las Cámaras del Congreso de la Unión, o el Gobernador de algún Estado, únicamente para que averigüe algún hecho o hechos que constituyan una grave violación de alguna garantía individual. También podrá solicitar al Consejo de la Judicatura Federal, que averigüe la conducta de algún juez o magistrado federal.

La Suprema Corte de Justicia está facultada para practicar de oficio la averiguación de algún hecho o hechos que constituyan la violación del voto público, pero solo en los casos en que a su juicio pudiera ponerse en duda la legalidad de todo el proceso de elección de alguno de los Poderes de la Unión. Los resultados de la investigación se harán llegar oportunamente a los órganos competentes.

La Suprema Corte de Justicia nombrará y removerá a su secretario y demás funcionarios y empleados. Los Magistrados y jueces nombrarán y removerán a los respectivos funcionarios y empleados de los Tribunales de Circuito y de los Juzgados de Distrito, conforme a lo que establezca la ley respecto de la carrera judicial.

Cada cuatro años, el Pleno elegirá de entre sus miembros al Presidente de la Suprema Corte de Justicia de la Nación, el cual no podrá ser reelecto para el período inmediato posterior.

Cada Ministro de la Suprema Corte de Justicia, al entrar a ejercer su encargo, protestará ante el Senado, en la siguiente forma:

Presidente: "¿Protestáis desempeñar leal y patrióticamente el cargo de Ministro de la Suprema Corte de Justicia de la Nación que se os ha conferido y guardar y hacer guardar la Constitución Política de los Estados Unidos Mexicanos y las leyes que de ella emanen, mirando en todo por el bien y prosperidad de la Unión?"

Ministro: "Si protesto"

Presidente: "Si no lo hiciereis así, la Nación os lo demande".

Los Magistrados de Circuito y los Jueces de Distrito protestarán ante la Suprema Corte de Justicia y el Consejo de la Judicatura Federal.

ART. 98.- Cuando la falta de un Ministro excediere de un mes, el Presidente de la República someterá el nombramiento de un Ministro interino a la aprobación del Senado, observándose lo dispuesto en el artículo 96 de esta Constitución.

Si faltare un Ministro por defunción o por cualquier causa de separación definitiva, el Presidente someterá un nuevo nombramiento a la aprobación del Senado, en los términos del artículo 96 de esta Constitución.

Las renuncias de los Ministros de la Suprema Corte de Justicia solamente procederán por causas graves; serán sometidas al Ejecutivo y, si éste las acepta, las enviará para su aprobación al Senado.

Las licencias de los Ministros, cuando no excedan de un mes, podrán ser concedidas por la Suprema Corte de Justicia de la Nación; las que excedan de este tiempo, podrán concederse por el Presidente de la República con la aprobación del Senado. Ninguna licencia podrá exceder del término de dos años.

ART. 99.- El Tribunal Electoral será, con excepción de lo dispuesto en la fracción II del artículo 105 de esta Constitución, la máxima autoridad jurisdiccional en la materia y órgano especializado del Poder Judicial de la Federación.

Para el ejercicio de sus atribuciones, el Tribunal funcionará con una Sala Superior así como con Salas Regionales y sus sesiones de resolución serán públicas, en los términos que determine la ley. Contará con el personal jurídico y administrativo necesario para su adecuado funcionamiento.

La Sala Superior se integrará por siete Magistrados Electorales. El Presidente del Tribunal será elegido por la Sala Superior, de entre sus miembros, para ejercer el cargo por cuatro años.

Al Tribunal Electoral le corresponde resolver en forma definitiva e inatacable, en los términos de esta Constitución y según lo disponga la ley, sobre:

I.- Las impugnaciones en las elecciones federales de diputados y senadores;

II.- Las impugnaciones que se presenten sobre la elección de Presidente de los Estados Unidos Mexicanos que serán resueltas en única instancia por la Sala Superior.

La Sala Superior realizará el cómputo final de la elección de Presidente de los Estados Unidos Mexicanos, una vez resueltas, en su caso, las impugnaciones que se hubieren interpuesto sobre la misma, procediendo a formular la declaración de validez de la elección y la de Presidente Electo respecto del candidato que hubiese obtenido el mayor número de votos;

III.- Las impugnaciones de actos y resoluciones de la autoridad electoral federal, distintas a las señaladas en las dos fracciones anteriores, que violen normas constitucionales o legales;

IV.- Las impugnaciones de actos o resoluciones definitivos y firmes de las autoridades competentes de las entidades federativas para organizar y calificar los comicios o resolver las controversias que surjan durante los mismos, que puedan resultar determinantes para el desarrollo del proceso respectivo o el resultado final de las elecciones. Esta vía procederá solamente cuando la reparación solicitada sea material y jurídicamente posible dentro de los plazos electorales y sea factible antes de la fecha constitucional o legalmente fijada para la instalación de los órganos o la toma de posesión de los funcionarios elegidos;

V.- Las impugnaciones de actos y resoluciones que violen los derechos político electorales de los ciudadanos de votar, ser votado y de afiliación libre y pacífica para tomar parte en los asuntos políticos del país, en los términos que señalen esta Constitución y las leyes;

VI.- Los conflictos o diferencias laborales entre el Tribunal y sus servidores;

VII.- Los conflictos o diferencias laborales entre el Instituto Federal Electoral y sus servidores;

VIII.- La determinación e imposición de sanciones en la materia; y

IX.- Las demás que señale la ley.

Cuando una Sala del Tribunal Electoral sustente una tesis sobre la inconstitucionalidad de algún acto o resolución o sobre la interpretación de un precepto de esta Constitución, y dicha tesis pueda ser contradictoria con una sostenida por las Salas o el Pleno de la Suprema Corte de Justicia, cualquiera de los Ministros, las Salas o las partes, podrán denunciar la contradicción, en los términos que señale la ley, para que el Pleno de la Suprema Corte de Justicia de la Nación decida en definitiva cual tesis debe prevalecer. Las resoluciones que se dicten en este supuesto no afectarán los asuntos ya resueltos.

La organización del Tribunal, la competencia de las Salas, los procedimientos para la resolución de los asuntos de su competencia, así como los mecanismos para fijar criterios de jurisprudencia obligatorios en la materia, serán los que determinen esta Constitución y las leyes.

La administración, vigilancia y disciplina en el Tribunal Electoral corresponderán, en los términos que señale la ley, a una Comisión del Consejo de la Judicatura Federal, que se integrará por el Presidente del Tribunal Electoral, quien la presidirá; un Magistrado Electoral de la Sala Superior designado por insaculación; y tres miembros del Consejo de la Judicatura Federal. El Tribunal propondrá su presupuesto al Presidente de la Suprema Corte de Justicia de la Nación para su inclusión en el proyecto de Presupuesto del Poder Judicial de la Federación. Asimismo, el Tribunal expedirá su Reglamento Interno y los acuerdos generales para su adecuado funcionamiento.

Los Magistrados Electorales que integren la Sala Superior y las regionales serán elegidos por el voto de las dos terceras partes de los miembros presentes de la Cámara de Senadores, o en sus recesos por la Comisión Permanente, a propuesta de la Suprema Corte de Justicia de la Nación. La ley señalará las reglas y el procedimiento correspondientes.

Los Magistrados Electorales que integren la Sala Superior deberán satisfacer los requisitos que establezca la ley, que no podrán ser menores a los que se exigen para ser Ministro de la Suprema Corte de Justicia de la Nación y durarán en su encargo diez años improrrogables. Las renuncias, ausencias y licencias de los Magistrados Electorales de la Sala Superior serán tramitadas, cubiertas y otorgadas por dicha Sala, según corresponda, en los términos del artículo 98 de esta Constitución.

Los Magistrados Electorales que integren las salas regionales deberán satisfacer los requisitos que señale la ley, que no podrán ser menores a los que se exigen para ser Magistrado de Tribunal Colegiado de Circuito. Durarán en su encargo ocho años improrrogables, salvo si son promovidos a cargos superiores.

El personal del Tribunal regirá sus relaciones de trabajo conforme a las disposiciones aplicables al Poder Judicial de la Federación y a las reglas especiales y excepciones que señale la ley.

ART. 100.- El Consejo de la Judicatura Federal será un órgano del Poder Judicial de la Federación con independencia técnica, de gestión y para emitir sus resoluciones.

El Consejo se integrará por siete miembros de los cuales, uno será el Presidente de la Suprema Corte de Justicia, quien también lo será del Consejo; tres Consejeros designados por el Pleno de la Corte, por mayoría de cuando menos ocho votos, de entre los Magistrados de Circuito y Jueces de Distrito; dos Consejeros designados por el Senado, y uno por el Presidente de la República.

Todos los Consejeros deberán reunir los requisitos señalados en el artículo 95 de esta Constitución y ser personas que se hayan distinguido por su capacidad profesional y administrativa, honestidad y honorabilidad en el ejercicio de sus actividades, en el caso de los designados por la Suprema Corte, deberán gozar, además con reconocimiento en el ámbito judicial.

El Consejo funcionará en Pleno o en comisiones. El Pleno resolverá sobre la designación, adscripción, ratificación y remoción de magistrados y jueces, así como de los demás asuntos que la ley determine.

Salvo el Presidente del Consejo, los demás Consejeros durarán cinco años en su cargo, serán substituídos de manera escalonada, y no podrán ser nombrados para un nuevo período.

Los Consejeros no representan a quien los designa, por lo que ejercerán su función con independencia e imparcialidad.

Durante su encargo, sólo podrán ser removidos en los términos del Título Cuarto de esta Constitución.

La ley establecerá las bases para la formación y actualización de funcionarios, así como para el desarrollo de la carrera judicial, la cual se regirá por los principios de excelencia, objetividad, imparcialidad, profesionalismo e independencia.

De conformidad con lo que establezca la ley, el Consejo estará facultado para expedir acuerdos generales para el adecuado ejercicio de sus funciones. La Suprema Corte de Justicia podrá solicitar al Consejo la expedición de aquellos acuerdos generales que considere necesarios para asegurar un adecuado ejercicio de la función jurisdiccional federal. El Pleno de la Corte también podrá revisar y, en su caso, revocar los que el Consejo apruebe, por mayoría de cuando menos ocho votos. La ley establecerá los términos y procedimientos para el ejercicio de estas atribuciones.

Las decisiones del Consejo serán definitivas e inatacables y, por lo tanto, no procede juicio ni recurso alguno, en contra de las mismas, salvo las que se refieran a la designación, adscripción, ratificación y remoción de magistrados y jueces, las cuales podrán ser revisadas por la Suprema Corte de Justicia, únicamente para verificar que hayan sido adoptadas conforme a las reglas que establezca la ley orgánica respectiva.

La Suprema Corte de Justicia elaborará su propio presupuesto y el Consejo lo hará para el resto del Poder Judicial de la Federación, sin perjuicio de lo dispuesto en el párrafo séptimo del artículo 99 de esta Constitución. Los presupuestos así elaborados serán remitidos por el Presidente de la Suprema Corte para su inclusión en el proyecto de Presupuesto de Egresos de la Federación. La administración de la Suprema Corte de Justicia corresponderá a su Presidente.

ART. 101.- Los Ministros de la Suprema Corte de Justicia, los Magistrados de Circuito, los Jueces de Distrito, los respectivos secretarios, y los Consejeros de la Judicatura Federal, así como los Magistrados de la Sala Superior del Tribunal Electoral, no podrán, en ningún caso, aceptar ni desempeñar empleo o encargo de la Federación, de los Estados, del Distrito Federal o de particulares, salvo los cargos no remunerados en asociaciones científicas, docentes, literarias o de beneficencia.

Las personas que hayan ocupado el cargo de Ministro de la Suprema Corte de Justicia, Magistrado de Circuito, Juez de Distrito o Consejero de la Judicatura Federal, así como Magistrado de la Sala Superior del Tribunal Electoral, no podrán, dentro de los dos años siguientes a la fecha de su retiro, actuar como patronos, abogados o representantes en cualquier proceso ante los órganos del Poder Judicial de la Federación.

Durante dicho plazo, las personas que se hayan desempeñado como Ministros, salvo que lo hubieran hecho con el carácter de provisional o interino, no podrán ocupar los cargos señalados en la fracción VI del artículo 95 de esta Constitución.

Los impedimentos de este artículo serán aplicables a los funcionarios judiciales que gocen de licencia.

La infracción a lo previsto en los párrafos anteriores, será sancionada con la pérdida del respectivo cargo dentro del Poder Judicial de la Federación, así como de las prestaciones y beneficios que en lo sucesivo correspondan por el mismo, independientemente de las demás sanciones que las leyes prevean.

ART. 102.

A.- La ley organizará el Ministerio Público de la Federación, cuyos funcionarios serán nombrados y removidos por el Ejecutivo, de acuerdo con la ley respectiva. El Ministerio Público de la Federación estará presidido por un Procurador General de la República, designado por el Titular del Ejecutivo Federal con ratificación del Senado o, en sus recesos, de la Comisión Permanente. Para ser Procurador se requiere: ser ciudadano mexicano por nacimiento; tener cuando menos treinta y cinco años cumplidos el día de la designación; contar, con antigüedad mínima de diez años, con título profesional de licenciado en derecho; gozar de buena reputación, y no haber sido condenado por delito doloso. El procurador podrá ser removido libremente por el Ejecutivo.

Incumbe al Ministerio Público de la Federación, la persecución, ante los tribunales, de todos los delitos del orden federal; y, por lo mismo, a él le corresponderá solicitar las órdenes de aprehensión contra los inculpados; buscar y presentar las pruebas que acrediten la responsabilidad de éstos; hacer que los juicios se sigan con toda regularidad para que la administración de justicia sea pronta y expedita; pedir la aplicación de las penas e intervenir en todos los negocios que la ley determine.

El Procurador General de la República intervendrá personalmente en las controversias y acciones a que se refiere el artículo 105 de esta Constitución.

En todos los negocios en que la Federación fuese parte, en los casos de los diplomáticos y los cónsules generales y en los demás en que deba intervenir el Ministerio Público de la Federación, el Procurador General lo hará por sí o por medio de sus agentes.

El Procurador General de la República y sus agentes, serán responsables de toda falta, omisión o violación a la ley en que incurran con motivo de sus funciones.

La función de consejero jurídico del Gobierno, estará a cargo de la dependencia del Ejecutivo Federal que, para tal efecto, establezca la ley.

B.- El Congreso de la Unión y las legislaturas de las entidades federativas, en el ámbito de sus respectivas competencias, establecerán organismos de protección de los derechos humanos que ampara el orden jurídico mexicano, los que conocerán de quejas en contra de actos u omisiones de naturaleza administrativa provenientes de cualquier autoridad o servidor público, con excepción de los del Poder Judicial de la Federación, que violen estos derechos.

Los organismos a que se refiere el párrafo anterior, formularán recomendaciones públicas, no vinculatorias y denuncias y quejas ante las autoridades respectivas.

Estos organismos no serán competentes tratándose de asuntos electorales, laborales y jurisdiccionales.

El organismo que establezca el Congreso de la Unión se denominará Comisión Nacional de los Derechos Humanos; contará con autonomía de gestión y presupuestaria, personalidad jurídica y patrimonio propios.

La Comisión Nacional de los Derechos Humanos tendrá un Consejo Consultivo integrado por diez consejeros que serán elegidos por el voto de las dos terceras partes de los miembros presentes de la Cámara de Senadores o, en sus recesos, por la Comisión Permanente del Congreso de la Unión, con la misma votación calificada. La ley determinará los procedimientos a seguir para la presentación de las propuestas por la propia Cámara. Anualmente serán substituidos los dos consejeros de mayor antigüedad en el cargo, salvo que fuesen propuestos y ratificados para un segundo período.

El Presidente de la Comisión Nacional de los Derechos Humanos, quien lo será también del Consejo Consultivo, será elegido en los mismos términos del párrafo anterior. Durará en su encargo cinco años, podrá ser reelecto por una sola vez y sólo podrá ser removido de sus funciones en los términos del Título Cuarto de esta Constitución.

El Presidente de la Comisión Nacional de los Derechos Humanos presentará anualmente a los Poderes de la Unión un informe de actividades. Al efecto comparecerá ante las Cámaras del Congreso en los términos que disponga la ley.

La Comisión Nacional de los Derechos Humanos conocerá de las inconformidades que se presenten en relación con las recomendaciones, acuerdos u omisiones de los organismos equivalentes en las entidades federativas.

ART. 103.- Los tribunales de la Federación resolverán toda controversia que se suscite:

I.- Por leyes o actos de la autoridad que violen las garantías individuales;

II.- Por leyes o actos de la autoridad federal que vulneren o restrinjan la soberanía de los Estados o la esfera de competencia del Distrito Federal, y

III.- Por leyes o actos de las autoridades de los Estados o del Distrito Federal que invadan la esfera de competencia de la autoridad federal.

ART. 104.- Corresponde a los tribunales de la Federación conocer:

I.- De todas las controversias del orden civil o criminal que se susciten sobre el cumplimiento y aplicación de leyes federales o de los tratados internacionales celebrados por el Estado Mexicano. Cuando dichas controversias sólo afecten intereses particulares, podrán conocer también de ellas, a elección del actor, los jueces y tribunales del orden común de los Estados y del Distrito Federal. Las sentencias de primera instancia podrán ser apelables para ante el superior inmediato del juez que conozca del asunto en primer grado;

I-B.- De los recursos de revisión que se interpongan contra las resoluciones definitivas de los tribunales de lo contencioso-administrativo a que se refieren la fracción XXIX-H del artículo 73 y fracción IV, inciso e) del artículo 122 de esta Constitución, sólo en los casos que señalen las leyes. Las revisiones, de las cuales conocerán los Tribunales Colegiados de Circuito, se sujetarán a los tramites que la ley reglamentaria de los artículos 103 y 107 de esta Constitución fije para la revisión en amparo indirecto, y en contra de las resoluciones que en ellas dicten los Tribunales Colegiados de Circuito no procederá juicio o recurso alguno;

II.- De todas las controversias que versen sobre derecho marítimo;

III.- De aquéllas en que la Federación fuese parte;

IV.- De las controversias y de las acciones a que se refiere el artículo 105, misma que serán del conocimiento exclusivo de la Suprema Corte de Justicia de la Nación;

V.- De las que surjan entre un Estado y uno o más vecinos de otro, y

VI.- De los casos concernientes a miembros del Cuerpo Diplomático y Consular.

ART. 105.- La Suprema Corte de Justicia de la Nación conocerá, en los términos que señale la ley reglamentaria, de los asuntos siguientes:

I.- De las controversias constitucionales que, con excepción de las que se refieran a la materia electoral y a lo establecido en el artículo 46 de esta Constitución. se susciten entre:

a).- La Federación y un Estado o el Distrito Federal;

b).- La Federación y un municipio;

c).- El Poder Ejecutivo y el Congreso de la Unión; aquél y cualquiera de las Cámaras de éste o, en su caso, la Comisión Permanente, sean como órganos federales o del Distrito Federal;

d).- Un Estado y otro;

e).- Un Estado y el Distrito Federal;

f).- El Distrito Federal y un municipio;

g).- Dos municipios de diversos Estados;

h).- Dos poderes de un mismo Estado, sobre la constitucionalidad de sus actos o disposiciones generales;

i).- Un Estado y uno de sus municipios, sobre la constitucionalidad de sus actos o disposiciones generales;

j).- Un Estado y un municipio de otro Estado, sobre la constitucionalidad de sus actos o disposiciones generales; y

k).- Dos órganos de gobierno del Distrito Federal, sobre la constitucionalidad de sus actos o disposiciones generales.

Siempre que las controversias versen sobre disposiciones generales de los Estados o de los municipios impugnadas por la Federación, de los municipios impugnadas por los Estados, o en los casos a que se refieren los incisos c), h) y k) anteriores, y la resolución de la Suprema Corte de Justicia las declare inválidas, dicha resolución tendrá efectos generales cuando hubiera sido aprobada por una mayoría de por lo menos ocho votos.

En los demás casos, las resoluciones de la Suprema Corte de Justicia tendrán efectos únicamente respecto de las partes en la controversia.

II.- De las acciones de inconstitucionalidad que tengan por objeto plantear la posible contradicción entre una norma de carácter general y esta Constitución.

Las acciones de inconstitucionalidad podrán ejercitarse. dentro de los treinta días naturales siguientes a la fecha de publicación de la norma, por:

a).- El equivalente al treinta y tres por ciento de los integrantes de la Cámara de Diputados del Congreso de la Unión, en contra de leyes federales o del Distrito Federal expedidas por el Congreso de la Unión;

b).- El equivalente al treinta y tres por ciento de los integrantes del Senado, en contra de leyes federales o del Distrito Federal expedidas por el Congreso de la Unión o de tratados internacionales celebrados por el

Estado Mexicano;

c).- El Procurador General de la República, en contra de leyes de carácter federal, estatal y del Distrito Federal, así como de tratados internacionales celebrados por el Estado Mexicano;

d).- El equivalente al treinta y tres por ciento de los integrantes de alguno de los órganos legislativos estatales, en contra de leyes expedidas por el propio órgano, y

e).- El equivalente al treinta y tres por ciento de los integrantes de la Asamblea de Representantes del Distrito Federal, en contra de leyes expedidas por la propia Asamblea. y

f) Los partidos políticos con registro ante el Instituto Federal Electoral, por conducto de sus dirigencias nacionales, en contra de leyes electorales federales o locales; y los partidos políticos con registro estatal, a través de sus dirigencias, exclusivamente en contra de leyes electorales expedidas por el órgano legislativo del Estado que les otorgó el registro.

g) La Comisión Nacional de los Derechos Humanos, en contra de leyes de carácter federal, estatal y del Distrito Federal, así como de tratados internacionales celebrados por el Ejecutivo Federal y aprobados por el Senado de la República, que vulneren los derechos humanos consagrados en esta Constitución. Asimismo los organismos de protección de los derechos humanos equivalentes en los estados de la República, en contra de leyes expedidas por las legislaturas locales y la Comisión de Derechos Humanos del Distrito Federal, en contra de leyes emitidas por la Asamblea Legislativa del Distrito Federal.

La única vía para plantear la no conformidad de las leyes electorales a la Constitución es la prevista en este artículo.

Las leyes electorales federal y locales deberán promulgarse y publicarse por lo menos noventa días antes de que inicie el proceso electoral en que vayan a aplicarse, y durante el mismo no podrá haber modificaciones legales fundamentales.

Las resoluciones de la Suprema Corte de Justicia sólo podrán declarar la invalidez de las normas impugnadas, siempre que fueren aprobadas por una mayoría de cuando menos ocho votos.

III.- De oficio o a petición fundada del correspondiente Tribunal Unitario de Circuito o del Procurador General de la República, podrá conocer de los recursos de apelación en contra de sentencias de Jueces de Distrito dictadas en aquellos procesos en que la Federación sea parte y que por su interés y trascendencia así lo ameriten.

La declaración de invalidez de las resoluciones a que se refieren las fracciones I y II de este artículo no tendrá efectos retroactivos, salvo en materia penal, en la que regirán los principios generales y disposiciones legales aplicables de esta materia.

En caso de incumplimiento de las resoluciones a que se refieren las fracciones I y II de este artículo se aplicarán, en lo conducente, los procedimientos establecidos en los dos primeros párrafos de la fracción XVI del artículo 107 de esta Constitución.

ART. 106.- Corresponde al Poder Judicial de la Federación, en los términos de la ley respectiva, dirimir las controversias que, por razón de competencia, se susciten entre los Tribunales de la Federación, entre éstos y los de los Estados o del Distrito Federal, entre los de un Estado y los de otro, o entre los de un Estado y los del Distrito Federal.

ART. 107.- Todas las controversias de que habla el Artículo 103 se sujetarán a los procedimientos y formas del orden jurídico que determine la ley, de acuerdo con las bases siguientes:

I.- El juicio de amparo se seguirá siempre a instancia de parte agraviada;

II.- La sentencia será siempre tal, que sólo se ocupe de individuos particulares, limitándose a ampararlos y protegerlos en el caso especial sobre el que verse la queja, sin hacer una declaración general respecto de la ley o acto que la motivare;

En el juicio de amparo deberá suplirse la deficiencia de la queja de acuerdo con lo que disponga la Ley Reglamentaria de los Artículos 103 y 107 de esta Constitución.

Cuando se reclamen actos que tengan o puedan tener como consecuencia privar de la propiedad o de la posesión y disfrute de sus tierras, aguas, pastos o montes a los ejidos o a los núcleos de población que de hecho o por derecho guarden el estado comunal, o a los ejidatarios o comuneros, deberán recabarse de oficio todas aquellas pruebas que puedan beneficiar a las entidades o individuos mencionados y acordarse las diligencias que se estimen necesarias para precisar sus derechos agrarios, así como la naturaleza y efectos de los actos reclamados.

En los juicios a que se refiere el párrafo anterior no procederán, en perjuicio de los núcleos ejidales o comunales, o de los ejidatarios o comuneros, el sobreseimiento por inactividad procesal ni la caducidad de la instancia, pero uno y otra sí podrán decretarse en su beneficio. Cuando se reclamen actos que afecten los derechos colectivos del núcleo tampoco procederán el desistimiento ni el consentimiento expreso de los propios actos, salvo que el primero sea acordado por la Asamblea General o el segundo emane de ésta.

III.- Cuando se reclamen actos de tribunales judiciales, administrativos o del trabajo, el amparo sólo procederá en los casos siguientes:

a) Contra sentencias definitivas o laudos y resoluciones que pongan fin al juicio, respecto de las cuales no proceda ningún recurso ordinario por el que puedan ser modificados o reformados, ya sea que la violación se cometa en ellos o que, cometida durante el procedimiento, afecte a las defensas del quejoso, trascendiendo al resultado del fallo; siempre que en materia civil haya sido impugnada la violación en el curso del procedimiento mediante el recurso ordinario establecido por la ley e invocada como agravio en la segunda instancia, si se cometió en la primera. Estos requisitos no serán exigibles en el amparo contra sentencias dictadas en controversias sobre acciones del estado civil o que afecten al orden y a la estabilidad de la familia;

b) Contra actos en juicio cuya ejecución sea de imposible reparación, fuera del juicio o después de concluido, una vez agotados los recursos que en su caso procedan, y

c) Contra actos que afecten a personas extrañas al juicio.

IV.- En materia administrativa el amparo procede, además, contra resoluciones que causen agravio no reparable mediante algún recurso, juicio o medio de defensa legal. No será necesario agotar éstos cuando la ley que los establezca exija, para otorgar la suspensión del acto reclamado, mayores requisitos que los que la Ley Reglamentaria del Juicio de Amparo requiera como condición para decretar esa suspensión;

V.- El amparo contra sentencias definitivas o laudos y resoluciones que pongan fin al juicio, sea que la violación se cometa durante el procedimiento o en la sentencia misma, se promoverá ante el tribunal colegiado de circuito que corresponda, conforme a la distribución de competencias que establezca la Ley Orgánica del Poder Judicial de la Federación, en los casos siguientes:

a) En materia penal, contra resoluciones definitivas dictadas por tribunales judiciales, sean éstos federales, del orden común o militares.

b) En materia administrativa, cuando se reclamen por particulares sentencias definitivas y resoluciones que ponen fin al juicio dictadas por tribunales administrativos o judiciales, no reparables por algún recurso, juicio o medio ordinario de defensa legal.

c) En materia civil, cuando se reclamen sentencias definitivas dictadas en juicios del orden federal o en juicios mercantiles, sea federal o local la autoridad que dicte el fallo, o en juicios del orden común.

En los juicios civiles del orden federal las sentencias podrán ser reclamadas en amparo por cualquiera de las partes, incluso por la

Federación, en defensa de sus intereses patrimoniales, y

d) En materia laboral, cuando se reclamen laudos dictados por las Juntas Locales o la Federal de Conciliación y Arbitraje o por el Tribunal Federal de Conciliación y Arbitraje de los Trabajadores al Servicio del Estado.

La Suprema Corte de Justicia, de oficio o a petición fundada del correspondiente Tribunal Colegiado de Circuito, o del Procurador General de la República, podrá conocer de los amparos directos que por su interés y trascendencia así lo ameriten.

VI.- En los casos a que se refiere la fracción anterior, la ley reglamentaria de los artículos 103 y 107 de esta Constitución señalará el trámite y los términos a que deberán someterse los tribunales colegiados de circuito y, en su caso, la Suprema Corte de Justicia, para dictar sus respectivas resoluciones;

VII.- El amparo contra actos en juicio, fuera de juicio o después de concluido, o que afecten a personas extrañas al juicio, contra leyes o contra actos de autoridad administrativa, se interpondrá ante el juez de Distrito bajo cuya jurisdicción se encuentre el lugar en que el acto reclamado se ejecute o trate de ejecutarse, y su tramitación se limitará al informe de la autoridad, a una audiencia para la que se citará en el mismo auto en el que se mande pedir el informe y se recibirán las pruebas que las partes interesadas ofrezcan y oirán los alegatos, pronunciándose en la misma audiencia la sentencia;

VIII.- Contra las sentencias que pronuncien en amparo los Jueces de Distrito o los Tribunales Unitarios de Circuito procede revisión. De ella conocerá la Suprema Corte de Justicia:

a) Cuando habiéndose impugnado en la demanda de amparo, por estimarlos directamente violatorios de esta Constitución, leyes federales o locales, tratados internacionales, reglamentos expedidos por el Presidente de la República de acuerdo con la fracción I del Artículo 89 de esta Constitución y reglamentos de leyes locales expedidos por los gobernadores de los Estados o por el Jefe del Distrito Federal, subsista en el recurso el problema de constitucionalidad;

b) Cuando se trate de los casos comprendidos en las fracciones II y III del artículo 103 de esta Constitución;

La Suprema Corte de Justicia, de oficio o a petición fundada del correspondiente Tribunal Colegiado de Circuito, o del Procurador General de la República, podrá conocer de los amparos en revisión, que por su interés y trascendencia así lo ameriten.

En los casos no previstos en los párrafos anteriores, conocerán de la revisión los tribunales colegiados de circuito y sus sentencias no admitirán recurso alguno;

IX.- Las resoluciones que en materia de amparo directo pronuncien los Tribunales Colegiados de Circuito no admiten recurso alguno, a menos de que decidan sobre la inconstitucionalidad de una ley o establezcan la interpretación directa de un precepto de la Constitución cuya resolución, a juicio de la Suprema Corte de Justicia y conforme a acuerdos generales, entrañe la fijación de un criterio de importancia y trascendencia. Sólo en esta hipótesis procederá la revisión ante la Suprema Corte de Justicia, limitándose la materia del recurso exclusivamente a la decisión de las cuestiones propiamente constitucionales;

X.- Los actos reclamados podrán ser objeto de suspensión en los casos y mediante las condiciones y garantías que determine la ley, para lo cual se tomará en cuenta la naturaleza de la violación alegada, la dificultad de reparación de los daños y perjuicios que pueda sufrir el agraviado con su ejecución, los que la suspensión origine a terceros perjudicados y el interés público.

Dicha suspensión deberá otorgarse respecto de las sentencias definitivas en materia penal al comunicarse la interposición del amparo, y en materia civil, mediante fianza que dé el quejoso para responder de los daños y perjuicios que tal suspensión ocasionare, la cual quedará sin efecto si la otra parte da contrafianza para asegurar la reposición de las cosas al estado que guardaban si se concediese el amparo, y a pagar los daños y perjuicios consiguientes;

XI.- La suspensión se pedirá ante la autoridad responsable cuando se trate de amparos directos promovidos ante los Tribunales Colegiados de Circuito y la Propia autoridad responsable decidirá al respecto. En todo caso, el agraviado deberá presentar la demanda de amparo ante la propia autoridad responsable, acompañando copias de la demanda para las demás partes en el juicio, incluyendo al Ministerio Público y una para el expediente. En los demás casos, conocerán y resolverán sobre la suspensión los Juzgados de Distrito o los Tribunales Unitarios de Circuito;

XII.- La violación de las garantías de los artículos 16, en materia penal, 19 y 20 se reclamará ante el superior del tribunal que la cometa, o ante el Juez de Distrito o Tribunal Unitario de Circuito que corresponda, pudiéndose recurrir, en uno y otro caso, las resoluciones que se pronuncien, en los términos prescritos por la fracción VIII.

Si el Juez de Distrito o el Tribunal Unitario de Circuito no residieren en el mismo lugar en que reside la autoridad responsable, la ley determinará el juez o tribunal ante el que se ha de presentar el escrito de amparo, el que podrá suspender provisionalmente el acto reclamado, en los casos y términos que la misma ley establezca;

XIII.- Cuando los Tribunales Colegiados de Circuito sustenten tesis contradictorias en los juicios de amparo de su competencia, los Ministros de la Suprema Corte de Justicia, el Procurador General de la República, los mencionados Tribunales o las partes que intervinieron en los juicios en que dichas tesis fueron sustentadas, podrán denunciar la contradicción ante la Suprema Corte de Justicia, a fin de que el Pleno o la Sala respectiva, según corresponda, decidan la tesis que debe prevalecer como jurisprudencia.

Cuando las Salas de la Suprema Corte de Justicia sustenten tesis contradictorias en los juicios de amparo materia de su competencia, cualquiera de esas Salas, el Procurador General de la República o las partes que intervinieron en los juicios en que tales tesis hubieran sido sustentadas, podrán denunciar la contradicción ante la Suprema Corte de Justicia, que funcionando en pleno decidirá cuál tesis debe prevalecer.

La resolución que pronuncien las Salas o el Pleno de la Suprema Corte en los casos a que se refieren los dos párrafos anteriores, sólo tendrá el efecto de fijar la jurisprudencia y no afectará las situaciones jurídicas concretas derivadas de las sentencias dictadas en los juicios en que hubiese ocurrido la contradicción, y

XIV.- Salvo lo dispuesto en el párrafo final de la fracción II de este artículo, se decretará el sobreseimiento del amparo o la caducidad de la instancia por inactividad del quejoso o del recurrente, respectivamente, cuando el acto reclamado sea del orden civil o administrativo, en los casos y términos que señale la ley reglamentaria. La caducidad de la instancia dejará firme la sentencia recurrida;

XV.- El Procurador General de la República o el Agente del Ministerio Público Federal que al efecto designare, será parte en todos los juicios de amparo; pero podrán abstenerse de intervenir en dichos juicios, cuando el caso de que se trate carezca a su juicio, de interés público;

XVI.- Si concedido el amparo la autoridad responsable insistiere en la repetición del acto reclamado o tratare de eludir la sentencia de la autoridad federal, y la Suprema Corte de Justicia estima que es inexcusable el incumplimiento, dicha autoridad será inmediatamente separada de su cargo y consignada al Juez de Distrito que corresponda. Si fuere excusable, previa declaración de incumplimiento o repetición, la Suprema Corte requerirá a la responsable y le otorgará un plazo prudente para que ejecute la sentencia. Si la autoridad no ejecuta la sentencia en el término concedido, la Suprema Corte de Justicia procederá en los términos primeramente señalados.

Cuando la naturaleza del acto lo permita, la Suprema Corte de Justicia, una vez que hubiera determinado el incumplimiento o repetición del acto reclamado, podrá disponer de oficio el cumplimiento substituto de las sentencias de amparo, cuando su ejecución afecte gravemente a la sociedad o a terceros en mayor proporción que los beneficios económicos que pudiera obtener el quejoso. Igualmente, el quejoso podrá solicitar ante el órgano que corresponda, el cumplimiento substituto de la sentencia de amparo, siempre que la naturaleza del acto lo permita.

La inactividad procesal o la falta de promoción de parte interesada, en los procedimientos tendientes al cumplimiento de las sentencias de amparo, producirá su caducidad en los términos de la ley reglamentaria.

XVII.- La autoridad responsable será consignada a la autoridad correspondiente, cuando no suspenda el acto reclamado debiendo hacerlo, y cuando admita fianza que resulte ilusoria o insuficiente, siendo en estos dos últimos casos, solidaria la responsabilidad civil de la autoridad con el que ofreciere la fianza y el que la prestare.

XVIII.- (Se deroga).

TÍTULO CUARTO
De las responsabilidades de los servidores públicos y patrimonial del Estado

ART. 108.- Para los efectos de las responsabilidades a que alude este Título se reputarán como servidores públicos a los representantes de elección popular, a los miembros del Poder Judicial Federal y del Poder Judicial del Distrito Federal, los funcionarios y empleados, y, en general, a toda persona que desempeñe un empleo, cargo o comisión de cualquier naturaleza en la Administración Pública Federal o en el Distrito Federal, así como a los servidores del Instituto Federal Electoral, quienes serán responsables por los actos u omisiones en que incurran en el desempeño de sus respectivas funciones.

El Presidente de la República, durante el tiempo de su encargo, sólo podrá ser acusado por traición a la patria y delitos graves del orden común.

Los Gobernadores de los Estados, los Diputados a las Legislaturas Locales, los Magistrados de los Tribunales Superiores de Justicia Locales y, en su caso, los miembros de los Consejos de las Judicaturas Locales, serán responsables por violaciones a esta Constitución y a las leyes federales, así como por el manejo indebido de fondos y recursos federales.

Las Constituciones de los Estados de la República precisarán, en los mismos términos del primer párrafo de este artículo y para los efectos de sus responsabilidades, el carácter de servidores públicos de quienes desempeñen empleo, cargo o comisión en los Estados y en los Municipios.

ART. 109.- El Congreso de la Unión y las Legislaturas de los Estados, dentro de los ámbitos de sus respectivas competencias, expedirán las leyes de responsabilidades de los servidores públicos y las demás normas conducentes a sancionar a quienes, teniendo este carácter, incurran en responsabilidad, de conformidad con las siguientes prevenciones:

I.- Se impondrán, mediante juicio político, las sanciones indicadas en el artículo 110 a los servidores públicos señalados en el mismo precepto, cuando en el ejercicio de sus funciones incurran en actos u omisiones que redunden en perjuicio de los intereses públicos fundamentales o de su buen despacho.

No procede el juicio político por la mera expresión de ideas.

II.- La comisión de delitos por parte de cualquier servidor público será perseguida y sancionada en los términos de la legislación penal; y

III.- Se aplicarán sanciones administrativas a los servidores públicos por los actos u omisiones que afecten la legalidad, honradez, lealtad, imparcialidad y eficiencia que deban observar en el desempeño de sus empleos, cargos o comisiones.

Los procedimientos para la aplicación de las sanciones mencionadas se desarrollarán autónomamente. No podrán imponerse dos veces por una sola conducta sanciones de la misma naturaleza.

Las leyes determinarán los casos y las circunstancias en los que se deba sancionar penalmente por causa de enriquecimiento ilícito a los servidores públicos que durante el tiempo de su encargo, o por motivos del mismo, por sí o por interpósita persona, aumenten substancialmente su patrimonio, adquieran bienes o se conduzcan como dueños sobre ellos, cuya procedencia lícita no pudiesen justificar. Las leyes penales sancionarán con el decomiso y con la privación de la propiedad de dichos bienes, además de las otras penas que correspondan.

Cualquier ciudadano, bajo su más estricta responsabilidad y mediante la presentación de elementos de prueba, podrá formular denuncia ante la Cámara de Diputados del Congreso de la Unión respecto de las conductas a las que se refiere el presente artículo.

¹ART. 110.- Podrán ser sujetos de juicio político los senadores y diputados al Congreso de la Unión, los ministros de la Suprema Corte de Justicia de la Nación, los Consejeros de la Judicatura Federal, los Secretarios de Despacho, los diputados a la Asamblea del Distrito

---

¹ *Se reforma el primer párrafo del artículo 110 y el primer párrafo del artículo 11 según D. O. F. del 2 de agosto de 2007.*

Federal, el Jefe de Gobierno del Distrito Federal, el Procurador General de la República, el Procurador General de Justicia del Distrito Federal, los magistrados de Circuito y jueces de Distrito, los magistrados y jueces del Fuero Común del Distrito Federal, los Consejeros de la Judicatura del Distrito Federal, el consejero Presidente, los consejeros electorales, y el secretario ejecutivo del Instituto Federal Electoral, los magistrados del Tribunal Electoral, los directores generales y sus equivalentes de los organismos descentralizados, empresas de participación estatal mayoritaria, sociedades y asociaciones asimiladas a éstas y fideicomisos públicos.

Los Gobernadores de los Estados, Diputados Locales, Magistrados de los Tribunales Superiores de Justicia Locales y, en su caso, los miembros de los Consejos de las Judicaturas Locales, sólo podrán ser sujetos de juicio político en los términos de este título por violaciones graves a esta Constitución y a las leyes federales que de ella emanen, así como por el manejo indebido de fondos y recursos federales, pero en este caso la resolución será únicamente declarativa y se comunicará a las Legislaturas Locales para que, en ejercicio de sus atribuciones, procedan como corresponda.

Las sanciones consistirán en la destitución del servidor público y en su inhabilitación para desempeñar funciones, empleos, cargos o comisiones de cualquier naturaleza en el servicio público.

Para la aplicación de las sanciones a que se refiere este precepto, la Cámara de Diputados procederá a la acusación respectiva ante la Cámara de Senadores, previa declaración de la mayoría absoluta del número de los miembros presentes en sesión de aquella Cámara, después de haber sustanciado el procedimiento respectivo y con audiencia del inculpado.

Conociendo de la acusación la Cámara de Senadores, erigida en Jurado de sentencia, aplicará la sanción correspondiente mediante resolución de las dos terceras partes de los miembros presentes en sesión, una vez practicadas las diligencias correspondientes y con audiencia del acusado.

Las declaraciones y resoluciones de las Cámaras de Diputados y Senadores son inatacables.

ART. 111.- Para proceder penalmente contra los diputados y senadores al Congreso de la Unión, los ministros de la Suprema Corte de Justicia de la Nación, los magistrados de la Sala Superior del Tribunal Electoral, los consejeros de la Judicatura Federal, los Secretarios de Despacho, los diputados a la Asamblea del Distrito Federal, el Jefe de Gobierno del Distrito Federal, el Procurador General de la República y el Procurador General de Justicia del Distrito Federal, así como el consejero Presidente y los consejeros electorales d e l Consejo General d e l Instituto Federal Electoral, p o r la comisión de delitos durante el tiempo de su encargo, la Cámara de Diputados declarará por mayoría absoluta de sus miembros presentes en sesión, si ha o no lugar a proceder contra el inculpado.

Si la resolución de la Cámara fuese negativa se suspenderá todo procedimiento ulterior, pero ello no será obstáculo para que la imputación por la comisión del delito continúe su curso cuando el inculpado haya concluido el ejercicio de su encargo, pues la misma no prejuzga los fundamentos de la imputación.

Si la Cámara declara que ha lugar a proceder, el sujeto quedará a disposición de las autoridades competentes para que actúen con arreglo a la ley.

Por lo que toca al Presidente de la República, sólo habrá lugar a acusarlo ante la Cámara de Senadores en los términos del artículo 110. En este supuesto, la Cámara de Senadores resolverá con base en la legislación penal aplicable.

Para poder proceder penalmente por delitos federales contra los Gobernadores de los Estados, Diputados Locales, Magistrados de los Tribunales Superiores de Justicia de los Estados y, en su caso, los miembros de los Consejos de las Judicaturas Locales, se seguirá el mismo procedimiento establecido en este artículo, pero en este supuesto, la declaración de procedencia será para el efecto de que se comunique a las Legislaturas Locales, para que en ejercicio de sus atribuciones procedan como corresponda.

Las declaraciones y resoluciones de las Cámara de Diputados o Senadores son inatacables.

El efecto de la declaración de que ha lugar a proceder contra el inculpado será separarlo de su encargo en tanto esté sujeto a proceso penal. Si éste culmina en sentencia absolutoria el inculpado podrá reasumir su función. Si la sentencia fuese condenatoria y se trata de un delito cometido durante el ejercicio de su encargo, no se concederá al reo la gracia del indulto.

En demandas del orden civil que se entablen contra cualquier servidor público no se requerirá declaración de procedencia.

Las sanciones penales se aplicarán de acuerdo con lo dispuesto en la legislación penal, y tratándose de delitos por cuya comisión el autor obtenga un beneficio económico o cause daños o perjuicios patrimoniales, deberán graduarse de acuerdo con el lucro obtenido y con la necesidad de satisfacer los daños y perjuicios causados por su conducta ilícita.

Las sanciones económicas no podrán exceder de tres tantos de los beneficios obtenidos o de los daños o perjuicios causados.

ART. 112.- No se requerirá declaración de procedencia de la Cámara de Diputados cuando alguno de los servidores públicos a que hace referencia el párrafo primero del artículo 111 cometa un delito durante el tiempo en que se encuentre separado en su encargo.

Si el servidor público ha vuelto a desempeñar sus funciones propias o ha sido nombrado o electo para desempeñar otro cargo distinto, pero de los enumerados por el artículo 111, se procederá de acuerdo con lo dispuesto en dicho precepto.

ART. 113.- Las leyes sobre responsabilidades administrativas de los servidores públicos, determinarán sus obligaciones a fin de salvaguardar la legalidad, honradez, lealtad, imparcialidad, y eficiencia en el desempeño de sus funciones, empleos, cargos y comisiones; las sanciones aplicables por los actos u omisiones en que incurran, así como los procedimientos y las autoridades para aplicarlas. Dichas sanciones, además de las que señalen las leyes, consistirán en suspensión, destitución e inhabilitación, así como en sanciones económicas y deberán establecerse de acuerdo con los beneficios económicos obtenidos por el responsable y con los daños y perjuicios patrimoniales causados por sus actos u omisiones a que se refiere la fracción III del artículo 109, pero que no podrán exceder de tres tantos de los beneficios obtenidos o de los daños y perjuicios causados.

La responsabilidad del Estado por los daños que, con motivo de su actividad administrativa irregular cause en los bienes o derechos de los particulares, será objetiva y directa. Los particulares tendrán derecho a una indemnización conforme a las bases, límites y procedimientos que establezcan las leyes.

ART. 114.- El Procedimiento de juicio político sólo podrá iniciarse durante el período en el que el servidor público desempeñe su cargo y dentro de un año después. Las sanciones correspondientes se aplicarán en un período no mayor de un año a partir de iniciado el procedimiento.

La responsabilidad por delitos cometidos durante el tiempo del encargo por cualquier servidor público, será exigible de acuerdo con los plazos de prescripción consignados en la Ley penal, que nunca serán inferiores a tres años. Los plazos de prescripción se interrumpen en tanto el servidor público desempeña alguno de los encargos a que hace referencia el artículo 111.

La ley señalará los casos de prescripción de la responsabilidad administrativa tomando en cuenta la naturaleza y consecuencia de los actos y omisiones a que hace referencia la fracción III del artículo 109. Cuando dichos actos u omisiones fuesen graves los plazos de prescripción no serán inferiores a tres años.

TÍTULO QUINTO
De los Estados de la Federación y del Distrito Federal

ART. 115.- Los Estados adoptarán, para su régimen interior, la forma de gobierno republicano, representativo, popular, teniendo como base de su división territorial y de su organización política y administrativa, el Municipio Libre, conforme a las bases siguientes:

I.- Cada Municipio será gobernado por un Ayuntamiento de elección popular directa, integrado por un Presidente Municipal y el número de regidores y síndicos que la ley determine. La competencia que esta Constitución otorga al gobierno municipal se ejercerá por el Ayuntamiento de manera exclusiva y no habrá autoridad intermedia alguna entre éste y el gobierno del Estado.

Los presidentes municipales, regidores y síndicos de los ayuntamientos, electos popularmente por elección directa, no podrán ser reelectos para el período inmediato. Las personas que por elección indirecta, o por nombramiento o designación de alguna autoridad desempeñen las funciones propias de esos cargos, cualquiera que sea la denominación que se les dé, no podrán ser electas para el período inmediato. Todos los funcionarios antes mencionados, cuando tengan el carácter de propietarios, no podrán ser electos para el período inmediato con el carácter de suplentes, pero los que tengan el carácter de suplentes sí podrán ser electos para el período inmediato como propietarios a menos que hayan estado en ejercicio.

Las Legislaturas locales, por acuerdo de las dos terceras partes de sus integrantes, podrán suspender ayuntamientos, declarar que éstos han desaparecido y suspender o revocar el mandato a alguno de sus miembros, por alguna de las causas graves que la ley local prevenga, siempre y cuando sus miembros hayan tenido oportunidad suficiente para rendir las pruebas y hacer los alegatos que a su juicio convengan.

Si alguno de los miembros dejare de desempeñar su cargo, será sustituido por su suplente, o se procederá según lo disponga la ley.

En caso de declararse desaparecido un Ayuntamiento o por renuncia o falta absoluta de la mayoría de sus miembros, si conforme a la ley no procede que entren en funciones los suplentes ni que se celebren nuevas elecciones, las legislaturas de los Estados designarán de entre los vecinos a los Concejos Municipales que concluirán los períodos respectivos; estos Concejos estarán integrados por el número de miembros que determine la ley, quienes deberán cumplir los requisitos de elegibilidad establecidos para los regidores;

II.- Los Municipios estarán investidos de personalidad jurídica y manejarán su patrimonio conforme a la ley.

Los ayuntamientos tendrán facultades para aprobar, de acuerdo con las leyes en materia municipal que deberán expedir las legislaturas de los Estados, los bandos de policía y gobierno, los reglamentos, circulares y disposiciones administrativas de observancia general dentro de sus respectivas jurisdicciones, que organicen la administración pública municipal, regulen las materias, procedimientos, funciones y servicios públicos de su competencia y aseguren la participación ciudadana y vecinal.

El objeto de las leyes a que se refiere el párrafo anterior será establecer:

a) Las bases generales de la administración pública municipal y del procedimiento administrativo, incluyendo los medios de impugnación y los órganos para dirimir las controversias entre dicha administración y los particulares, con sujeción a los principios de igualdad, publicidad, audiencia y legalidad;

b) Los casos en que se requiera el acuerdo de las dos terceras partes de los miembros de los ayuntamientos para dictar resoluciones que afecten el patrimonio inmobiliario municipal o para celebrar actos o convenios que comprometan al Municipio por un plazo mayor al periodo del Ayuntamiento;

c) Las normas de aplicación general para celebrar los convenios a que se refieren tanto las fracciones III y IV de este artículo, como el segundo párrafo de la fracción VII del artículo 116 de esta Constitución;

d) El procedimiento y condiciones para que el gobierno estatal asuma una función o servicio municipal cuando, al no existir el convenio correspondiente, la legislatura estatal considere que el municipio de que se trate esté imposibilitado para ejercerlos o prestarlos; en este caso, será necesaria solicitud previa del ayuntamiento respectivo, aprobada por cuando menos las dos terceras partes de sus integrantes; y

e) Las disposiciones aplicables en aquellos municipios que no cuenten con los bandos o reglamentos correspondientes.

Las legislaturas estatales emitirán las normas que establezcan los procedimientos mediante los cuales se resolverán los conflictos que se presenten entre los municipios y el gobierno del estado, o entre aquéllos, con motivo de los actos derivados de los incisos c) y d) anteriores;

III.- Los Municipios tendrán a su cargo las funciones y servicios públicos siguientes:

a).- Agua potable, drenaje, alcantarillado, tratamiento y disposición de sus aguas residuales;

b).- Alumbrado público.

c).- Limpia, recolección, traslado, tratamiento y disposición final de residuos;

d).- Mercados y centrales de abasto.

e).- Panteones.

f).- Rastro.

g).- Calles, parques y jardines y su equipamiento;

h).- Seguridad pública, en los términos del artículo 21 de esta Constitución, policía preventiva municipal y tránsito; e

i).- Los demás que las Legislaturas locales determinen según las condiciones territoriales y socio-económicas de los Municipios, así como su capacidad administrativa y financiera.

Sin perjuicio de su competencia constitucional, en el desempeño de las funciones o la prestación de los servicios a su cargo, los municipios observarán lo dispuesto por las leyes federales y estatales.

Los Municipios, previo acuerdo entre sus ayuntamientos, podrán coordinarse y asociarse para la más eficaz prestación de los servicios públicos o el mejor ejercicio de las funciones que les correspondan. En este caso y tratándose de la asociación de municipios de dos o más Estados, deberán contar con la aprobación de las legislaturas de los Estados respectivas. Así mismo cuando a juicio del ayuntamiento respectivo sea necesario, podrán celebrar convenios con el Estado para que éste, de manera directa o a través del organismo correspondiente, se haga cargo en forma temporal de algunos de ellos, o bien se presten o ejerzan coordinadamente por el Estado y el propio municipio;

Las comunidades indígenas, dentro del ámbito municipal, podrán coordinarse y asociarse en los términos y para los efectos que prevenga la ley.

IV.- Los municipios administrarán libremente su hacienda, la cual se formará de los rendimientos de los bienes que les pertenezcan, así como de las contribuciones y otros ingresos que las legislaturas establezcan a su favor, y en todo caso:

a).- Percibirán las contribuciones, incluyendo tasas adicionales, que establezcan los Estados sobre la propiedad inmobiliaria, de su fraccionamiento, división, consolidación, traslación y mejora así como las que tengan por base el cambio de valor de los inmuebles.

Los Municipios podrán celebrar convenios con el Estado para que éste se haga cargo de algunas de las funciones relacionadas con la administración de esas contribuciones.

b).- Las participaciones federales, que serán cubiertas por la Federación a los Municipios con arreglo a las bases, montos y plazos que anualmente se determinen por las Legislaturas de los Estados.

c).- Los ingresos derivados de la prestación de servicios públicos a su cargo.

Las leyes federales no limitarán la facultad de los Estados para establecer las contribuciones a que se refieren los incisos a) y c), ni concederán exenciones en relación con las mismas. Las leyes estatales no establecerán exenciones o subsidios en favor de persona o institución alguna respecto de dichas contribuciones. Sólo estarán exentos los bienes de dominio público de la Federación, de los Estados o los Municipios, salvo que tales bienes sean utilizados por entidades paraestatales o por particulares, bajo cualquier título, para fines administrativos o propósitos distintos a los de su objeto público.

Los ayuntamientos, en el ámbito de su competencia, propondrán a las legislaturas estatales las cuotas y tarifas aplicables a impuestos, derechos, contribuciones de mejoras y las tablas de valores unitarios de suelo y construcciones que sirvan de base para el cobro de las contribuciones sobre la propiedad inmobiliaria.

Las legislaturas de los Estados aprobarán las leyes de ingresos de los municipios, revisarán y fiscalizarán sus cuentas públicas. Los presupuestos de egresos serán aprobados por los ayuntamientos con base en sus ingresos disponibles.

Los recursos que integran la hacienda municipal serán ejercidos en forma directa por los ayuntamientos, o bien, por quien ellos autoricen, conforme a la ley;

V.- Los Municipios, en los términos de las leyes federales y Estatales relativas, estarán facultados para:

a) Formular, aprobar y administrar la zonificación y ,planes de desarrollo urbano municipal;

b) Participar en la creación y administración de sus reservas territoriales;

c) Participar en la formulación de planes de desarrollo regional, los cuales deberán estar en concordancia con los planes generales de la materia. Cuando la Federación o los Estados elaboren proyectos de desarrollo regional deberán asegurar la participación de los municipios;

d) Autorizar, controlar y vigilar la utilización del suelo, en el ámbito de su competencia, en sus jurisdicciones territoriales;

e) Intervenir en la regularización de la tenencia de la tierra urbana;

f) Otorgar licencias y permisos para construcciones;

g) Participar en la creación y administración de zonas de reservas ecológicas y en la elaboración y aplicación de programas de ordenamiento en esta materia;

h) Intervenir en la formulación y aplicación de programas de transporte público de pasajeros cuando aquellos afecten su ámbito territorial; e

i) Celebrar convenios para la administración y custodia de las zonas federales.

En lo conducente y de conformidad a los fines señalados en el párrafo tercero del artículo 27 de esta Constitución, expedirán los reglamentos y disposiciones administrativas que fueren necesarios;

VI.- Cuando dos o más centros urbanos situados en territorios municipales de dos o más entidades federativas formen o tiendan a formar una continuidad demográfica, la Federación, las entidades federativas y los Municipios respectivos, en el ámbito de sus competencias, planearán y regularán de manera conjunta y coordinada el desarrollo de dichos centros con apego a la ley federal de la materia.

VII.- La policía preventiva municipal estará al mando del presidente Municipal, en los términos del reglamento correspondiente. Aquélla acatará las órdenes que el Gobernador del Estado le transmita en aquellos casos que éste juzgue como de fuerza mayor o alteración grave del orden público.

El Ejecutivo Federal tendrá el mando de la fuerza pública en los lugares donde resida habitual o transitoriamente;

VIII.- Las leyes de los estados introducirán el principio de la representación proporcional en la elección de los ayuntamientos de todos los Municipios.

Las relaciones de trabajo entre los municipios y sus trabajadores, se regirán por las leyes que expidan las legislaturas de los estados con base en lo dispuesto en el Artículo 123 de esta Constitución, y sus disposiciones reglamentarias.

ART. 116.- El poder público de los estados se dividirá, para su ejercicio, en Ejecutivo, Legislativo y Judicial, y no podrán reunirse dos o más de estos poderes en una sola persona o corporación, ni depositarse el Legislativo en un solo individuo.

Los Poderes de los Estados se organizarán conforme a la Constitución de cada uno de ellos, con sujeción a la siguientes normas:

I.- Los gobernadores de los Estados no podrán durar en su encargo más de seis años.

La elección de los gobernadores de los Estados y de las Legislaturas Locales será directa y en los términos que dispongan las leyes electorales respectivas.

Los gobernadores de los Estados, cuyo origen sea la elección popular, ordinaria o extraordinaria, en ningún caso y por ningún motivo podrán volver a ocupar ese cargo, ni aun con el carácter de interinos, provisionales, sustitutos o encargados del despacho.

Nunca podrán ser electos para el período inmediato:

a) El gobernador sustituto constitucional, o el designado para concluir el período en caso de falta absoluta del constitucional, aun cuando tenga distinta denominación;

b) El gobernador interino, el provisional o el ciudadano que, bajo cualquiera denominación, supla las faltas temporales del gobernador, siempre que desempeñe el cargo los dos últimos años del período.

Sólo podrá ser gobernador constitucional de un Estado un ciudadano mexicano por nacimiento y nativo de él, o con residencia efectiva no menor de cinco años inmediatamente anteriores al día de la elección.

II.- El número de representantes en las legislaturas de los Estados será proporcional al de habitantes de cada uno; pero, en todo caso, no podrá ser menor de siete diputados en los Estados cuya población no llegue a 400 mil habitantes; de nueve, en aquellos cuya población exceda de este número y no llegue a 800 mil habitantes, y de 11 en los Estados cuya población sea superior a esta última cifra.

Los diputados a las legislaturas de los Estados no podrán ser reelectos para el período inmediato. Los diputados suplentes podrán ser electos para el período inmediato con el carácter de propietario, siempre que no hubieren estado en ejercicio, pero los diputados propietarios no podrán ser electos para el período inmediato con el carácter de suplentes.

Las legislaturas de los Estados se integrarán con diputados elegidos según los principios de mayoría relativa y de representación proporcional, en los términos que señalen sus leyes;

III.- El Poder Judicial de los Estados se ejercerá por los tribunales que establezcan las Constituciones respectivas.

La independencia de los magistrados y jueces en el ejercicio de sus funciones deberá estar garantizada por las Constituciones y las Leyes Orgánicas de los Estados, las cuales establecerán las condiciones para el ingreso, formación y permanencia de quienes sirvan a los Poderes Judiciales de los Estados.

Los Magistrados integrantes de los Poderes Judiciales Locales, deberán reunir los requisitos señalados por las fracciones I a V del artículo 95 de esta Constitución. No podrán ser Magistrados las personas que hayan ocupado el cargo de Secretario o su equivalente, Procurador de Justicia o Diputado Local, en sus respectivos Estados, durante el año previo al día de la designación.

Los nombramientos de los magistrados y jueces integrantes de los Poderes Judiciales Locales serán hechos preferentemente entre aquellas personas que hayan prestado sus servicios con eficiencia y probidad en la administración de justicia o que lo merezcan por su honorabilidad, competencia y antecedentes en otras ramas de la profesión jurídica.

Los magistrados durarán en el ejercicio de su encargo el tiempo que señalen las Constituciones Locales, podrán ser reelectos, y si lo fueren, sólo podrán ser privados de sus puestos en los términos que determinen las Constituciones y las Leyes de Responsabilidad de los Servidores Públicos de los Estados.

Los magistrados y los jueces percibirán una remuneración adecuada e inrrenunciable, la cual no podrá ser disminuida durante su encargo.

IV.- Las Constituciones y leyes de los Estados en materia electoral garantizarán que:

a) Las elecciones de los gobernadores de los Estados, de los miembros de las legislaturas locales y de los integrantes de los ayuntamientos se realicen mediante sufragio universal, libre, secreto y directo;

b) En el ejercicio de la función electoral a cargo de las autoridades electorales sean principios rectores los de legalidad, imparcialidad, objetividad, certeza e independencia;

c) Las autoridades que tengan a su cargo la organización de las elecciones y las jurisdiccionales que resuelvan las controversias en la materia, gocen de autonomía en su funcionamiento e independencia en sus decisiones;

d) Se establezca un sistema de medios de impugnación para que todos los actos y resoluciones electorales se sujeten invariablemente al principio de legalidad;

e) Se fijen los plazos convenientes para el desahogo de todas las instancias impugnativas, tomando en cuenta el principio de definitividad de las etapas de los procesos electorales;

f) De acuerdo con las disponibilidades presupuestales, los partidos políticos reciban, en forma equitativa, financiamiento público para su sostenimiento y cuenten durante los procesos electorales con apoyos para sus actividades tendientes a la obtención del sufragio universal;

g) Se propicien condiciones de equidad para el acceso de los partidos políticos a los medios de comunicación social;

h) Se fijen los criterios para determinar los límites a las erogaciones de los partidos políticos en sus campañas electorales, así como los montos máximos que tengan las aportaciones pecuniarias de sus simpatizantes y los procedimientos para el control y vigilancia del origen y uso de todos los recursos con que cuenten los partidos políticos; se establezcan, asimismo, las sanciones por el incumplimiento a las disposiciones que se expidan en estas materias; e

i) Se tipifiquen los delitos y determinen las faltas en materia electoral, así como las sanciones que por ellos deban imponerse;

V.- Las Constituciones y leyes de los Estados podrán instituir Tribunales de lo Contencioso-Administrativo dotados de plena autonomía para dictar sus fallos, que tengan a su cargo dirimir las controversias que se susciten entre la Administración Pública Estatal y los particulares, estableciendo las normas para su organización, su funcionamiento, el procedimiento y los recursos contra sus resoluciones.

VI.- Las relaciones de trabajo entre los estados y sus trabajadores, se regirán por las leyes que expidan las legislaturas de los estados con base en lo dispuesto por el Artículo 123 de la Constitución Política de los Estados Unidos Mexicanos y sus disposiciones reglamentarias.

VII.- La Federación y los Estados, en los términos de ley, podrán convenir la asunción por parte de éstos del ejercicio de sus funciones, la ejecución y operación de obras y la prestación de servicios públicos, cuando el desarrollo económico y social lo haga necesario.

Los Estados estarán facultados para celebrar esos convenios con sus Municipios, a efecto de que éstos asuman la prestación de los servicios o la atención de las funciones a las que se refiere el párrafo anterior.

ART. 117.- Los Estados no pueden, en ningún caso:

I.- Celebrar alianza, tratado o coalición con otro Estado ni con las Potencias extranjeras,

II.- (Se deroga).

III.- Acuñar moneda, emitir papel moneda, estampillas ni papel sellado.

IV.- Gravar el tránsito de personas o cosas que atraviesen su territorio.

V.- Prohibir ni gravar directa ni indirectamente la entrada a su territorio, ni la salida de él, a ninguna mercancía nacional o extranjera.

VI.- Gravar la circulación ni el consumo de efectos nacionales o extranjeros, con impuestos o derechos cuya exención se efectúe por aduanas locales, requiera inspección o registro de bultos o exija documentación que acompañe la mercancía.

VII.- Expedir ni mantener en vigor leyes o disposiciones fiscales que importen diferencias de impuesto o requisitos por razón de la procedencia de mercancías nacionales o extranjeras, ya sea que esta diferencia se establezca respecto de la producción similar de la localidad, o ya entre producciones semejantes de distinta procedencia.

VIII.- Contraer directa o indirectamente obligaciones o empréstitos con gobiernos de otras naciones, con sociedades o particulares extranjeros, o cuando deban pagarse en moneda extranjera o fuera del territorio nacional.

Los Estados y los Municipios no podrán contraer obligaciones o empréstitos sino cuando se destinen a inversiones públicas productivas, inclusive los que contraigan organismos descentralizados y empresas públicas, conforme a las bases que establezcan las legislaturas en una ley y por los conceptos y hasta por los montos que las mismas fijen anualmente en los respectivos presupuestos. Los ejecutivos informarán de su ejercicio al rendir la cuenta pública.

IX.- Gravar la producción, el acopio o la venta del tabaco en rama, en forma distinta o con cuotas mayores de las que el Congreso de la Unión autorice.

El Congreso de la Unión y las Legislaturas de los Estados dictarán, desde luego, leyes encaminadas a combatir el alcoholismo.

ART. 118.- Tampoco pueden, sin consentimiento del Congreso de la Unión:

I.- Establecer derechos de tonelaje, ni otro alguno de puertos, ni imponer contribuciones o derechos sobre importaciones o exportaciones.

II.- Tener, en ningún tiempo, tropa permanente ni buques de guerra.

III.- Hacer la guerra por sí a alguna potencia extranjera, exceptuándose los casos de invasión y de peligro tan inminente, que no admita demora. En estos casos darán cuenta inmediata al Presidente de la República.

ART. 119.- Los Poderes de la Unión tienen el deber de proteger a los Estados contra toda invasión o violencia exterior. En cada caso de sublevación o trastorno interior, les prestarán igual protección, siempre que sean excitados por la Legislatura del Estado o por su Ejecutivo, si aquélla no estuviere reunida.

Cada Estado y el Distrito Federal están obligados a entregar sin demora a los indiciados, procesados o sentenciados, así como practicar el aseguramiento y entrega de objetos, instrumentos o productos del delito, atendiendo a la autoridad de cualquier otra entidad federativa que los requiera. Estas diligencias se practicarán, con intervención de las respectivas procuradurías generales de justicia, en los términos de los convenios de colaboración que, al efecto, celebran las entidades federativas. Para los mismos fines, los Estados y el Distrito Federal podrán celebrar convenios de colaboración con el Gobierno Federal, quien actuará a través de la Procuraduría General de la República.

Las extradiciones a requerimiento de Estado extranjero, serán tramitadas por el Ejecutivo Federal, con la intervención de la autoridad judicial en los términos de esta Constitución, los Tratados Internacionales que al respecto se suscriban y las leyes reglamentarias. En esos casos, el auto del juez que mande cumplir la requisitoria será bastante para motivar la detención hasta por sesenta días naturales.

ART. 120.- Los Gobernadores de los Estados están obligados a publicar y hacer cumplir las leyes federales.

ART. 121.- En cada Estado de la Federación se dará entera fe y crédito de los actos públicos, registros y procedimientos judiciales de todos los otros. El Congreso de la Unión, por medio de leyes generales, prescribirá la manera de probar dichos actos, registros y procedimientos, y el efecto de ellos, sujetándose a las bases siguientes:

I.- Las leyes de un Estado sólo tendrán efecto en su propio territorio, y, por consiguiente, no podrán ser obligatorias fuera de él.

II.- Los bienes muebles e inmuebles se regirán por la ley del lugar de su ubicación.

III.- Las sentencias pronunciadas por los tribunales de un Estado sobre derechos reales o bienes inmuebles ubicados en otro Estado, sólo tendrán fuerza ejecutoria en éste, cuando así lo dispongan sus propias leyes.

Las sentencias sobre derechos personales sólo serán ejecutadas en otro Estado, cuando la persona condenada se haya sometido expresamente o por razón de domicilio, a la justicia que las pronunció, y siempre que haya sido citada personalmente para ocurrir al juicio.

IV.- Los actos del estado civil ajustados a las leyes de un Estado, tendrán validez en los otros.

V.- Los títulos profesionales expedidos por las autoridades de un Estado, con sujeción a sus leyes, serán respetados en los otros.

ART. 122.- Definida por el artículo 44 de este ordenamiento la naturaleza jurídica del Distrito Federal, su gobierno está a cargo de los Poderes Federales y de los órganos Ejecutivo, Legislativo y Judicial de carácter local, en los términos de este artículo.

Son autoridades locales del Distrito Federal, la Asamblea Legislativa, el Jefe de Gobierno del Distrito Federal y el Tribunal Superior de Justicia.

La·Asamblea Legislativa del Distrito Federal se integrará con el número de diputados electos según los principios de mayoría relativa y de representación proporcional, mediante el sistema de listas votadas en una circunscripción plurinominal, en los términos que señalen esta

Constitución y el Estatuto de Gobierno.

El Jefe de Gobierno del Distrito Federal tendrá a su cargo el Ejecutivo y la administración pública en la entidad y recaerá en una sola persona, elegida por votación universal, libre, directa y secreta.

El Tribunal Superior de Justicia y el Consejo de la Judicatura, con los demás órganos que establezca el Estatuto de Gobierno, ejercerán la función judicial del fuero común en el Distrito Federal.

La distribución de competencias entre los Poderes de la Unión y las autoridades locales del Distrito Federal se sujetará a las siguientes disposiciones:

A. Corresponde al Congreso de la Unión:

I.- Legislar en lo relativo al Distrito Federal, con excepción de las materias expresamente conferidas a la Asamblea Legislativa;

II.- Expedir el Estatuto de Gobierno del Distrito Federal;

III.- Legislar en materia de deuda pública del Distrito Federal;

IV.- Dictar las disposiciones generales que aseguren el debido, oportuno y eficaz funcionamiento de los Poderes de la Unión; y

V.- Las demás atribuciones que le señala esta Constitución.

B. Corresponde al Presidente de los Estados Unidos Mexicanos:

I.- Iniciar leyes ante el Congreso de la Unión en lo relativo al Distrito Federal;

II.- Proponer al Senado a quien deba sustituir, en caso de remoción, al Jefe de Gobierno del Distrito Federal;

III.- Enviar anualmente al Congreso de la Unión, la propuesta de los montos de endeudamiento necesarios para el financiamiento del presupuesto de egresos del Distrito Federal. Para tal efecto, el Jefe de Gobierno del Distrito Federal someterá a la consideración del Presidente de la República la propuesta correspondiente, en los términos que disponga la Ley;

IV.- Proveer en la esfera administrativa a la exacta observancia de las leyes que expida el Congreso de la Unión respecto del Distrito Federal; y

V.- Las demás atribuciones que le señale esta Constitución, el Estatuto de Gobierno y las leyes.

C. El Estatuto de Gobierno del Distrito Federal se sujetará a las siguientes bases:

BASE PRIMERA.- Respecto a la Asamblea Legislativa:

I.- Los Diputados a la Asamblea Legislativa serán elegidos cada tres años por voto universal, libre, directo y secreto en los términos que disponga la Ley, la cual deberá tomar en cuenta, para la organización de las elecciones, la expedición de constancias y los medios de impugnación en la materia, lo dispuesto en los artículos 41, 60 y 99 de esta Constitución;

II.- Los requisitos para ser diputado a la Asamblea no podrán ser menores a los que se exigen para ser diputado federal.

Serán aplicables a la Asamblea Legislativa y a sus miembros en lo que sean compatibles, las disposiciones contenidas en los artículos 51, 59, 61, 62, 64 y 77, fracción IV de esta Constitución;

III.- Al partido político que obtenga por sí mismo el mayor número de constancias de mayoría y por lo menos el treinta por ciento de la votación en el Distrito Federal, le será asignado el número de Diputados de representación proporcional suficiente para alcanzar la mayoría absoluta de la Asamblea;

IV.- Establecerá las fechas para la celebración de dos períodos de sesiones ordinarios al año y la integración y las atribuciones del órgano interno de gobierno que actuará durante los recesos. La convocatoria a sesiones extraordinarias será facultad de dicho órgano interno a petición de la mayoría de sus miembros o del Jefe de Gobierno del Distrito Federal;

V.- La Asamblea Legislativa, en los términos del Estatuto de Gobierno, tendrá las siguientes facultades:

a) Expedir su ley orgánica, la que será enviada al Jefe de Gobierno del Distrito Federal para el solo efecto de que ordene su publicación;

b) Examinar, discutir y aprobar anualmente el presupuesto de egresos y la ley de ingresos del Distrito Federal, aprobando primero las contribuciones necesarias para cubrir el presupuesto.

Dentro de la ley de ingresos, no podrán incorporarse montos de endeudamiento superiores a los que haya autorizado previamente el Congreso de la Unión para el financiamiento del presupuesto de egresos del Distrito Federal.

La facultad de iniciativa respecto de la ley de ingresos y el presupuesto de egresos corresponde exclusivamente al Jefe de Gobierno del Distrito Federal. El plazo para su presentación concluye el 30 de noviembre, con excepción de los años en que ocurra la elección ordinaria del Jefe de Gobierno del Distrito Federal, en cuyo caso la fecha límite será el 20 de diciembre.

La Asamblea Legislativa formulará anualmente su proyecto de presupuesto y lo enviará oportunamente al Jefe de Gobierno del Distrito Federal para que éste lo incluya en su iniciativa.

Serán aplicables a la hacienda pública del Distrito Federal, en lo que no sea incompatible con su naturaleza y su régimen orgánico de gobierno, las disposiciones contenidas en el segundo párrafo del inciso c) de la fracción IV del artículo 115 de esta Constitución;

c) Revisar la cuenta pública del año anterior, por conducto de la Contaduría Mayor de Hacienda de la Asamblea Legislativa, conforme a los criterios establecidos en la fracción IV del artículo 74, en lo que sean aplicables.

La cuenta pública del año anterior deberá ser enviada a la Asamblea Legislativa dentro de los diez primeros días del mes de junio. Este plazo, así como los establecidos para la presentación de las iniciativas de la ley de ingresos y del proyecto del presupuesto de egresos, solamente podrán ser ampliados cuando se formule una solicitud del Ejecutivo del Distrito Federal suficientemente justificada a juicio de la Asamblea;

d) Nombrar a quien deba sustituir en caso de falta absoluta, al Jefe de Gobierno del Distrito Federal;

e) Expedir las disposiciones legales para organizar la hacienda pública, la contaduría mayor y el presupuesto, la contabilidad y el gasto público del Distrito Federal;

f) Expedir las disposiciones que rijan las elecciones locales en el Distrito Federal, sujetándose a las bases que establezca el Estatuto de Gobierno, las cuales tomarán en cuenta los principios establecidos en los incisos b) al i) de la fracción IV del artículo 116 de esta Constitución. En estas elecciones sólo podrán participar los partidos políticos con registro nacional;

g) Legislar en materia de Administración Pública local, su régimen interno y de procedimientos administrativos;

h) Legislar en las materias civil y penal; normar el organismo protector de los derechos humanos, participación ciudadana, defensoría de oficio, notariado y registro público de la propiedad y de comercio;

i) Normar la protección civil; justicia cívica sobre faltas de policía y buen gobierno; los servicios de seguridad prestados por empresas privadas; la prevención y la readaptación social; la salud y asistencia social; y la previsión social;

j) Legislar en materia de planeación del desarrollo; en desarrollo urbano, particularmente en uso del suelo; preservación del medio ambiente y protección ecológica; vivienda; construcciones y edificaciones; vías públicas, tránsito y estacionamientos; adquisiciones y obra pública; y sobre explotación, uso y aprovechamiento de los bienes del patrimonio del Distrito Federal;

k) Regular la prestación y la concesión de los servicios públicos; legislar sobre los servicios de transporte urbano, de limpia, turismo y servicios de alojamiento, mercados, rastros y abasto, y cementerios;

l) Expedir normas sobre fomento económico y protección al empleo; desarrollo agropecuario; establecimientos mercantiles; protección de animales; espectáculos públicos; fomento cultural cívico y deportivo; y función social educativa en los términos de la fracción VIII, del artículo 3o. de esta Constitución;

m) Expedir la Ley Orgánica de los tribunales encargados de la función judicial del fuero común en el Distrito Federal, que incluirá lo relativo a las responsabilidades de los servidores públicos de dichos órganos;

n) Expedir la Ley Orgánica del Tribunal de lo Contencioso Administrativo para el Distrito Federal;

ñ) Presentar iniciativas de leyes o decretos en materias relativas al Distrito Federal, ante el Congreso de la Unión; y

o) Las demás que se le confieran expresamente en esta Constitución.

BASE SEGUNDA.- Respecto al Jefe de Gobierno del Distrito Federal:

I.- Ejercerá su encargo, que durará seis años, a partir del día 5 de diciembre del año de la elección, la cual se llevará a cabo conforme a lo que establezca la legislación electoral.

Para ser Jefe de Gobierno del Distrito Federal deberán reunirse los requisitos que establezca el Estatuto de Gobierno, entre los que deberán estar: ser ciudadano mexicano por nacimiento en pleno goce de sus derechos con una residencia efectiva de tres años inmediatamente anteriores al día de la elección si es originario del Distrito Federal o de cinco años ininterrumpidos para los nacidos en otra entidad; tener cuando menos treinta años cumplidos al día de la elección, y no haber desempeñado anteriormente el cargo de Jefe de Gobierno del Distrito Federal con cualquier carácter. La residencia no se interrumpe por el desempeño de cargos públicos de la Federación en otro ámbito territorial.

Para el caso de remoción del Jefe de Gobierno del Distrito Federal, el Senado nombrará, a propuesta del Presidente de la República, un sustituto que concluya el mandato. En caso de falta temporal, quedará encargado del despacho el servidor público que disponga el Estatuto de Gobierno. En caso de falta absoluta, por renuncia o cualquier otra causa, la Asamblea Legislativa designará a un sustituto que termine el encargo. La renuncia del Jefe de Gobierno del Distrito Federal sólo podrá aceptarse por causas graves. Las licencias al cargo se regularán en el propio Estatuto.

II.- El Jefe de Gobierno del Distrito Federal tendrá las facultades y obligaciones siguientes:

a) Cumplir y ejecutar las leyes relativas al Distrito Federal que expida el Congreso de la Unión, en la esfera de competencia del órgano ejecutivo a su cargo o de sus dependencias;

b) Promulgar, publicar y ejecutar las leyes que expida la Asamblea

Legislativa, proveyendo en la esfera administrativa a su exacta observancia, mediante la expedición de reglamentos, decretos y acuerdos. Asimismo, podrá hacer observaciones a las leyes que la Asamblea Legislativa le envíe para su promulgación, en un plazo no mayor de diez días hábiles. Si el proyecto observado fuese confirmado por mayoría calificada de dos tercios de los diputados presentes, deberá ser promulgado por el Jefe de Gobierno del Distrito Federal;

c) Presentar iniciativas de leyes o decretos ante la Asamblea Legislativa;

d) Nombrar y remover libremente a los servidores públicos dependientes del órgano ejecutivo local, cuya designación o destitución no estén previstas de manera distinta por esta Constitución o las leyes correspondientes;

e) Ejercer las funciones de dirección de los servicios de seguridad pública de conformidad con el Estatuto de Gobierno; y

f) Las demás que le confiera esta Constitución, el Estatuto de Gobierno y las leyes.

BASE TERCERA.- Respecto a la organización de la Administración Pública local en el Distrito Federal:

I.- Determinará los lineamientos generales para la distribución de atribuciones entre los órganos centrales, desconcentrados y descentralizados;

II.- Establecerá los órganos político-administrativos en cada una de las demarcaciones territoriales en que se divida el Distrito Federal.

Asimismo fijará los criterios para efectuar la división territorial del Distrito Federal, la competencia de los órganos político-administrativos correspondientes, la forma de integrarlos, su funcionamiento, así como las relaciones de dichos órganos con el Jefe de Gobierno del Distrito Federal.

Los titulares de los órganos político-administrativos de las demarcaciones territoriales serán elegidos en forma universal, libre, secreta y directa, según lo determine la ley.

BASE CUARTA.- Respecto al Tribunal Superior de Justicia y los demás órganos judiciales del fuero común:

I.- Para ser magistrado del Tribunal Superior se deberán reunir los mismos requisitos que esta Constitución exige para los ministros de la Suprema Corte de Justicia; se requerirá, además, haberse distinguido en el ejercicio profesional o en el ramo judicial, preferentemente en el Distrito Federal. El Tribunal Superior de Justicia se integrará con el número de magistrados que señale la ley orgánica respectiva.

Para cubrir las vacantes de magistrados del Tribunal Superior de

Justicia, el Jefe de Gobierno del Distrito Federal someterá la propuesta respectiva a la decisión de la Asamblea Legislativa. Los Magistrados ejercerán el cargo durante seis años y podrán ser ratificados por la Asamblea; y si lo fuesen, sólo podrán ser privados de sus puestos en los términos del Título Cuarto de esta Constitución.

II.- La administración, vigilancia y disciplina del Tribunal Superior de Justicia, de los juzgados y demás órganos judiciales, estará a cargo del Consejo de la Judicatura del Distrito Federal. El Consejo de la Judicatura tendrá siete miembros, uno de los cuales será el presidente del Tribunal Superior de Justicia, quien también presidirá el Consejo.

Los miembros restantes serán: un Magistrado, un Juez de Primera Instancia y un Juez de Paz, elegidos mediante insaculación; uno designado por el Jefe de Gobierno del Distrito Federal y otros dos nombrados por la Asamblea Legislativa. Todos los Consejeros deberán reunir los requisitos exigidos para ser magistrado y durarán cinco años en su cargo; serán sustituidos de manera escalonada y no podrán ser nombrados para un nuevo periodo.

El Consejo designará a los Jueces de Primera Instancia y a los que con otra denominación se creen en el Distrito Federal, en los términos que las disposiciones prevean en materia de carrera judicial;

III.- Se determinarán las atribuciones y las normas de funcionamiento del Consejo de la Judicatura, tomando en cuenta lo dispuesto por el artículo 100 de esta Constitución;

IV.- Se fijarán los criterios conforme a los cuales la ley orgánica establecerá las normas para la formación y actualización de funcionarios, así como del desarrollo de la carrera judicial;

V.- Serán aplicables a los miembros del Consejo de la Judicatura, así como a los magistrados y jueces, los impedimentos y sanciones previstos en el artículo 101 de esta Constitución;

VI.- El Consejo de la Judicatura elaborará el presupuesto de los tribunales de justicia en la entidad y lo remitirá al Jefe de Gobierno del Distrito Federal para su inclusión en el proyecto de presupuesto de egresos que se presente a la aprobación de la Asamblea Legislativa.

BASE QUINTA.- Existirá un Tribunal de lo Contencioso Administrativo, que tendrá plena autonomía para dirimir las controversias entre los particulares y las autoridades de la Administración Pública local del Distrito Federal.

Se determinarán las normas para su integración y atribuciones, mismas que serán desarrolladas por su ley orgánica.

D. El Ministerio Público en el Distrito Federal será presidido por un

Procurador General de Justicia, que será nombrado en los términos que señale el Estatuto de Gobierno; este ordenamiento y la ley orgánica respectiva determinarán su organización, competencia y normas de funcionamiento.

E. En el Distrito Federal será aplicable respecto del Presidente de los Estados Unidos Mexicanos, lo dispuesto en la fracción VII del artículo 115 de esta Constitución. La designación y remoción del servidor público que tenga a su cargo el mando directo de la fuerza pública se hará en los términos que señale el Estatuto de Gobierno.

F. La Cámara de Senadores del Congreso de la Unión, o en sus recesos, la Comisión Permanente, podrá remover al Jefe de Gobierno del Distrito Federal por causas graves que afecten las relaciones con los Poderes de la Unión o el orden público en el Distrito Federal. La solicitud de remoción deberá ser presentada por la mitad de los miembros de la Cámara de Senadores o de la Comisión Permanente, en su caso.

G. Para la eficaz coordinación de las distintas jurisdicciones locales y municipales entre sí, y de éstas con la federación y el Distrito Federal en la planeación y ejecución de acciones en las zonas conurbadas limítrofes con el Distrito Federal, de acuerdo con el artículo 115, fracción VI de esta Constitución, en materia de asentamientos humanos; protección al ambiente; preservación y restauración del equilibrio ecológico; transporte, agua potable y drenaje; recolección, tratamiento y disposición de desechos sólidos y seguridad pública, sus respectivos gobiernos podrán suscribir convenios para la creación de comisiones metropolitanas en las que concurran y participen con apego a sus leyes.

Las comisiones serán constituidas por acuerdo conjunto de los participantes. En el instrumento de creación se determinará la forma de integración, estructura y funciones.

A través de las comisiones se establecerán:

a) Las bases para la celebración de convenios, en el seno de las comisiones, conforme a las cuales se acuerden los ámbitos territoriales y de funciones respecto a la ejecución y operación de obras, prestación de servicios públicos o realización de acciones en las materias indicadas en el primer párrafo de este apartado;

b) Las bases para establecer, coordinadamente por las partes integrantes de las comisiones, las funciones específicas en las materias referidas, así como para la aportación común de .recursos materiales, humanos y financieros necesarios para su operación; y

c) Las demás reglas para la regulación conjunta y coordinada del desarrollo de las zonas conurbadas, prestación de servicios y realización de acciones que acuerden los integrantes de las comisiones.

H. Las prohibiciones y limitaciones que esta Constitución establece para los Estados se aplicarán para las autoridades del Distrito Federal.

TÍTULO SEXTO
Del Trabajo y de la Previsión Social

ART. 123.- Toda persona tiene derecho al trabajo digno y socialmente útil; al efecto, se promoverán la creación de empleos y la organización social para el trabajo, conforme a la Ley.

El Congreso de la Unión, sin contravenir a las bases siguientes, deberá expedir leyes sobre el trabajo, las cuales regirán:

A.- Entre los obreros, jornaleros, empleados domésticos, artesanos y de una manera general, todo contrato de trabajo:

I.- La duración de la jornada máxima será de ocho horas.

II.- La jornada máxima de trabajo nocturno será de 7 horas.

Quedan prohibidas: las labores insalubres o peligrosas, el trabajo nocturno industrial y todo otro trabajo después de las diez de la noche de los menores de dieciséis años;

III.- Queda prohibida la utilización del trabajo de los menores de catorce años. Los mayores de esta edad y menores de dieciséis tendrán como jornada máxima la de seis horas.

IV.- Por cada seis días de trabajo deberá disfrutar el operario de un día de descanso, cuando menos.

V.- Las mujeres durante el embarazo no realizarán trabajos que exijan un esfuerzo considerable y signifiquen un peligro para su salud en relación con la gestación; gozarán forzosamente de un descanso de seis semanas anteriores a la fecha fijada aproximadamente para el parto y seis semanas posteriores al mismo, debiendo percibir su salario íntegro y conservar su empleo y los derechos que hubieren adquirido por la relación de trabajo. En el período de lactancia tendrán dos descansos extraordinarios por día de media hora cada uno para alimentar a sus hijos;

VI.- Los salarios mínimos que deberán disfrutar los trabajadores serán generales o profesionales. Los primeros regirán en las áreas geográficas que se determinen; los segundos se aplicarán en ramas determinadas de la actividad económica o en profesiones, oficios o trabajos especiales.

Los salarios mínimos generales deberán ser suficientes para satisfacer las necesidades normales de un jefe de familia, en el orden material, social y cultural, y para proveer a la educación obligatoria de los hijos. Los salarios mínimos profesionales se fijarán considerando, además, las condiciones de las distintas actividades económicas.

Los salarios mínimos se fijarán por una comisión nacional integrada por representantes de los trabajadores, de los patrones y del gobierno, la que podrá auxiliarse de las comisiones especiales de carácter consultivo que considere indispensables para el mejor desempeño de sus funciones;

VII.- Para trabajo igual debe corresponder salario igual, sin tener en cuenta sexo ni nacionalidad.

VIII.- El salario mínimo quedará exceptuado de embargo, compensación o descuento.

IX.- Los trabajadores tendrán derecho a una participación en las utilidades de las empresas, regulada de conformidad con las siguientes normas:

a) Una Comisión Nacional, integrada con representantes de los trabajadores, de los patrones y del Gobierno, fijará el porcentaje de utilidades que deba repartirse entre los trabajadores;

b) La Comisión Nacional practicará las investigaciones y realizará los estudios necesarios y apropiados para conocer las condiciones generales de la economía nacional. Tomará asimismo en consideración la necesidad de fomentar el desarrollo industrial del País, el interés razonable que debe percibir el capital y la necesaria reinversión de capitales;

c) La misma Comisión podrá revisar el porcentaje fijado cuando existan nuevos estudios e investigaciones que los justifiquen.

d) La Ley podrá exceptuar de la obligación de repartir utilidades a las empresas de nueva creación durante un número determinado y limitado de años, a los trabajos de exploración y a otras actividades cuando lo justifique su naturaleza y condiciones particulares;

e) Para determinar el monto de las utilidades de cada empresa se tomará como base la renta gravable de conformidad con las disposiciones de la Ley del Impuesto sobre la Renta. Los trabajadores podrán formular ante la Oficina correspondiente de la Secretaría de Hacienda y Crédito Público las objeciones que juzguen convenientes, ajustándose al procedimiento que determine la ley;

f) El derecho de los trabajadores a participar en las utilidades no implica la facultad de intervenir en la dirección o administración de las empresas.

X.- El salario deberá pagarse precisamente en moneda de curso legal, no siendo permitido hacerlo efectivo con mercancías, ni con vales, fichas o cualquier otro signo representativo con que se pretenda substituir la moneda.

XI.- Cuando, por circunstancias extraordinarias deban aumentarse las horas de jornada, se abonará como salario por el tiempo excedente de un

100% más de lo fijado por las horas normales. En ningún caso el trabajo extraordinario podrá exceder de tres horas diarias, ni de tres veces consecutivas. Los menores de dieciséis años no serán admitidos en esta clase de trabajos.

XII.- Toda empresa agrícola, industrial, minera o de cualquier otra clase de trabajo, estará obligada, según lo determinen las leyes reglamentarias a proporcionar a los trabajadores habitaciones cómodas e higiénicas. Esta obligación se cumplirá mediante las aportaciones que las empresas hagan a un fondo nacional de la vivienda a fin de constituir depósitos en favor de sus trabajadores y establecer un sistema de financiamiento que permita otorgar a éstos crédito barato y suficiente para que adquieran en propiedad tales habitaciones.

Se considera de utilidad social la expedición de una ley para la creación de un organismo integrado por representantes del Gobierno Federal, de los trabajadores y de los patrones, que administre los recursos del fondo nacional de la vivienda. Dicha ley regulará las formas y procedimientos conforme a los cuales los trabajadores podrán adquirir en propiedad las habitaciones antes mencionadas.

Las negociaciones a que se refiere el párrafo primero de esta fracción, situadas fuera de las poblaciones, están obligadas a establecer escuelas, enfermerías y demás servicios necesarios a la comunidad.

Además, en esos mismos centros de trabajo, cuando su población exceda de doscientos habitantes, deberá reservarse un espacio de terreno, que no será menor de cinco mil metros cuadrados, para el establecimiento de mercados públicos, instalación de edificios destinados a los servicios municipales y centros recreativos.

Queda prohibido en todo centro de trabajo, el establecimiento de expendios de bebidas embriagantes y de casas de juego de azar;

XIII.- Las empresas, cualquiera que sea su actividad, estarán obligadas a proporcionar a sus trabajadores, capacitación o adiestramiento para el trabajo. La ley reglamentaria determinará los sistemas, métodos y procedimientos conforme a los cuales los patrones deberán cumplir con dicha obligación;

XIV.- Los empresarios serán responsables de los accidentes del trabajo y de las enfermedades profesionales de los trabajadores, sufridas con motivo o en ejercicio de la profesión o trabajo que ejecuten; por lo tanto, los patrones deberán pagar la indemnización correspondiente, según que haya traído como consecuencia la muerte o simplemente incapacidad temporal o permanente para trabajar, de acuerdo con lo que las leyes determinen. Esta responsabilidad subsistirá aún en el caso de que el patrono contrate el trabajo por un intermediario;

XV.- El patrón estará obligado a observar, de acuerdo con la naturaleza de su negociación, los preceptos legales sobre higiene y seguridad en las instalaciones de su establecimiento, y a adoptar las medidas adecuadas para prevenir accidentes en el uso de las máquinas, instrumentos y materiales de trabajo, así como a organizar de tal manera éste, que resulte la mayor garantía para la salud y la vida de los trabajadores, y del producto de la concepción, cuando se trate de mujeres embarazadas. Las leyes contendrán, al efecto, las sanciones procedentes en cada caso;

XVI.- Tanto los obreros como los empresarios tendrán derecho para coaligarse en defensa de sus respectivos intereses, formando sindicatos, asociaciones profesionales, etcétera;

XVII.- Las leyes reconocerán como un derecho de los obreros y de los patronos, las huelgas y los paros;

XVIII.- Las huelgas serán lícitas cuando tengan por objeto conseguir el equilibrio entre los diversos factores de la producción, armonizando los derechos del trabajo con los del capital. En los servicios públicos será obligatorio para los trabajadores dar aviso, con diez días de anticipación, a la Junta de Conciliación y Arbitraje, de la fecha señalada para la suspensión del trabajo. Las huelgas serán consideradas como ilícitas únicamente cuando la mayoría de los huelguistas ejerciera actos violentos contra las personas o las propiedades, o en caso de guerra, cuando aquéllos pertenezcan a los establecimientos y servicios que dependan del Gobierno;

XIX.- Los paros serán lícitos únicamente cuando el exceso de producción haga necesario suspender el trabajo para mantener los precios en un límite costeable, previa aprobación de la Junta de Conciliación y Arbitraje;

XX.- Las diferencias o los conflictos entre el capital y el trabajo, se sujetarán a la decisión de una Junta de Conciliación y Arbitraje, formada por igual número de representantes de los obreros y de los patronos, y uno del Gobierno;

XXI.- Si el patrono se negare a someter sus diferencias al arbitraje o a aceptar el laudo pronunciado por la Junta, se dará por terminado el contrato de trabajo y quedará obligado a indemnizar al obrero con el importe de tres meses de salario, además de la responsabilidad que le resulte del conflicto. Esta disposición no será aplicable en los casos de las acciones consignadas en la fracción siguiente. Si la negativa fuere de los trabajadores, se dará por terminado el contrato de trabajo;

XXII.- El patrono que despida a un obrero sin causa justificada o por haber ingresado a una asociación o sindicato, o por haber tomado parte en una huelga lícita, estará obligado, a elección del trabajador, a cumplir el contrato o a indemnizarlo con el importe de tres meses de salario. La Ley determinará los casos en que el patrono podrá ser eximido de la obligación de cumplir el contrato, mediante el pago de una indemnización. Igualmente tendrá la obligación de indemnizar al trabajador con el importe de tres meses de salario, cuando se retire del servicio por falta de probidad del patrono o por recibir de él malos tratamientos, ya sea en su persona o en la de su cónyuge, padres, hijos o hermanos. El patrono no podrá eximirse de esta responsabilidad, cuando los malos tratamientos provengan de dependientes o familiares que obren con el consentimiento o tolerancia de él;

XXIII.- Los créditos en favor de los trabajadores por salario o sueldos devengados en el último año, y por indemnizaciones, tendrán preferencia sobre cualquiera otros en los casos de concurso o de quiebra;

XXIV.- De las deudas contraídas por los trabajadores a favor de sus patronos, de sus asociados, familiares o dependientes, sólo será responsable el mismo trabajador, y en ningún caso y por ningún motivo se podrá exigir a los miembros de su familia, ni serán exigibles dichas deudas por la cantidad excedente del sueldo del trabajador en un mes;

XXV.- El servicio para la colocación de los trabajadores será gratuito para éstos, ya se efectúe por oficinas municipales, bolsas de trabajo o por cualquier otra institución oficial o particular.

En la prestación de este servicio se tomará en cuanta la demanda de trabajo y, en igualdad de condiciones, tendrán prioridad quienes representen la única fuente de ingresos en su familia;

XXVI.- Todo contrato de trabajo celebrado entre un mexicano y un empresario extranjero, deberá ser legalizado por la autoridad municipal competente y visado por el Cónsul de la Nación a donde el trabajador tenga que ir, en el concepto de que además de las cláusulas ordinarias, se especificará claramente que los gastos de la repatriación quedan a cargo del empresario contratante;

XXVII.- Serán condiciones nulas y no obligarán a los contrayentes, aunque se expresen en el contrato:

a) Las que estipulen una jornada inhumana por lo notoriamente excesiva, dada la índole del trabajo.

b) Las que fijen un salario que no sea remunerador a juicio de las Juntas de Conciliación y Arbitraje.

c) Las que estipulen un plazo mayor de una semana para la percepción del jornal.

d) Las que señalen un lugar de recreo, fonda, café, taberna, cantina o tienda para efectuar el pago del salario, cuando no se trate de empleados en esos establecimientos.

e) Las que entrañen obligación directa o indirecta de adquirir los artículos de consumo en tiendas o lugares determinados.

f) Las que permitan retener el salario en concepto de multa.

g) Las que constituyan renuncia hecha por el obrero de las indemnizaciones a que tenga derecho por accidente del trabajo, y enfermedades profesionales, perjuicios ocasionados por el incumplimiento del contrato o por despedírsele de la obra.

h) Todas las demás estipulaciones que impliquen renuncia de algún derecho consagrado a favor del obrero en las leyes de protección y auxilio a los trabajadores.

XXVIII.- Las leyes determinarán los bienes que constituyan el patrimonio de la familia, bienes que serán inalienables, no podrán sujetarse a gravámenes reales ni embargos, y serán transmisibles a título de herencia con simplificación de las formalidades de los juicios sucesorios;

XXIX.- Es de utilidad pública la Ley del Seguro Social, y ella comprenderá seguros de invalidez, de vejez, de vida, de cesación involuntaria del trabajo, de enfermedades y accidentes, de servicios de guardería y cualquier otro encaminado a la protección y bienestar de los trabajadores, campesinos, no asalariados y otros sectores sociales y sus familiares;

XXX.- Asimismo serán consideradas de utilidad social, las sociedades cooperativas para la construcción de casas baratas e higiénicas, destinadas a ser adquiridas en propiedad, por los trabajadores en plazos determinados;

XXXI.- La aplicación de las leyes del trabajo corresponde a las autoridades de los Estados, en sus respectivas jurisdicciones, pero es de la competencia exclusiva de las autoridades federales en los asuntos relativos a:

a).- Ramas industriales y servicios:

1.- Textil;

2.- Eléctrica;

3.- Cinematográfica;

4.- Hulera;

5.- Azucarera;

6.- Minera;

7.- Metalúrgica y siderúrgica, abarcando la explotación de los minerales básicos, el beneficio y la fundición de los mismos, así como la obtención de hierro metálico y acero a todas sus formas y ligas y los productos laminados de los mismos;

8.- De hidrocarburos;

9.- Petroquímica;

10.- Cementera;

11.- Calera;

12.- Automotriz, incluyendo autopartes mecánicas o eléctricas;

13.- Química, incluyendo la química farmacéutica y medicamentos;

14.- De celulosa y papel;

15.- De aceites y grasas vegetales;

16.- Productora de alimentos, abarcando exclusivamente la fabricación de los que sean empacados, enlatados o envasados o que se destinen a ello;

17.- Elaboradora de bebidas que sean envasadas o enlatadas o que se destinen a ello;

18.- Ferrocarrilera;

19.- Maderera básica, que comprende la producción de aserradero y la fabricación de triplay o aglutinados de madera;

20.- Vidriera, exclusivamente por lo que toca a la fabricación de vidrio plano, liso o labrado, o de envases de vidrio; y

21.- Tabacalera, que comprende el beneficio o fabricación de productos de tabaco;

22.- Servicios de banca y crédito.

b) Empresas:

1.- Aquéllas que sean administradas en forma directa o descentralizada por el Gobierno Federal;

2.- Aquéllas que actúen en virtud de un contrato o concesión federal y las industrias que les sean conexas; y

3.- Aquéllas que ejecuten trabajos en zonas federales o que se encuentren bajo jurisdicción federal, en las aguas territoriales o en las comprendidas en la zona económica exclusiva de la Nación.

También será competencia exclusiva de las autoridades federales, la aplicación de las disposiciones de trabajo en los asuntos relativos a conflictos que afecten a dos o más Entidades Federativas; contratos colectivos que hayan sido declarados obligatorios en más de una Entidad Federativa; obligaciones patronales en materia educativa, en los términos de Ley; y respecto a las obligaciones de los patrones en materia de capacitación y adiestramiento de sus trabajadores, así como de seguridad e higiene en los centros de trabajo, para lo cual las autoridades federales contarán con el auxilio de las estatales, cuando se trate de ramas o actividades de jurisdicción local, en los términos de la ley reglamentaria correspondiente.

B.- Entre los Poderes de la Unión, el Gobierno del Distrito Federal y sus trabajadores:

I.- La jornada diaria máxima de trabajo diurna y nocturna será de ocho y siete horas, respectivamente. Las que excedan serán extraordinarias y se pagarán con un ciento por ciento más de la remuneración fijada para el servicio ordinario. En ningún caso el trabajo extraordinario podrá exceder de tres horas diarias ni de tres veces consecutivas;

II.- Por cada seis días de trabajo, disfrutará el trabajador de un día de descanso, cuando menos, con goce de salario íntegro;

III.- Los trabajadores gozarán de vacaciones que nunca serán menores de veinte días al año;

IV.- Los salarios serán fijados en los presupuestos respectivos, sin que su cuantía pueda ser disminuída durante la vigencia de éstos.

En ningún caso los salarios podrán ser inferiores al mínimo para los trabajadores en general en el Distrito Federal y en las Entidades de la República.

V.- A trabajo igual corresponderá salario igual, sin tener en cuenta el sexo;

VI.- Sólo podrán hacerse retenciones, descuentos, deducciones o embargos al salario, en los casos previstos en las leyes;

VII.- La designación del personal se hará mediante sistemas que permitan apreciar los conocimientos y aptitudes de los aspirantes. El Estado organizará escuelas de Administración Pública;

VIII.- Los trabajadores gozarán de derechos de escalafón a fin de que los ascensos se otorguen en función de los conocimientos, aptitudes y antigüedad. En igualdad de condiciones, tendrá prioridad quien represente la única fuente de ingreso en su familia;

IX.- Los trabajadores sólo podrán ser suspendidos o cesados por causa justificada; en los términos que fije la ley.

En caso de separación injustificada tendrá derecho a optar por la reinstalación en su trabajo o por la indemnización correspondiente, previo el procedimiento legal. En los casos de supresión de plazas, los trabajadores afectados tendrán derecho a que se les otorgue otra equivalente a la suprimida o a la indemnización de ley;

X.- Los trabajadores tendrán el derecho de asociarse para la defensa de sus intereses comunes. Podrán, asimismo, hacer uso del derecho de huelga previo el cumplimiento de los requisitos que determine la ley, respecto de una o varias dependencias de los Poderes Públicos, cuando se violen de manera general y sistemática los derechos que este artículo les consagra;

XI.- La seguridad social se organizará conforme a las siguientes bases mínimas:

a).- Cubrirá los accidentes y enfermedades profesionales; las enfermedades no profesionales y maternidad; y la jubilación, la invalidez, vejez y muerte.

b).- En caso de accidente o enfermedad, se conservará el derecho al trabajo por el tiempo que determine la ley.

c).- Las mujeres durante el embarazo no realizarán trabajos que exijan un esfuerzo considerable y signifiquen un peligro para su salud en relación con la gestación; gozarán forzosamente de un mes de descanso antes de la fecha fijada aproximadamente para el parto y de otros dos después del mismo, debiendo percibir su salario íntegro y conservar su empleo y los derechos que hubieren adquirido por la relación de trabajo. En el período de lactancia tendrán dos descansos extraordinarios por día, de media hora cada uno, para alimentar a sus hijos. Además, disfrutarán de asistencia médica y obstétrica, de medicinas, de ayudas para la lactancia y del servicio de guarderías infantiles.

d).- Los familiares de los trabajadores tendrán derecho a asistencia médica y medicinas, en los casos y en la proporción que determine la ley.

e).- Se establecerán centros para vacaciones y para recuperación, así como tiendas económicas para beneficio de los trabajadores y sus familiares.

f).- Se proporcionarán a los trabajadores habitaciones baratas, en arrendamiento o venta, conforme a los programas previamente aprobados.

Además, el Estado mediante las aportaciones que haga, establecerá un fondo nacional de la vivienda a fin de constituir depósitos en favor de dichos trabajadores y establecer un sistema de financiamiento que permita otorgar a éstos crédito barato y suficiente para que adquieran en propiedad habitaciones cómodas e higiénicas, o bien para construirlas, repararlas, mejorarlas o pagar pasivos adquiridos por estos conceptos.

Las aportaciones que se hagan a dicho fondo serán enteradas al organismo encargado de la seguridad social regulándose en su Ley y en las que corresponda, la forma y el procedimiento conforme a los cuales se administrará el citado fondo y se otorgarán y adjudicarán los créditos respectivos.

XII.- Los conflictos individuales, colectivos o intersindicales serán sometidos a un Tribunal Federal de Conciliación y Arbitraje integrado según lo prevenido en la ley reglamentaria.

Los conflictos entre el Poder Judicial de la Federación y sus servidores serán resueltos por el Consejo de la Judicatura Federal; los que se susciten entre la Suprema Corte de Justicia y sus empleados serán resueltos por esta última.

XIII.- Los militares, marinos, personal del servicio exterior, agentes del Ministerio Público y los miembros de las instituciones policiales, se regirán por sus propias leyes.

El Estado proporcionará a los miembros en el activo del Ejército, Fuerza Aérea y Armada, las prestaciones a que se refiere el inciso f) de la fracción XI de este Apartado, en términos similares y a través del organismo encargado de la seguridad social de los componentes de dichas instituciones; y

Los miembros de las instituciones policiales de los municipios, entidades federativas, del Distrito Federal, así como de la Federación, podrán ser removidos de su cargo si no cumplen con los requisitos que las leyes vigentes en el momento de la remoción señalen para permanecer en dichas instituciones, sin que proceda su reinstalación o restitución, cualquiera que sea el juicio o medio de defensa para combatir la remoción y, en su caso, sólo procederá la indemnización. La remoción de los demás servidores públicos a que se refiere la presente fracción, se regirá por lo que dispongan los preceptos legales aplicables.

XIII bis.- Las entidades de la Administración Pública Federal que formen parte del sistema bancario mexicano regirán sus relaciones laborales con sus trabajadores por lo dispuesto en el presente apartado.

XIV.- La ley determinará los cargos que serán considerados de confianza. Las personas que los desempeñen disfrutarán de las medidas de protección al salario y gozarán de los beneficios de la seguridad social.

TÍTULO SÉPTIMO
Prevenciones Generales

ART. 124.- Las facultades que no están expresamente concedidas por esta Constitución a los funcionarios federales, se entienden reservadas a los Estados.

ART. 125.- Ningún individuo podrá desempeñar a la vez dos cargos federales de elección popular, ni uno de la Federación y otro de un Estado que sean también de elección; pero el nombrado puede elegir entre ambos el que quiera desempeñar.

ART. 126.- No podrá hacerse pago alguno que no esté comprendido en el Presupuesto o determinado por la ley posterior.

ART. 127.- El Presidente de la República, los Ministros de la Suprema Corte de Justicia de la Nación, los Diputados y Senadores al

Congreso de la Unión, los Representantes a la Asamblea del Distrito Federal y los demás servidores públicos recibirán una remuneración adecuada e inrrenunciable por el desempeño de su función, empleo, cargo o comisión, que será determinada anual y equitativamente en los Presupuestos de Egresos de la Federación y del Distrito Federal o en los presupuestos de las entidades paraestatales según corresponda.

ART. 128.- Todo funcionario público, sin excepción alguna, antes de tomar posesión de su encargo, prestará la protesta de guardar la Constitución y las leyes que de ella emanen.

ART. 129.- En tiempo de paz, ninguna autoridad militar puede ejercer más funciones que las que tengan exacta conexión con la disciplina militar. Solamente habrá Comandancias Militares fijas y permanentes en los castillos, fortalezas y almacenes que dependan inmediatamente del Gobierno de la Unión; o en los campamentos, cuarteles o depósitos que, fuera de las poblaciones, estableciere para la estación de las tropas.

ART. 130.- El principio histórico de la separación del Estado y las iglesias orienta las normas contenidas en el presente artículo. Las iglesias y demás agrupaciones religiosas se sujetarán a la ley.

Corresponde exclusivamente al Congreso de la Unión legislar en materia de culto público y de iglesias y agrupaciones religiosas. La ley reglamentaria respectiva, que será de orden público, desarrollará y concretará las disposiciones siguientes:

a) Las iglesias y las agrupaciones religiosas tendrán personalidad jurídica como asociaciones religiosas una vez que obtengan su correspondiente registro. La ley regulará dichas asociaciones y determinará las condiciones y requisitos para el registro constitutivo de las mismas.

b) Las autoridades no intervendrán en la vida interna de las asociaciones religiosas;

c) Los mexicanos podrán ejercer el ministerio de cualquier culto. Los mexicanos así como los extranjeros deberán, para ello, satisfacer los requisitos que señale le ley;

d) En los términos de la ley reglamentaria, los ministros de cultos no podrán desempeñar cargos públicos. Como ciudadanos tendrán derecho a votar, pero no a ser votados. Quienes hubieren dejado de ser ministros de cultos con la anticipación y en la forma que establezca la ley, podrán ser votados.

e) Los ministros no podrán asociarse con fines políticos ni realizar proselitismo a favor o en contra de candidato, partido o asociación política alguna. Tampoco podrán en reunión pública, en actos del culto o de propaganda religiosa, ni en publicaciones de carácter religioso, oponerse a las leyes del país o a sus instituciones, ni agraviar, de cualquier forma, los símbolos patrios.

Queda estrictamente prohibida la formación de toda clase de agrupaciones políticas cuyo título tenga alguna palabra o indicación cualquiera que la relacione con alguna confesión religiosa. No podrán celebrarse en los templos reuniones de carácter político.

La simple promesa de decir verdad y de cumplir las obligaciones que se contraen, sujeta al que la hace, en caso de que faltare a ella, a las penas que con tal motivo establece la ley.

Los ministros de cultos, sus ascendientes, descendientes, hermanos y cónyuges, así como las asociaciones religiosas a que aquellos pertenezcan, serán incapaces para heredar por testamento, de las personas a quienes los propios ministros hayan dirigido o auxiliado espiritualmente y no tengan parentesco dentro del cuarto grado.

Los actos del estado civil de las personas son de la exclusiva competencia de las autoridades administrativas en los términos que establezcan las leyes, y tendrán la fuerza y validez que las mismas les atribuyan.

Las autoridades federales, de los estados y de los municipios tendrán en esta materia las facultades y responsabilidades que determine la ley.

ART. 131.- Es facultad privativa de la Federación gravar las mercancías que se importen o exporten, o que pasen de tránsito por el territorio nacional, así como reglamentar en todo tiempo y aún prohibir, por motivos de seguridad o de policía, la circulación en el interior de la República de toda clase de efectos, cualquiera que sea su procedencia; pero sin que la misma Federación pueda establecer, ni dictar, en el Distrito Federal, los impuestos y leyes que expresan las fracciones VI y VII del artículo 117.

El Ejecutivo podrá ser facultado por el Congreso de la Unión para aumentar, disminuir o suprimir las cuotas de las tarifas de exportación e importación, expedidas por el propio Congreso, y para crear otras; así como para restringir y para prohibir las importaciones, las exportaciones y el tránsito de productos, artículos y efectos, cuando lo estime urgente, a fin de regular el comercio exterior, la economía del país, la estabilidad de la producción nacional, o de realizar cualquiera otro propósito, en beneficio del país. El propio Ejecutivo al enviar al Congreso el Presupuesto Fiscal de cada año, someterá a su aprobación el uso que hubiese hecho de la facultad concedida.

ART. 132.- Los fuertes, los cuarteles, almacenes de depósito y demás bienes inmuebles destinados por el Gobierno de la Unión al servicio público o al uso común, estarán sujetos a la jurisdicción de los Poderes

Federales en los términos que establezca la ley que expedirá el Congreso de la Unión; mas para que lo estén igualmente los que en lo sucesivo adquiera dentro del territorio de algún Estado, será necesario el consentimiento de la legislatura respectiva.

ART. 133.- Esta Constitución, las leyes del Congreso de la Unión que emanen de ella y todos los Tratados que estén de acuerdo con la misma, celebrados y que se celebren por el Presidente de la República, con aprobación del Senado, serán la Ley Suprema de toda la Unión. Los jueces de cada Estado se arreglarán a dicha Constitución, leyes y tratados, a pesar de las disposiciones en contrario que pueda haber en las Constituciones o leyes de los Estados.

ART. 134.- Los recursos económicos de que dispongan el Gobierno Federal y el Gobierno del Distrito Federal, así como sus respectivas administraciones públicas paraestatales, se administrarán con eficiencia, eficacia y honradez para satisfacer los objetivos a los que estén destinados.

Las adquisiciones, arrendamientos y enajenaciones de todo tipo de bienes, prestación de servicios de cualquier naturaleza y la contratación de obra que realicen, se adjudicarán o llevarán a cabo a través de licitaciones públicas mediante convocatoria pública para que libremente se presenten proposiciones solventes en sobre cerrado, que será abierto públicamente, a fin de asegurar al Estado las mejores condiciones disponibles en cuanto a precio, calidad, financiamiento, oportunidad y demás circunstancias pertinentes.

Cuando las licitaciones a que hace referencia el párrafo anterior no sean idóneas para asegurar dichas condiciones, las leyes establecerán las bases, procedimientos, reglas, requisitos y demás elementos para acreditar la economía, eficacia, eficiencia, imparcialidad y honradez que aseguren las mejores condiciones para el Estado.

El manejo de recursos económicos federales se sujetará a las bases de este artículo.

Los servidores públicos serán responsables del cumplimiento de estas bases en los términos del Título Cuarto de esta Constitución.

TÍTULO OCTAVO
De las Reformas de la Constitución

ART. 135.- La presente Constitución puede ser adicionada o reformada. Para que las adiciones o reformas lleguen a ser parte de la misma, se requiere que el Congreso de la Unión, por el voto de las dos terceras partes de los individuos presentes, acuerde las reformas o adiciones, y que éstas sean aprobadas por la mayoría de las legislaturas de los Estados.

El Congreso de la Unión o la Comisión Permanente en su caso, harán el cómputo de los votos de las Legislaturas y la declaración de haber sido aprobadas las adiciones o reformas.

TÍTULO NOVENO
De la Inviolabilidad de la Constitución

ART. 136.- Esta Constitución no perderá su fuerza y vigor, aun cuando por alguna rebelión se interrumpa su observancia. En caso de que por cualquier trastorno público, se establezca un gobierno contrario a los principios que ella sanciona, tan luego como el pueblo recobre su libertad, se restablecerá su observancia, y con arreglo a ella y a las leyes que en su virtud se hubieren expedido, serán juzgados, así los que hubieren figurado en el gobierno emanado de la rebelión, como los que hubieren cooperado a ésta.

TRANSITORIOS

Artículo Primero.- Esta Constitución se publicará desde luego y con la mayor solemnidad se protestará guardarla y hacerla guardar en toda la República; pero con excepción de las disposiciones relativas a las elecciones de los Supremos Poderes Federales y de los Estados, que desde luego entran en vigor, no comenzará a regir sino desde el día 1o. de Mayo de 1917, en cuya fecha deberá instalarse solemnemente el Congreso Constitucional y prestar la protesta de ley el ciudadano que resultare electo en las próximas elecciones para ejercer el cargo de Presidente de la República.

En las elecciones a que debe convocarse, conforme al artículo siguiente, no regirá la fracción V del artículo 82; ni será impedimento para ser diputado o senador, estar en servicio activo en el Ejército, siempre que no se tenga mando de fuerza en el distrito electoral respectivo; tampoco estarán impedidos para poder ser electos al próximo Congreso de la Unión, los Secretarios y Subsecretarios de Estado, siempre que éstos se separen definitivamente de sus puestos el día que se expida la convocatoria respectiva.

Artículo Segundo.- El Encargado del Poder Ejecutivo de la Nación, inmediatamente que se publique esta Constitución, convocará a elecciones de Poderes Federales, procurando que éstas se efectúen de tal manera que el Congreso quede constituido en tiempo oportuno, a fin de que hecho el cómputo de los votos emitidos en las elecciones presidenciales, pueda declararse quién es la persona designada como Presidente de la República, a efecto de que pueda cumplirse lo dispuesto en el artículo anterior.

Artículo Tercero.- El próximo período constitucional comenzará a contarse, para los Diputados y Senadores desde el primero de septiembre próximo pasado, y para el Presidente de la República, desde el 1o. de Diciembre de 1916.

Artículo Cuarto.- Los Senadores que en las próximas elecciones llevaren el número par, sólo durarán dos años en el ejercicio de su encargo, para que la Cámara de Senadores pueda renovarse en lo sucesivo, por mitad, cada dos años.

Artículo Quinto.- El Congreso de la Unión elegirá a los Magistrados de la Suprema Corte de Justicia de la Nación, en el mes de mayo próximo para que este alto Cuerpo quede solemnemente instalado el primero de Junio.

En estas elecciones no regirá el artículo 96 en lo relativo a las propuestas de candidatos por las Legislaturas locales; pero los nombrados lo serán sólo para el primer período de dos años que establece el artículo 94.

Artículo Sexto.- El Congreso de la Unión tendrá un período extraordinario de sesiones que comenzará el 15 de abril de 1917, para erigirse en Colegio Electoral, hacer el cómputo de votos y calificar las elecciones de Presidente de la República, haciendo la declaratoria respectiva; y además, para expedir la ley Orgánica de los Tribunales de Circuito y de Distrito, la ley Orgánica de los Tribunales del Distrito Federal y Territorios, a fin de que la Suprema Corte de Justicia de la Nación haga inmediatamente los nombramientos de Magistrados de Circuito y Jueces de Distrito, y el mismo Congreso de la Unión las elecciones de Magistrados, Jueces de primera Instancia del Distrito Federal y Territorios; expedirá también todas las leyes que consultare el Poder Ejecutivo de la Nación. Los Magistrados de Circuito y los Jueces de Distrito, y los Magistrados y Jueces del Distrito Federal y Territorios, deberán tomar posesión de su cargo antes del 1o. de Julio de 1917, cesando entonces los que hubieren sido nombrados por el actual Encargado del Poder Ejecutivo de la Nación.

Artículo Séptimo.- Por esta vez, el cómputo de los votos para Senadores se hará por la Junta Computadora del Primer Distrito Electoral de cada Estado o Distrito Federal, que se formará para la computación de los votos de diputados, expidiéndose por dicha junta a los senadores electos, las credenciales correspondientes.

Artículo Octavo.- La Suprema Corte de Justicia de la Nación, resolverá los amparos que estuvieren pendientes, sujetándose a las leyes actuales en vigor.

Artículo Noveno.- El C. Primer Jefe del Ejército Constitucionalista, Encargado del Poder Ejecutivo de la Unión, queda facultado para expedir la ley electoral, conforme a la cual deberán celebrarse, esta vez, las elecciones para integrar los Poderes de la Unión.

Artículo Décimo.- Los que hubieren figurado en el Gobierno emanado de la rebelión contra el legítimo de la República, o cooperado a aquélla, combatiendo después con las armas en la mano, o sirviendo empleos o cargos de las fracciones que han atacado al Gobierno Constitucionalista, serán juzgados por las leyes vigentes, siempre que no hubieren sido indultados por éste.

Artículo Undécimo.- Entre tanto el Congreso de la Unión y los de los Estados legislan sobre los problemas agrario y obrero, las bases establecidas por esta Constitución para dichas leyes, se pondrán en vigor en toda la República.

Artículo Duodécimo.- Los mexicanos que hayan militado en el Ejército Constitucionalista, los hijos y viudas de éstos, y las demás personas que hayan prestado servicios a la causa de la Revolución o a la Instrucción Pública, tendrán preferencia para la adquisición de fracciones a que se refiere el artículo 27 y derecho a los descuentos que las leyes señalarán.

Artículo Décimo Tercero.- Quedan extinguidas de pleno derecho las deudas que por razón de trabajo hayan contraído los trabajadores, hasta la fecha de esta Constitución, con los patronos, sus familiares o intermediarios.

Artículo Décimo Cuarto.- Queda suprimida la Secretaría de Justicia.

Artículo Décimo Quinto.- Se faculta al C. Encargado del Poder Ejecutivo de la Unión para que expida la ley de responsabilidad civil aplicable a los autores, cómplices y encubridores de los delitos cometidos contra el orden constitucional en el mes de febrero de 1913 y contra el Gobierno Constitucionalista.

Artículo Décimo Sexto.- El Congreso Constitucional en el período ordinario de sus sesiones, que comenzará el 1o. de septiembre de este año, expedirá todas las leyes orgánicas de la Constitución que no hubieren sido ya expedidas en el período extraordinario a que se refiere el artículo 6o. transitorio, y dará preferencia a las leyes relativas a Garantías Individuales, y artículos 30, 32, 33, 35, 36, 38, 107 y parte final del artículo 111 de esta Constitución.

Artículo Décimo Séptimo.- Los templos y demás bienes que, conforme a la fracción II del artículo 27 de la Constitución Política de los Estados Unidos Mexicanos que se reforma por este Decreto, son propiedad de la nación, mantendrán su actual situación jurídica.

Artículo Décimo Octavo.- (Se deroga).

Artículo Décimo Noveno.- (Se deroga).

Dada en el Salón de Sesiones del Congreso Constituyente en Querétaro, a treinta y uno de enero de mil novecientos diecisiete.- Presidente: Luis Manuel Rojas, Diputado por el Estado de Jalisco. - Primer Vice-Presidente: Gral. De División Cándido Aguilar, Diputado por el Estado de Veracruz.-Segundo Vicepre-Presidente: Gral. Brigadier Salvador González Torres, Diputado por el Estado de Oaxaca.-Diputado por el Estado de Aguascalientes: Daniel Cervantes.-Diputado por el Territorio de Baja California: Ignacio Roel.-Diputados por el Estado de Coahuila: M. Aguirre Berlanga, José Ma. Rodríguez, Jorge E. Von Versen, Manuel Cepeda Medrano, José Rodríguez González (Suplente). - Diputado por el Edo. de Colima: Francisco Ramírez Villareal. - Diputados por el Edo. de Chiapas: Enrique Suárez, Lisandro López, Daniel A.Cepeda, Cristóbal Ll. y Castillo, J. Amilcar Vidal.-Diputado por el Edo. De Chihuahua: Manuel M. Prieto. - Diputados por el Distrito Federal: Gral. Ignacio L. Pesqueira, Lauro López Guerra, Gerzayn Ugarte, Amador Lozano, Félix F. Palavicini, Carlos Duplán, Rafael L.de los Ríos, Arnulfo Silva, Antonio Norzagaray, Ciro B. Ceballos, Alfonso Herrera, Román Rosas y Reyes (Suplente), Lic. Francisco Espinosa (Suplente).-Diputados por el Edo. de Durango: Silvestre Dorador, Lic. Rafael Espeleta, Antonio Gutiérrez, Dr. Fernando Gómez Palacio, Alberto Terrones B., Jesús de la Torre.-Diputados por el Edo. de Guanajuato: Gral. Lic. Ramón Frausto, Ing. Vicente M.Valtierra, José N. Macías, David PeñaFlor, José Villaseñor, Santiago Manrrique, Lic. Hilario Medina, Manuel G. Aranda, Enrique Colunga, Ing. Ignacio López, Dr. Francisco Díaz Barriga, Nicolás Cano, Tte. Crnl. Gilberto N. Navarro, Luis Fernández Martínez, Luis M.Alcoser (Suplente), Ing. Carlos Ramírez Llaca.- Diputados por el Edo. de Guerrero: Fidel Jiménez, Fidel Guillén, Francisco Figueroa.- Diputado por el Edo. de Hidalgo: Antonio Guerrero, Leopoldo Ruiz, Lic. Alberto M. González, Rafael Vega Sánchez, Alfonso Cravioto, Matías Rodríguez, Ismael Pintado Sánchez, Lic. Refugio M. Mercado, Alfonso Mayorga.- Diputados por el Edo. de

Jalisco: Marcelino Dávalos, Federico E. Ibarra, Manuel Dávalos Ornelas, Francisco Martín del Campo, Bruno Moreno, Gaspar Bolaños B., Juan de Dios Robledo, Ramón Castañeda y Castañeda, Jorge Villaseñor, Gral. Amado Aguirre, José I. Solórzano, Francisco Labastida Izquierdo, Ignacio Ramos Praslow, José Manzano, Joaquín Aguirre Berlanga, Gral. Brigadier Esteban B.Calderón, Paulino Machorro y Narváez, Crnl. Sebastián Allende, Jr.- Diputados por el Edo. De México: Aldegundo Villaseñor, Fernando Moreno, Enrique O'Fárril, Guillermo

Ordorica, José J. Reynoso, Antonio Aguilar, Juan Manuel Giffard, Manuel A. Hernández, Enrique A. Enriquez, Donato Bravo Izquierdo, Rubén Martí.-Diputados por el Edo. de Michoacán: José P. Ruiz, Alberto Peralta, Cayetano Andrade, Uriel Avilés, Gabriel R. Cervera, Onécimo López Couto, Salvador Alcaraz Romero, Manuel Martínez Solórzano, Martín Castrejón, Lic.Alberto Alvarado, José Alvarez, Rafael Márquez, José Silva Herrera, Amadeo Betancourt, Francisco J. Múgica, Jesús Romero Flores.- Diputados por el Edo. de Morelos: Antonio Garza Zambrano, Alvaro L.Alcázar, José L. Gómez.-Diputados por el Edo. de Nuevo León: Manuel Amaya, Nicéforo Zambrano, Luis Ilizalturri, Crnl. Ramón Gámez, Reynaldo Garza, Plutarco González, Lorenzo Sepúlveda, (Suplente).- Diputados por el Edo. de Oaxaca: Juan Sánchez, Lopoldo Payán, Lic.Manuel Herrera, Lic. Porfirio Sosa, Lic. Selestino Pérez Jr., Crisóforo Rivera Cabrera, Crln. José F. Gámez, Mayor Luis Espinosa.- Diputados por el Edo. de Puebla: Dr. Salvador R. Guzmán, Lic. Rafael B. Cañete, Miguel Rosales, Gabriel Rojana, Lic. David Pastrana Jaimes, Floylán C. Manjarrez, Tte. Crnl. Atonio de la Barrera, Mayor José Rivera, Crln. Epigmenio A. Martínez, Pastor Rouaix, Crnl. de Ings. Luis T. Navarro, Tte. Crln. Federico Dinorín, Gral. Gabino Bandera Mata, Crnl. Porfirio del Castillo, Crnl. Dr. Gilberto de la Fuente, Alfonso Cabrera, José Verástegui.-Diputados por el Edo. de Querétaro: Juan N.Frías, Ernesto Perrusquía.-Diputados por el Edo. de San Luis Potosi: Samuel M. Santos, Dr. Arturo Méndez, Rafael Martínez Mendoza, Rafael Nieto, Dionisio Zavala, Gregorio A. Tello, Rafael Curiel, Cosme Dávila (Suplente).- Diputados por el Edo. de Sinaloa: Pedro R. Zavala, Andrés Magallón, Carlos M. Ezquerro, Cándido Avilés Emiliano C.García.-Diputados por el Edo. de Sonora: Luis G. Monzón, Ramón Ross.- Diputados por el Edo. de Tabasco: Lic. Rafael Martínez de Escobar, Santiago Ocampo, Carmen Sánchez Magallanes.- Diputados por el Edo. de Tamaulipas: Crnl. Pedro A. Chapa, Ceferino Fajardo, Fortunato de la Híjar, Emiliano Próspero Nafarrate.- Diputados por el Territorio de Tepic: Tte. Crnl. Cristóbal Limón, Mayor Marcelino Sedano, Juan Espinosa Bávara.- Diputados por el Edo. de Tlaxcala: Antonio Hidalgo, Ascención Tépal, Modesto González y Galindo. - Diputados por el Edo. de Veracruz: Saúl Rodiles, Enrique Meza, Benito Ramírez G., Eliseo L.Céspedes, Adolfo G. García, Josafat F. Márquez, Alfredo Solares, Alberto Román, Silvestre Aguilar, Angel S. Juarico, Heriberto Jara, Victorio N. Góngora, Carlos L. Gracidas (Suplente), Marcelo Torres, Juan de Dios Palma, Galindo H. Casados, Fernando A. Pereyra.- Diputados por el Edo. de Yucatán: Enrique Recio, Miguel Alonso Romero, Héctor Victoria A.- Diputados por Edo. De Zacatecas: Adolfo Villaseñor, Julián Adame, Jairo R. Dyer, Samuel Castañón, Andrés L. Arteaga, Antonio Cervantes, Crnl. Juan Aguirre Escobar.- Secretario: Fernando Lizardi, Diputado por el Edo. de Guanajuato.- Secretario: Ernesto Meade Fierro, Diputado por el Edo. de Coahuila.- Secretario: José M.Truchuelo, Diputado por el Edo. de Querétaro.- Secretario: Antonio Ancona Albertos, Diputado por el Edo. de Yucatán.- Prosecretario: Dr. Jesús López Lira, Diputado por el Edo. de Guanajuato.- Prosecretario: Fernando Castaños, Diputado por el Edo. de Durango.- Prosecretario: Juan de Dios Bojórquez, Diputado por el Edo. de Sonora.-Prosecretario: Flavio A. Bórquez, Diputado por el Edo. de Sonora. Por tanto, mando se imprima, circule y publique por bando solemne y pregón en toda la República para su debido cumplimiento.

Dado en el Palacio Nacional de la Ciudad de Querétaro, el 5 de Febrero de 1917. - V. CARRANZA.- Rúbrica. Al C. Lic. Manuel Aguirre Berlanga, Subsecretario Encargado del Despacho de Gobernación.- México. Lo que hónrome en comunicar a usted para su publicación y demás efectos. Constitución y Reformas.- México, cinco de febrero de mil novecientos diez y siete.- AGUIRRE BERLANGA.

REFORMAS PUBLICADAS EN EL D. O. F. EL 20 DE MARZO DE 1997.
REFORMAS PUBLICADAS EN EL D. O. F. EL 11 DE JUNIO DE 1999.
REFORMAS PUBLICADAS EN EL D. O. F. EL 28 DE JUNIO DE 1999.
REFORMAS PUBLICADAS EN EL D. O. F. EL 29 DE JULIO DE 1999.
REFORMAS PUBLICADAS EN EL D. O. F. EL 30 DE JULIO DE 1999.
REFORMAS PUBLICADAS EN EL D. O. F. EL 13 DE SEPTIEMBRE DE 1999.

REFORMAS PUBLICADAS EN EL D. O. F. EL 23 DE SEPTIEMBRE DE 1999.
REFORMAS PUBLICADAS EN EL D. O. F. EL 7 DE ABRIL DE 2000.
REFORMAS PUBLICADAS EN EL D. O. F. EL 21 DE SEPTIEMBRE DE 2000.
REFORMAS PUBLICADAS EN EL D. O. F. EL 14 DE AGOSTO DE 2001.
REFORMAS PUBLICADAS EN EL D. O. F. EL 14 DE JUNIO DE 2002.

TRANSITORIOS 12 de Noviembre del 2002

Artículo Primero.- El presente Decreto entrará en vigor al día siguiente de su publicación en el Diario Oficial de la Federación.

Artículo Segundo,. La autoridad educativa federal deberá, a la entrada en vigor del presente Decreto, instalar comisiones técnicas y de consulta con las demás autoridades educativas del país que resulten pertinentes, para iniciar un proceso tendiente a la unificación estructural, curricular y laboral de los tres niveles constitucionales obligatorios, en un solo nivel de educación básica integrada.

Artículo Tercero.- La autoridad educativa federal deberá, a la entrada en vigor del presente Decreto, instalar comisiones técnicas y de consulta con las demás autoridades educativas del país que resulten pertinentes, para iniciar un proceso tendiente a la revisión de los planes, programas y materiales de estudio, para establecer, en el ejercicio de sus funciones constitucionales, los nuevos programas de estudio de la educación preescolar obligatoria para todo el país, así como preparar al personal docente y directivo de este nivel, de acuerdo a la nueva realidad educativa que surge de este Decreto.

Artículo Cuarto.- Con el objetivo de impulsar la equidad en la calidad de los servicios de educación preescolar en el país, la autoridad educativa deberá prever lo necesario para dar cumplimiento a lo que dispone el artículo 2o. de la Ley Reglamentaria del artículo 5o. constitucional en materia de profesiones, en el sentido de que la impartición de la educación preescolar es una profesión que necesita título para su ejercicio, sin perjuicio de los derechos adquiridos de quienes a la fecha imparten este nivel educativo.

Artículo Quinto.- La educación preescolar será obligatoria para todos en los siguientes plazos: en el tercer año de preescolar a partir del ciclo 2004-2005; el segundo año de preescolar, a partir del ciclo 2005-2006; el primer año de preescolar, a partir del ciclo 2008-2009. En los plazos señalados, el Estado mexicano habrá de universalizar en todo el país, con calidad, la oferta de este servicio educativo.

Artículo Sexto.- Los presupuestos federal, estatales, del Distrito Federal y municipales incluirán los recursos necesarios para: la construcción, ampliación y equipamiento de la infraestructura suficiente para la cobertura progresiva de los servicios de educación preescolar; con sus correspondientes programas de formación profesional del personal docente así como de dotación de materiales de estudio gratuito para maestros y alumnos. Para las comunidades rurales alejadas de los centros urbanos y las zonas donde no haya sido posible establecer infraestructura para la prestación del servicio de educación preescolar, las autoridades educativas federales en coordinación con las locales, establecerán los programas especiales que se requieran y tomarán las decisiones pertinentes para asegurar el acceso de los educandos a los servicios de educación primaria.

Artículo Séptimo.- Los gobiernos estatales y del Distrito Federal celebrarán con el gobierno federal convenios de colaboración que les permitan cumplir con la obligatoriedad de la educación preescolar en los términos establecidos en los artículos anteriores.

Artículo Octavo.- Al entrar en vigor el presente Decreto, deberán impulsarse las reformas y adiciones a la Ley General de Educación y demás disposiciones legales aplicables en la materia.

SALON DE SESIONES DE LA COMISION PERMANENTE DEL HONORABLE CONGRESO DE LA UNION.- México, D.F., a 15 de mayo de 2002.- Sen. Diego Fernández de Cevallos Ramos, Presidente.- Dip. Manuel Añorve Baños, Secretario.- Rúbricas".

En cumplimiento de lo dispuesto por la fracción I del Artículo 89 de la Constitución Política de los Estados Unidos Mexicanos, y para su debida publicación y observancia, expido el presente Decreto en la Residencia del Poder Ejecutivo Federal, en la Ciudad de México, Distrito Federal, a los ocho días del mes de noviembre de dos mil dos.- Vicente Fox Quesada.- Rúbrica.- El Secretario de Gobernación, Santiago Creel Miranda.- Rúbrica.

TRANSITORIOS DEL 29 DE OCTUBRE DE 2003

QUE reforma el párrafo primero del artículo 63 y la fracción IV del artículo 77, de la **Constitución Política de los Estados Unidos Mexicanos publicado en el D. O. F. el 29 de Octubre de 2003.**

ÚNICO.- Este decreto entrará en vigor al día siguiente de su publicación en el Diario Oficial de la Federación.

SALÓN DE SESIONES DE LA COMISIÓN PERMANENTE DEL HONORABLE CONGRESO DE LA UNIÓN.- México, D.F., a 13 de agosto de 2003.- Sen. Fidel Herrera Beltrán, Vicepresidente en funciones de Presidente.- Dip. Enrique Martínez Orta Flores, Secretario.- Rúbricas."

En cumplimiento de lo dispuesto por la fracción I del Artículo 89 de la Constitución Política de los Estados Unidos Mexicanos, y para su debida publicación y observancia, expido el presente Decreto en la Residencia del Poder Ejecutivo Federal, en la Ciudad de México, Distrito Federal, a los veinticuatro días del mes de octubre de dos mil tres.- Vicente Fox Quesada.- Rúbrica.- El Secretario de Gobernación, Santiago Creel Miranda.- Rúbrica.

ARTÍCULOS TRANSITORIO DEL DECRETO

Que adiciona una fracción XXIX-M al artículo 73 y se reforma la fracción VI del artículo 89 de la Constitución Política de los Estados Unidos Mexicanos, publicado en el D. O. F. el **5 de abril de 2004.**

ÚNICO.- El presente Decreto entrará en vigor al día siguiente al de su publicación en el Diario Oficial de la Federación.

México, D.F., a 18 de marzo de 2004.- Sen. Enrique Jackson Ramírez, Presidente.- Dip. Juan de Dios . Castro Lozano, Presidente.- Sen. Sara I. Castellanos Cortés, Secretario.- Dip. Marcos Morales Torres, Secretario.- Rúbricas."

En cumplimiento de lo dispuesto por la fracción I del Artículo 89 de la Constitución Política de los Estados Unidos Mexicanos y para su debida publicación y observancia, expido el presente Decreto en la Residencia del Poder Ejecutivo Federal, en la Ciudad de México, Distrito Federal, a los cinco días del mes de abril de dos mil cuatro.- Vicente Fox Quesada.- Rúbrica.- El Secretario de Gobernación, Santiago Creel Miranda.- Rúbrica.

TRANSITORIO

Que reforma el artículo segundo transitorio del decreto de reformas a los artículos 30, 32 y 37 de la Constitución Política de los Estados Unidos Mexicanos, publicado en el diario oficial de la federación el veinte de marzo de 1997, publicado el **22 de julio de 2004.**

ÚNICO.- El presente Decreto entrará en vigor al día siguiente de su publicación en el **Diario Oficial de la Federación.**

México, D.F., a 2 de junio de 2004.- Sen. **Enrique Jackson Ramírez**, Presidente.- Dip. **Jorge Uscanga Escobar**, Secretario.- Rúbricas."

En cumplimiento de lo dispuesto por la fracción I del Artículo 89 de la Constitución Política de los Estados Unidos Mexicanos, y para su debida publicación y observancia, expido el presente Decreto en la Residencia del Poder Ejecutivo Federal, en la Ciudad de México, Distrito Federal, a los veinte días del mes de julio de dos mil cuatro.- **Vicente Fox Quesada**.- Rúbrica.- El Secretario de Gobernación, **Santiago Creel Miranda**.- Rúbrica.

TRANSITORIO

Que reforma la fracción IV del Artículo 74 de la Constitución Política de los Estados Unidos Mexicanos, publicado el **30 de julio de 2004.**

ÚNICO. El presente Decreto entrará en vigor al día siguiente al de su publicación en el **Diario Oficial de la Federación.**

México, D.F., a 7 de julio de 2004.- Sen. **Enrique Jackson Ramírez**, Presidente.- Dip. **Cruz López Aguilar**, Secretario.- Rúbricas."

En cumplimiento de lo dispuesto por la fracción I del Artículo 89 de la Constitución Política de los Estados Unidos Mexicanos, y para su debida publicación y observancia, expido el presente Decreto en la Residencia del Poder Ejecutivo Federal, en la Ciudad de México, Distrito Federal, a los veintiocho días del mes de julio de dos mil cuatro.- **Vicente Fox Quesada**.- Rúbrica.- El Secretario de Gobernación, **Santiago Creel Miranda**.- Rúbrica.

TRANSITORIOS

Que reforma el primer párrafo del artículo 65 de la Constitución Política de los Estados Unidos Mexicanos, publicado el **2 de agosto de 2004.**

PRIMERO.- El presente decreto entrará en vigor al día siguiente de su publicación en el **Diario Oficial de la Federación.**

SEGUNDO.- Al entrar en vigor el presente decreto, deberán impulsarse las reformas y adiciones a la Ley Orgánica del Congreso General de los Estados Unidos Mexicanos y demás disposiciones legales aplicables en la materia.

México, D.F., a 30 de junio de 2004.- Sen. **Enrique Jackson Ramírez**, Presidente.- Dip. **Jorge Uscanga Escobar**, Secretario.- Rúbricas".

En cumplimiento de lo dispuesto por la fracción I del Artículo 89 de la Constitución Política de los Estados Unidos Mexicanos, y para su debida publicación y observancia, expido el presente Decreto en la Residencia del Poder Ejecutivo Federal, en la Ciudad de México, Distrito Federal, a los veintiocho días del mes de julio de dos mil cuatro.- **Vicente Fox Quesada**.- Rúbrica.- El Secretario de Gobernación, **Santiago Creel Miranda**.- Rúbrica.

TRANSITORIO

Que adiciona la fracción XXIX-L al artículo 73 de la Constitución Política de los Estados Unidos Mexicanos, publicado en el D. O. F. el **27 de septiembre de 2004.**

UNICO. El presente decreto entrará en vigor al día siguiente al de su publicación en el **Diario Oficial de la Federación.**

México, D.F., a 28 de julio de 2004.- Sen. **Enrique Jackson Ramírez**, Presidente.- Dip. **Cruz López Aguilar**, Secretario.- Rúbricas."

En cumplimiento de lo dispuesto por la fracción I del Artículo 89 de la Constitución Política de los Estados Unidos Mexicanos, y para su debida publicación y observancia, expido el presente Decreto en la Residencia del

Poder Ejecutivo Federal, en la Ciudad de México, Distrito Federal, a los veintidós días del mes de septiembre de dos mil cuatro.- **Vicente Fox Quesada**.- Rúbrica.- El Secretario de Gobernación, **Santiago Creel Miranda**.- Rúbrica.

TRANSITORIO DEL 20 DE JUNIO DE 2005

Que adiciona un párrafo quinto al artículo 21 recorriéndose en su orden los actuales quinto y sexto, que pasan a ser sexto y séptimo de la Constitución Política de los Estados Unidos Mexicanos.

ÚNICO.- El presente Decreto entrará en vigor al día siguiente de su publicación en el Diario Oficial de la Federación.

México, D. F., a 4 de mayo de 2005.- Sen. Diego Fernández de Cevallos Ramos, Presidente.- Dip. María Guadalupe Suárez Ponce, Secretaria.- Rúbricas."

En cumplimiento de lo dispuesto por la fracción I del Artículo 89 de la Constitución Política de los Estados Unidos Mexicanos, y para su debida publicación y observancia, expido el presente Decreto en la Residencia del Poder Ejecutivo Federal, en la Ciudad de México, Distrito Federal, a los diecisiete días del mes de junio de dos mil cinco.- Vicente Fox Quesada.- Rúbrica.- El Secretario de Gobernación, Carlos María Abascal Carranza.- Rúbrica.

TRANSITORIO DEL 28 DE NOVIEMBRE DE 2005

Que adiciona un párrafo tercero a la fracción XXI, del Artículo 73 de la Constitución Política de los Estados Unidos Mexicanos.

UNICO.- El presente Decreto entrará en vigor al día siguiente de su publicación en el Diario Oficial de la Federación.

México, D.F., a 8 de noviembre de 2005.- Dip. Heliodoro Díaz Escárraga, Presidente.- Sen. Enrique Jackson Ramírez, Presidente.- Dip. Patricia Garduño Morales, Secretaria.- Sen. Yolanda E. González Hernández, Secretaria.- Rúbricas."

En cumplimiento de lo dispuesto por la fracción I del Artículo 89 de la Constitución Política de los Estados Unidos Mexicanos, y para su debida publicación y observancia, expido el presente Decreto en la Residencia del Poder Ejecutivo Federal, en la Ciudad de México, Distrito Federal, a los veintiún días del mes de noviembre de dos mil cinco.- Vicente Fox Quesada.- Rúbrica.- El Secretario de Gobernación, Carlos María Abascal Carranza.- Rúbrica.

TRANSITORIOS DEL 8 DE DICIEMBRE DE 2005

Se reforma el único párrafo y se adicionan un segundo y tercer párrafos al artículo 46, Se deroga la fracción IV del artículo 73, Se adicionan las fracciones X y XI, pasando la actual fracción X a ser fracción XII del artículo 76, Se reforma la fracción I del artículo 105 de la Constitución Política Mexicana,

PRIMERO.- La reforma entrará en vigor al día siguiente al de su publicación en el Diario Oficial de la Federación.

SEGUNDO.- La Cámara de Senadores establecerá dentro del periodo ordinario de sesiones inmediato siguiente a la entrada en vigor del presente decreto, la Comisión de Límites de las Entidades Federativas, la cual se integrará y funcionará en los términos de la ley reglamentaria que al efecto se expida, así como por las disposiciones que para el caso dispongan la Ley Orgánica del Congreso General de los Estados Unidos Mexicanos y el Reglamento para su Gobierno Interior.

TERCERO.- Las controversias que a la entrada en vigor de este decreto se encuentren en trámite ante la Suprema Corte de Justicia de la Nación con motivo de conflictos limítrofes entre entidades federativas, serán remitidas de inmediato, con todos sus antecedentes, a la Cámara de Senadores, a fin de que ésta en términos de sus atribuciones constitucionales proceda a establecerlos de manera definitiva mediante decreto legislativo.

México, D.F., a 3 de noviembre de 2005.- Sen. **Enrique Jackson Ramírez**, Presidente.- Dip. **Heliodoro Díaz Escárraga**, Presidente.- Sen. **Yolanda E. González Hernández**, Secretaria.- Dip. **Patricia Garduño Morales**, Secretaria.- Rúbricas."

En cumplimiento de lo dispuesto por la fracción I del Artículo 89 de la Constitución Política de los Estados Unidos Mexicanos, y para su debida publicación y observancia, expido el presente Decreto en la Residencia del Poder Ejecutivo Federal, en la Ciudad de México, Distrito Federal, a los primer día del mes de diciembre de dos mil cinco.- **Vicente Fox Quesada.**- Rúbrica.- El Secretario de Gobernación, **Carlos María Abascal Carranza.**- Rúbrica.

TRANSITORIO DEL 9 DE DICIEMBRE DE 2005

Que reforman los Artículos 14, segundo párrafo y 22 primer párrafo, y se deroga el cuarto párrafo del Artículo 22 de la Constitución Política de los Estados Unidos Mexicanos

ÚNICO.- El presente Decreto entrará en vigor al día siguiente de su publicación en el Diario Oficial de la Federación.

México, D.F., a 8 de noviembre de 2005.- Dip. **Heliodoro Díaz Escárraga**, Presidente.- Sen. **Enrique Jackson Ramírez**, Presidente.- Dip. **Marcos Morales Torres**, Secretario.- Sen. **Yolanda E. González Hernández**, Secretaria.- Rúbricas."

En cumplimiento de lo dispuesto por la fracción I del Artículo 89 de la Constitución Política de los Estados Unidos Mexicanos, y para su debida publicación y observancia, expido el presente Decreto en la Residencia del Poder Ejecutivo Federal, en la Ciudad de México, Distrito Federal, a los primer día del mes de diciembre de dos mil cinco.- **Vicente Fox Quesada.**- Rúbrica.- El Secretario de Gobernación, **Carlos María Abascal Carranza.**- Rúbrica.

TRANSITORIOS DEL 12 DE DICIEMBRE DE 2005

Que reforma el párrafo cuarto y se adicionan los párrafos quinto y sexto, y se recorre en su orden los últimos dos párrafos del Artículo 18 de la Constitución Política de los Estados Unidos Mexicanos.

PRIMERO. El presente Decreto entrará en vigor a los tres meses siguientes de su publicación en el Diario Oficial de la Federación.

SEGUNDO. Los Estados de la Federación y el Distrito Federal contarán con seis meses a partir de la entrada en vigor del Decreto, para crear las leyes, instituciones y órganos que se requieran para la aplicación del presente Decreto.

México, D.F., a 8 de noviembre de 2005.- Dip. **Heliodoro Díaz Escárraga**, Presidente.- Sen. **Enrique Jackson Ramírez**, Presidente.- Dip. **Ma. Sara Rocha Medina**, Secretaria.- Sen. **Yolanda E. González Hernández**, Secretaria.- Rúbricas."

En cumplimiento de lo dispuesto por la fracción I del Artículo 89 de la Constitución Política de los Estados Unidos Mexicanos, y para su debida publicación y observancia, expido el presente Decreto en la Residencia del Poder Ejecutivo Federal, en la Ciudad de México, Distrito Federal, a los primer día del mes de diciembre de dos mil cinco.- **Vicente**

Fox Quesada.- Rúbrica.- El Secretario de Gobernación, **Carlos María Abascal Carranza.**- Rúbrica.

TRANSITORIOS DEL 7 DE ABRIL DE 2006

Que reforma el Artículo 26 y la fracción XXIX-D del Artículo 73 de la Constitución Política de los Estados Unidos Mexicanos.

Primero.- El Presente Decreto entrará en vigor al día siguiente de su publicación en el Diario Oficial de la Federación.

Segundo.- En tanto se expide la Ley general a que se refiere el apartado B del Artículo 26 de esta Constitución, continuará en vigor la Ley de Información Estadística y Geográfica, y demás disposiciones legales y administrativas aplicables. Asimismo, subsistirán los nombramientos, poderes, mandatos, comisiones y, en general, las delegaciones y facultades concedidas, a los servidores públicos del Instituto Nacional de Estadística, Geografía e Informática.

Tercero.- A la entrada en vigor de la Ley a que se refiere el apartado B del Artículo 26 de esta Constitución, los recursos financieros y materiales, así como los trabajadores adscritos al Instituto Nacional de Estadística, Geografía e Informática, órgano desconcentrado de la Secretaría de Hacienda y Crédito Público, se transferirán al organismo creado en los términos del presente Decreto. Los trabajadores que pasen a formar parte del nuevo organismo se seguirán rigiendo por el apartado B del Artículo 123 de esta Constitución y de ninguna forma resultarán afectados en sus derechos laborales y de seguridad social.

Cuarto.- Conforme a las disposiciones aplicables, el régimen presupuestario del organismo creado en los términos del presente Decreto, deberá garantizar la libre administración, la no-transferencia y la suficiencia de recursos públicos. Lo anterior, a efecto de que el organismo esté en condiciones de dar cumplimiento a los planes y programas que formule en observancia de la Ley a que se refiere el apartado B del Artículo 26 de esta Constitución.

Quinto.- Los asuntos que se encuentren en trámite o pendientes de resolución a la entrada en vigor de este Decreto, se seguirán substanciando ante el Instituto Nacional de Estadística, Geografía e Informática, y posteriormente ante el organismo creado en los términos del presente Decreto.

Sexto.- Dentro de los 180 días naturales, posteriores a la entrada en vigor del presente Decreto, el Congreso de la Unión deberá emitir la Ley a la que se refiere el apartado B del Artículo 26 de esta Constitución.

Séptimo.- Se derogan todas aquellas disposiciones que se opongan al presente Decreto.

México, D.F., a 16 de marzo de 2006.- Sen. **Enrique Jackson Ramírez**, Presidente.- Dip. **Marcela González Salas P.**, Presidenta.- Sen. **Saúl López Sollano**, Secretario.- Dip. **Patricia Garduño Morales**, Secretaria.- Rúbricas."

En cumplimiento de lo dispuesto por la fracción I del Artículo 89 de la Constitución Política de los Estados Unidos Mexicanos, y para su debida publicación y observancia, expido el presente Decreto en la Residencia del Poder Ejecutivo Federal, en la Ciudad de México, Distrito Federal, a los cinco días del mes de abril del año dos mil seis.- **Vicente Fox Quesada.**- Rúbrica.- El Secretario de Gobernación, **Carlos María Abascal Carranza.**- Rúbrica.

TRANSITORIO DEL 14 DE SEPTIEMBRE DE 2006.

Que adiciona el inciso g) a la fracción II del artículo 105 de la Constitución Política de los Estados Unidos Mexicanos

UNICO.- El presente Decreto iniciará su vigencia al día siguiente al de su publicación en el Diario Oficial de la Federación.

México, D.F., a 23 de agosto de 2006.- Sen. **Enrique Jackson Ramírez**, Presidente.- Dip. **Diva Hadamira Gastelum Bajo**, Secretaria.- Rúbricas."

En cumplimiento de lo dispuesto por la fracción I del Artículo 89 de la Constitución Política de los Estados Unidos Mexicanos, y para su debida publicación y observancia, expido el presente Decreto en la Residencia del Poder Ejecutivo Federal, en la Ciudad de México, Distrito Federal, a los once días del mes de septiembre de dos mil seis.- **Vicente Fox Quesada**.- Rúbrica.- El Secretario de Gobernación, **Carlos María Abascal Carranza**.- Rúbrica.

TRANSITORIOS DEL 4 DE DICIEMBRE DE 2006

QUE reforma el artículo 73, fracción XXIX-H de la Constitución Política de los Estados Unidos Mexicanos.

Artículo Primero.- El presente Decreto entrará en vigor al día siguiente de su publicación en el Diario Oficial de la Federación.

Artículo Segundo.- En tanto no se modifique la legislación que regula la materia de responsabilidades administrativas de los servidores públicos federales, ésta continuará rigiéndose por las disposiciones legales vigentes al momento de su aplicación.

México, D.F., a 21 de noviembre de 2006.- Dip. **Jorge Zermeño Infante**, Presidente.- Sen. **Manlio Fabio Beltrones Rivera**, Presidente.- Dip. **Lilia Gpe. Merodio Reza**, Secretaria.- Sen. **Ludivina Menchaca Castellanos**, Secretaria.- Rúbricas."

En cumplimiento de lo dispuesto por la fracción I del Artículo 89 de la Constitución Política de los Estados Unidos Mexicanos, y para su debida publicación y observancia, expido el presente Decreto en la Residencia del Poder Ejecutivo Federal, en la Ciudad de México, Distrito Federal, a los treinta días del mes de noviembre de dos mil seis.- **Vicente Fox Quesada**.- Rúbrica.- El Secretario de Gobernación, **Carlos María Abascal Carranza**.- Rúbrica.

TRANSITORIO DEL 4 DE DICIEMBRE 2006

Que reforma el Artículo 1o., Párrafo Tercero de la Constitución Política de los Estados Unidos Mexicanos.

ÚNICO.- La presente reforma entrará en vigor al día siguiente de su publicación en el Diario Oficial de la Federación.

México, D.F., a 21 de noviembre de 2006.- Dip. **Jorge Zermeño Infante**, Presidente.- Sen. **Manlio Fabio Beltrones Rivera**, Presidente.- Dip. **Ma. Mercedez Maciel Ortiz**, Secretaria.- Sen. **Ludivina Menchaca Castellanos**, Secretaria.- Rúbricas."

En cumplimiento de lo dispuesto por la fracción I del Artículo 89 de la Constitución Política de los Estados Unidos Mexicanos, y para su debida publicación y observancia, expido el presente Decreto en la Residencia del Poder Ejecutivo Federal, en la Ciudad de México, Distrito Federal, a los treinta días del mes de noviembre de dos mil seis.- **Vicente Fox Quesada**.- Rúbrica.- El Secretario de Gobernación, **Carlos María Abascal Carranza**.- Rúbrica.

TRANSITORIO DEL 12 DE FEBRERO DE 2007.

Que reforma el artículo 76 fracción I; y el artículo 89 fracción X de la Constitución

Política de los Estados Unidos Mexicanos.

Único.- El presente Decreto entrará en vigor al día siguiente de su publicación en el Diario Oficial de la Federación. México, D.F., a 17 de enero de 2007.- Dip. **Jorge Zermeño Infante**, Presidente.- Dip. **Miguel Angel Peña Sanchez**, Secretario.- Sen. **Ricardo Fidel Pacheco Rodriguez**, Secretario.- Rúbricas."

En cumplimiento de lo dispuesto por la fracción I del Artículo 89 de la Constitución Política de los Estados Unidos Mexicanos, y para su debida publicación y observancia, expido el presente Decreto en la Residencia del Poder Ejecutivo Federal, en la Ciudad de México, Distrito Federal, a los ocho días del mes de febrero de dos mil siete.- **Felipe de Jesús Calderón Hinojosa**.- Rúbrica.- El Secretario de Gobernación, **Francisco Javier Ramírez Acuña**.- Rúbrica.

TRANSITORIO DEL 19 DE JUNIO DE 2007

Que reforma la fracción V del artículo 55 de la Constitución Política de los Estados Unidos Mexicanos.

ÚNICO.- El presente Decreto entrará en vigor a partir del día siguiente al de su publicación en el Diario Oficial de la Federación.

México, D.F., a 9 de mayo de 2007.- Sen. **Manlio Fabio Beltrones Rivera**, Presidente.- Dip. **Carlos Ernesto Navarro López**, Secretario.- Rúbricas."

En cumplimiento de lo dispuesto por la fracción I del Artículo 89 de la Constitución Política de los Estados Unidos Mexicanos, y para su debida publicación y observancia, expido el presente Decreto en la Residencia del Poder Ejecutivo Federal, en la Ciudad de México, Distrito Federal, a los doce días del mes de junio de dos mil siete.- **Felipe de Jesús Calderón Hinojosa**.- Rúbrica.- El Secretario de Gobernación, **Francisco Javier Ramírez Acuña**.- Rúbrica.

TRANSITORIO DEL 19 DE JUNIO DE 2007

Que reforma la fracción VI, del Artículo 82 de la Constitución Política de los Estados Unidos Mexicanos.

ÚNICO. El presente Decreto entrará en vigor el día siguiente al de su publicación en el Diario Oficial de la Federación.

México, D.F., a 9 de mayo de 2007.- Sen. **Manlio Fabio Beltrones Rivera**, Presidente.- Dip. **Carlos Ernesto Navarro López**, Secretario.- Rúbricas."

En cumplimiento de lo dispuesto por la fracción I del Artículo 89 de la Constitución Política de los Estados Unidos Mexicanos, y para su debida publicación y observancia, expido el presente Decreto en la Residencia del Poder Ejecutivo Federal, en la Ciudad de México, Distrito Federal, a los doce días del mes de junio de dos mil siete.- **Felipe de Jesús Calderón Hinojosa**.- Rúbrica.- El Secretario de Gobernación, **Francisco Javier Ramírez Acuña**.- Rúbrica.

TRANSITORIOS DEL 20 DE JULIO DE 2007

Que adiciona un segundo párrafo con siete fracciones al Artículo 6o. de la Constitución Política de los Estados Unidos Mexicanos.

Primero.- El presente Decreto entrará en vigor al día siguiente al de su publicación en el Diario Oficial de la Federaciór

Segundo.- La Federación, los Estados y el Distrito Federal, en sus respectivos ámbitos de competencia, deberán expedir las leyes en materia de acceso a la información pública y transparencia, o en su caso, realizar las modificaciones necesarias, a más tardar un año después de la entrada en vigor de este Decreto.

Tercero.- La Federación, los Estados y el Distrito Federal deberán contar con sistemas electrónicos para que cualquier persona pueda hacer uso remoto de los mecanismos de acceso a la información y de los procedimientos de revisión a los que se refiere este Decreto, a más tardar en dos años a partir de la entrada en vigor del mismo. Las leyes locales establecerán lo necesario para que los municipios con población superior a setenta mil habitantes y las demarcaciones territoriales del Distrito Federal cuenten en el mismo plazo con los sistemas electrónicos respectivos.

México, D.F., a 13 de junio de 2007.- Sen. **Manlio Fabio Beltrones Rivera**, Presidente.- Sen. **Javier Orozco Gómez**, Secretario.- Rúbricas."

En cumplimiento de lo dispuesto por la fracción I del Artículo 89 de la Constitución Política de los Estados Unidos Mexicanos, y para su debida publicación y observancia, expido el presente Decreto en la Residencia del Poder Ejecutivo Federal, en la Ciudad de México, Distrito Federal, a los dieciocho días del mes de julio de dos mil siete.- **Felipe de Jesús Calderón Hinojosa**.- Rúbrica.- El Secretario de Gobernación, **Francisco Javier Ramírez Acuña**.- Rúbrica.

TRANSITORIOS DEL 20 DE JULIO DE 2007.

Que reforma la fracción X del artículo 73 de la Constitución Política de los Estados Unidos Mexicanos.

PRIMERO. El presente Decreto entrará en vigor al día siguiente al de su publicación en el Diario Oficial de la Federación.

SEGUNDO. Se derogan todas las disposiciones legales en lo que se opongan al contenido del presente Decreto. Lo anterior será sin perjuicio de las disposiciones normativas que para tal efecto expidan las entidades federativas como complemento para la prevención de accidentes, la seguridad pública y la protección civil, siempre y cuando se sujeten a lo que establezca la ley de la materia.

México, D.F., a 9 de mayo de 2007.- Sen. **Manlio Fabio Beltrones Rivera**, Presidente.- Dip. **Carlos Ernesto Navarro López**, Secretario.- Rúbricas."

En cumplimiento de lo dispuesto por la fracción I del Artículo 89 de la Constitución Política de los Estados Unidos Mexicanos, y para su debida publicación y observancia, expido el presente Decreto en la Residencia del Poder Ejecutivo Federal, en la Ciudad de México, Distrito Federal, a los dieciséis días del mes de julio de dos mil siete.- **Felipe de Jesús Calderón Hinojosa**.- Rúbrica.- El Secretario de Gobernación, **Francisco Javier Ramírez Acuña**.- Rúbrica.

TRANSITORIOS DEL 2 DE AGOSTO DE 2007

Que reforman los artículos 29, 73, 90, 92, 93, 95, 110 y 111 de la constitución política de los estados unidos mexicanos.

PRIMERO.- El presente Decreto iniciará su vigencia el día siguiente al de su publicación en el Diario Oficial de la Federación.

SEGUNDO.- El Congreso de la Unión al inicio de la vigencia del presente Decreto hará las adecuaciones correspondientes a la legislación federal, conforme a lo estipulado en este Decreto. Los estados y el Distrito Federal deberán adecuar sus leyes conforme a las disposiciones del presente Decreto a más tardar seis meses después de su publicación en el Diario Oficial de la Federación.

México, D.F., a 9 de mayo de 2007.- Sen. **Manlio Fabio Beltrones Rivera**, Presidente.- Dip. **Carlos Ernesto Navarro López**, Secretario.- Rúbricas."

En cumplimiento de lo dispuesto por la fracción I del Artículo 89 de la Constitución Política de los Estados Unidos Mexicanos, y para su debida publicación y observancia, expido el presente Decreto en la Residencia del Poder Ejecutivo Federal, en la Ciudad de México, Distrito Federal, a los treinta días del mes de julio de dos mil siete.- **Felipe de Jesús Calderón Hinojosa**.- Rúbrica.- El Secretario de Gobernación, **Francisco Javier Ramírez Acuña**.- Rúbrica.

TRANSITORIOS DEL 15 DE AGOSTO DE 2007

Que adiciona una fracción XXIX-N al artículo 73 de la Constitución Política de los Estados Unidos Mexicanos

PRIMERO. El presente Decreto entrará en vigor al día siguiente al de su publicación en el Diario Oficial de la Federación.

SEGUNDO. Se derogan todas las disposiciones legales en lo que se opongan al contenido del presente Decreto.

México, D.F., a 13 de junio de 2007.- Sen. **Manlio Fabio Beltrones Rivera**, Presidente.- Sen. **Javier Orozco Gómez**, Secretario.- Rúbricas."

En cumplimiento de lo dispuesto por la fracción I del Artículo 89 de la Constitución Política de los Estados Unidos Mexicanos, y para su debida publicación y observancia, expido el presente Decreto en la Residencia del Poder Ejecutivo Federal, en la Ciudad de México, Distrito Federal, a los diez días del mes de agosto de dos mil siete.- **Felipe de Jesús Calderón Hinojosa**.- Rúbrica.- El Secretario de Gobernación, **Francisco Javier Ramírez Acuña**.- Rúbrica.

TRANSITORIO DEL 27 DE SEPTIEMBRE DE 2007

Que reforma la fracción IV del artículo 99 de la Constitución Política de los Estados Unidos Mexicanos.

Único. El presente Decreto entrará en vigor al día siguiente de su publicación en el Diario Oficial de la Federación.

México, D.F., a 9 de mayo de 2007.- Sen. **Manlio Fabio Beltrones Rivera**, Presidente.- Dip. **Carlos Ernesto Navarro López**, Secretario.- Rúbricas."

En cumplimiento de lo dispuesto por la fracción I del Artículo 89 de la Constitución Política de los Estados Unidos Mexicanos, y para su debida publicación y observancia, expido el presente Decreto en la Residencia del Poder Ejecutivo Federal, en la Ciudad de México, Distrito Federal, a los veinticuatro días del mes de agosto de dos mil siete.- **Felipe de Jesús Calderón Hinojosa**.- Rúbrica.- El Secretario de Gobernación, **Francisco Javier Ramírez Acuña**.- Rúbrica.

LEY DE LA COMISIÓN NACIONAL DE DERECHOS HUMANOS.

Al margen un sello con el Escudo Nacional, que dice: Estados Unidos Mexicanos.- Presidencia de la República.

CARLOS SALINAS DE GORTARI, Presidente Constitucional de los Estados Unidos Mexicanos, a sus habitantes, sabed:

Que el H. Congreso de la Unión se ha servido dirigirme el siguiente DECRETO

EL CONGRESO DE LOS ESTADOS UNIDOS MEXICANOS, DECRETA:

[1]LEY DE LA COMISION NACIONAL DE DERECHOS HUMANOS

TÍTULO PRIMERO
CAPÍTULO ÚNICO
Disposiciones generales

ART. 1.- Esta ley es de orden público y de aplicación en todo el territorio nacional en materia de Derechos Humanos, respecto de los mexicanos y extranjeros que se encuentren en el país, en los términos establecidos por el apartado B del artículo 102 constitucional.

ART. 2.- La Comisión Nacional de los Derechos Humanos es un organismo que cuenta con autonomía de gestión y presupuestaria, personalidad jurídica y patrimonio propios, y tiene por objeto esencial la protección, observancia, promoción, estudio y divulgación de los derechos humanos que ampara el orden jurídico mexicano.

ART. 3.- La Comisión Nacional de Derechos Humanos tendrá competencia en todo el territorio nacional, para conocer de quejas relacionadas con presuntas violaciones a los derechos humanos cuando éstas fueren imputadas a autoridades y servidores públicos de carácter federal, con excepción de los del Poder Judicial de la Federación.

Cuando en un mismo hecho, estuvieren involucrados tanto autoridades o servidores públicos de la Federación, como de las Entidades Federativas o Municipios, la competencia se surtirá en favor de la Comisión Nacional.

Tratándose de presuntas violaciones a los Derechos Humanos en que los hechos se imputen exclusivamente a autoridades o servidores públicos de las entidades federativas o municipios, en principio conocerán los organismos de protección de los derechos humanos de la Entidad de que se trate, salvo lo dispuesto por el artículo 60 de esta ley.

Asimismo, corresponderá conocer a la Comisión Nacional de los Derechos Humanos de las inconformidades que se presenten en relación con las recomendaciones, acuerdos u omisiones de los organismos

[1] *Publicada en el Diario Oficial de la Federación el 29 de junio de 1992.*

equivalentes en las Entidades Federativas, a que se refiere el artículo 102, Apartado B, de la Constitución Política de los Estados Unidos Mexicanos; así como por la no aceptación de sus recomendaciones por parte de las autoridades, o por el deficiente cumplimiento de las mismas.

ART. 4.- Los procedimientos que se sigan ante la Comisión deberán ser breves y sencillos, y estarán sujetos sólo a las formalidades esenciales que requiera la documentación de los expedientes respectivos. Se seguirán además, de acuerdo con los principios de inmediatez, concentración y rapidez, y se procurará, en la medida de lo posible, el contacto directo con quejosos, denunciantes y autoridades, para evitar la dilación de las comunicaciones escritas.

El personal de la Comisión Nacional deberá manejar de manera confidencial la información o documentación relativa a los asuntos de su competencia.

TÍTULO SEGUNDO
Integración de la Comisión Nacional de Derechos Humanos
CAPÍTULO I
De la integración y facultades de la comisión nacional

ART. 5.- La Comisión Nacional se integrará con un Presidente, una Secretaría Ejecutiva, hasta 5 Visitadores Generales, así como el número de visitadores adjuntos y personal profesional, técnico y administrativo necesario para la realización de sus funciones.

La Comisión Nacional para el mejor desempeño de sus responsabilidades contará con un Consejo.

ART. 6.- La Comisión Nacional tendrá las siguientes atribuciones:

I.-Recibir quejas de presuntas violaciones a derechos humanos;

II.-Conocer e investigar a petición de parte, o de oficio, presuntas violaciones de derechos humanos en los siguientes casos:

a) Por actos u omisiones de autoridades administrativas de carácter federal;

b) Cuando los particulares o algún otro agente social cometan ilícitos con la tolerancia o anuencia de algún servidor público o autoridad, o bien cuando estos últimos se nieguen infundadamente a ejercer las atribuciones que legalmente les correspondan en relación con dichos ilícitos, particularmente en tratándose de conductas que afecten la integridad física de las personas;

III.- Formular recomendaciones públicas no vinculatorias y denuncias y quejas ante las autoridades respectivas, en los términos establecidos por el artículo 102, Apartado B, de la Constitución Política de los Estados Unidos Mexicanos;

IV.- Conocer y decidir en última instancia las inconformidades que se presenten respecto de las recomendaciones y acuerdos de los organismos de derechos humanos de las Entidades Federativas a que se refiere el citado artículo 102, apartado B, de la Constitución Política;

V.- Conocer y decidir en última instancia las inconformidades por omisiones en que incurran los organismos de derechos humanos a que se refiere la fracción anterior, y por insuficiencia en el cumplimiento de las recomendaciones de éstos por parte de las autoridades locales, en los términos señalados por esta ley;

VI.- Procurar la conciliación entre los quejosos y las autoridades señaladas como responsables, así como la inmediata solución de un conflicto planteado, cuando la naturaleza del caso lo permita;

VII.- Impulsar la observancia de los derechos humanos en el país;

VIII.- Proponer a las diversas autoridades del país, que en el exclusivo ámbito de su competencia, promuevan los cambios y modificaciones de disposiciones legislativas y reglamentarias, así como de prácticas administrativas, que a juicio de la Comisión Nacional redunden en una mejor protección de los derechos humanos;

IX.- Promover el estudio, la enseñanza y divulgación de los derechos humanos en el ámbito nacional e internacional;

X.- Expedir su Reglamento Interno;

XI.- Elaborar y ejecutar programas preventivos en materia de derechos humanos;

XII.- Supervisar el respeto a los derechos humanos en el sistema penitenciario y de readaptación social del país;

XIII.- Formular programas y proponer acciones en coordinación con las dependencias competentes que impulsen el cumplimiento dentro del territorio nacional de los tratados, convenciones y acuerdos internacionales signados y ratificados por México en materia de derechos humanos;

XIV.- Proponer al Ejecutivo Federal, en los términos de la legislación aplicable, la suscripción de convenios o acuerdos internacionales en materia de derechos humanos;

XIV Bis.- La observancia del seguimiento, evaluación y monitoreo, en materia de igualdad entre mujeres y hombres;

XV.- Las demás que le otorguen la presente ley y otros ordenamientos legales.

ART. 7.- La Comisión Nacional no podrá conocer de los asuntos relativos a:

I.- Actos y resoluciones de organismos y autoridades electorales;

II.- Resoluciones de carácter jurisdiccional;

III.- Conflictos de carácter laboral; y

IV.- Consultas formuladas por autoridades, particulares u otras entidades, sobre la interpretación de las disposiciones constitucionales y legales.

ART. 8.- En los términos de esta ley, sólo podrán admitirse o conocerse quejas o inconformidades contra actos u omisiones de autoridades judiciales, salvo las de carácter federal, cuando dichos actos u omisiones tengan carácter administrativo. La Comisión Nacional por ningún motivo podrá examinar cuestiones jurisdiccionales de fondo.

CAPÍTULO II
De la elección, facultades y obligaciones del Presidente de la Comisión

ART. 9.- El Presidente de la Comisión Nacional de los Derechos Humanos deberá reunir para su elección los siguientes requisitos:

I.- Ser ciudadano mexicano por nacimiento y estar en pleno goce y ejercicio de sus derechos civiles y políticos;

II.- Tener cumplidos treinta y cinco años de edad, el día de su elección;

III.- Contar con experiencia en materia de derechos humanos, o actividades afines reconocidas por las leyes mexicanas y los instrumentos jurídicos internacionales;

IV.- No desempeñar, ni haber desempeñado cargo de dirección nacional o estatal, en algún partido político en el año anterior a su designación;

V.- No desempeñar ni haber desempeñado cargo de Secretario o Subsecretario de Estado, Procurador General de la República, Gobernador o procurador general de justicia de alguna entidad federativa o jefe de gobierno del Distrito Federal, en el año anterior a su elección;

VI.- Gozar de buena reputación y no haber sido condenado por delito intencional que amerite pena corporal de más de un año de prisión; pero si se tratare de robo, fraude, falsificación, abuso de confianza u otro que lastime seriamente la buena fama en el concepto público, lo inhabilitará para el cargo, cualquiera que haya sido la pena, y

VII.- Tener preferentemente título de licenciado en derecho.

ART. 10.- El Presidente de la Comisión Nacional de los Derechos Humanos, será elegido por el voto de las dos terceras partes de los miembros presentes de la Cámara de Senadores o, en sus recesos, por la Comisión Permanente del Congreso de la Unión, con la misma votación calificada. Para tales efectos, la comisión correspondiente de la Cámara de Senadores procederá a realizar una amplia auscultación entre las organizaciones sociales representativas de los distintos sectores de la sociedad, así como entre los organismos públicos y privados promotores o defensores de los derechos humanos.

Con base en dicha auscultación, la comisión correspondiente de la

Cámara de Senadores propondrá al pleno de la misma, una terna de candidatos de la cual se elegirá a quien ocupe el cargo o, en su caso, la ratificación del titular.

ART. 11.- El Presidente de la Comisión Nacional de los Derechos Humanos durará en su encargo cinco años, y podrá ser reelecto por una sola vez.

ART. 12.- Las funciones del Presidente de la Comisión Nacional, de los Visitadores Generales y de la Secretaría Ejecutiva, son incompatibles con el desempeño de cualquier otro cargo, empleo o comisión de la Federación, los Estados, Municipios o en organismos privados, o con el desempeño de su profesión, exceptuando las actividades académicas.

ART. 13.- El Presidente de la Comisión Nacional y los Visitadores Generales no podrán ser detenidos ni sujetos a responsabilidad civil, penal o administrativa, por las opiniones y recomendaciones que formulen, o por los actos que realicen, en ejercicio de las funciones propias de sus cargos que les asigna esta ley.

ART. 14.- El Presidente de la Comisión Nacional podrá ser removido de sus funciones y, en su caso, sujeto a responsabilidad, sólo por las causas y mediante los procedimientos establecidos por el Título Cuarto de la Constitución Política de los Estados Unidos Mexicanos.

En este supuesto, el Presidente será substituido interinamente por el primer Visitador General, en tanto no se designe nuevo Presidente de la Comisión Nacional.

ART. 15.- El Presidente de la Comisión Nacional tendrá las siguientes facultades:

I.- Ejercer la representación legal de la Comisión Nacional;

II.- Formular los lineamientos generales a los que se sujetarán las actividades administrativas de la Comisión, así como nombrar, dirigir y coordinar a los funcionarios y al personal bajo su autoridad;

III.- Dictar las medidas específicas que juzgue convenientes para el mejor desempeño de las funciones de la Comisión;

IV.- Distribuir y delegar funciones en los términos del Reglamento Interno;

[1]**V.-** Presentar anualmente a los Poderes de la Unión, un informe de actividades, en los términos del artículo 52 de esta Ley.

VI.- Celebrar, en los términos de la legislación aplicable, acuerdos, bases de coordinación y convenios de colaboración con autoridades y organismos de defensa de los derechos humanos, así como con instituciones académicas y asociaciones culturales, para el mejor

[1] *Se reforma la fracción V del artículo 15 según D. O. F. del 30 de junio de 2006.*

cumplimiento de sus fines;

VII.- Aprobar y emitir las recomendaciones públicas y acuerdos que resulten de las investigaciones realizadas por los visitadores;

VIII.- Formular las propuestas generales conducentes a una mejor protección de los derechos humanos en el país;

IX.- Elaborar el anteproyecto de presupuesto de egresos de la Comisión y el respectivo informe sobre su ejercicio para presentarse al Consejo de la misma; y

X.- Las demás que le señalen la presente ley y otros ordenamientos.

ART. 16.- Tanto el Presidente de la Comisión, como los Visitadores Generales y los visitadores adjuntos, en sus actuaciones tendrán fe pública para certificar la veracidad de los hechos en relación con las quejas o inconformidades, presentadas ante la Comisión Nacional.

CAPÍTULO III
De la integración y facultades del Consejo

ART. 17.- El Consejo a que se refiere el artículo 5o. de esta ley, estará integrado por diez personas que gocen de reconocido prestigio en la sociedad, mexicanos en pleno ejercicio de sus derechos ciudadanos, y cuando menos siete de entre ellos no deben desempeñar ningún cargo o comisión como servidor público.

El Presidente de la Comisión Nacional lo será también del Consejo Consultivo. Los cargos de los demás miembros del Consejo serán honorarios. A excepción de su Presidente, anualmente, durante el mes de octubre, serán sustituidos los dos consejeros de mayor antigüedad en el cargo, salvo que fuesen propuestos y ratificados para un segundo periodo.

Para el caso de que existan más de dos consejeros con la misma antigüedad, será el propio Consejo quien proponga el orden cronológico que deba seguirse.

ART. 18.- Los miembros del Consejo Consultivo serán elegidos por el voto de las dos terceras partes de los miembros presentes de la Cámara de Senadores o, en sus recesos, por la Comisión Permanente del Congreso de la Unión con la misma votación calificada.

La comisión correspondiente de la Cámara de Senadores, previa auscultación a los sectores sociales, propondrá a los candidatos para ocupar el cargo o, en su caso, la ratificación de los consejeros.

ART. 19.- El Consejo Consultivo de la Comisión Nacional tendrá las siguientes facultades:

I.- Establecer los lineamientos generales de actuación de la Comisión Nacional;

II.- Aprobar el Reglamento Interno de la Comisión Nacional;

III.- Aprobar las normas de carácter interno relacionadas con la Comisión Nacional;

IV.- Opinar sobre el proyecto de informe anual que el Presidente de la Comisión Nacional presente a los Poderes de la Unión;

V.- Solicitar al Presidente de la Comisión Nacional información adicional sobre los asuntos que se encuentren en trámite o haya resuelto la Comisión Nacional; y

VI.- Conocer el informe del Presidente de la Comisión Nacional respecto al ejercicio presupuestal.

ART. 20.- El Consejo funcionará en sesiones ordinarias y extraordinarias y tomará sus decisiones por mayoría de votos de sus miembros presentes. Las sesiones ordinarias se verificarán cuando menos una vez al mes.

Las sesiones extraordinarias podrán convocarse por el Presidente de la Comisión Nacional o mediante solicitud que a éste formulen por lo menos 3 miembros del Consejo, cuando se estime que hay razones de importancia para ello.

CAPÍTULO IV
Del nombramiento y facultades de la secretaría ejecutiva

ART. 21.- El Titular de la Secretaría Ejecutiva deberá reunir para su designación, los siguientes requisitos:

I.- Ser ciudadano mexicano en pleno ejercicio de sus derechos;

II.- Gozar de buena reputación; y

III.- Ser mayor de treinta años de edad, el día de su nombramiento.

ART. 22.- La Secretaría Ejecutiva tendrá las siguientes facultades y obligaciones:

I.- Proponer al Consejo y al Presidente de la Comisión Nacional, las políticas generales que en materia de derechos humanos habrá de seguir la Comisión Nacional ante los organismos gubernamentales y no gubernamentales, nacionales e internacionales;

II.- Promover y fortalecer las relaciones de la Comisión Nacional, con organismos públicos, sociales o privados, nacionales e internacionales, en materia de derechos humanos;

III.- Realizar estudios sobre los tratados y convenciones internacionales en materia de derechos humanos;

IV y V.- (Se derogan).

VI.- Enriquecer, mantener y custodiar el acervo documental de la Comisión Nacional; y

VII.- Las demás que le sean conferidas en otras disposiciones legales y reglamentarias.

CAPÍTULO V
Del nombramiento y facultades de los visitadores

ART. 23.- Los Visitadores Generales de la Comisión Nacional deberán reunir para su designación, los siguientes requisitos:

I.- Ser ciudadano mexicano en pleno ejercicio de sus derechos;

II.- Ser mayor de treinta años de edad, el día de su nombramiento;

III.- Tener título de Licenciado en Derecho expedido legalmente, y tener tres años de ejercicio profesional cuando menos; y

IV.- Ser de reconocida buena fama.

ART. 24.- Los Visitadores Generales tendrán las siguientes facultades y obligaciones:

I.- Recibir, admitir o rechazar las quejas e inconformidades presentadas por los afectados, sus representantes o los denunciantes ante la Comisión Nacional;

II.- Iniciar a petición de parte la investigación de las quejas e inconformidades que le sean presentadas, o de oficio, discrecionalmente aquéllas sobre denuncias de violación a los derechos humanos que aparezcan en los medios de comunicación;

III.- Realizar las actividades necesarias para lograr, por medio de la conciliación, la solución inmediata de las violaciones de derechos humanos que por su propia naturaleza así lo permita;

IV.- Realizar las investigaciones y estudios necesarios para formular los proyectos de recomendación o acuerdo, que se someterán al Presidente de la Comisión Nacional para su consideración; y

V.- Las demás que le señale la presente ley y el Presidente de la Comisión Nacional, necesarias para el mejor cumplimiento de sus funciones.

Los visitadores adjuntos auxiliarán en sus funciones a los Visitadores Generales en los términos que fije el Reglamento y para tal efecto deberán reunir los requisitos que establezca el mismo para su designación.

TÍTULO TERCERO
Del Procedimiento ante la Comisión Nacional de Derechos Humanos
CAPÍTULO I
Disposiciones generales

ART. 25.- Cualquier persona podrá denunciar presuntas violaciones a los derechos humanos y acudir ante las oficinas de la Comisión Nacional para presentar, ya sea directamente o por medio de representante, quejas contra dichas violaciones.

Cuando los interesados estén privados de su libertad o se desconozca su paradero, los hechos se podrán denunciar por los parientes o vecinos de los afectados, inclusive por menores de edad.

Las organizaciones no gubernamentales legalmente constituidas podrán acudir ante la Comisión Nacional de Derechos Humanos para denunciar las violaciones de derechos humanos respecto de personas que por sus condiciones físicas, mentales, económicas y culturales, no tengan la capacidad efectiva de presentar quejas de manera directa.

ART. 26.- La queja sólo podrá presentarse dentro del plazo de un año, a partir de que se hubiera iniciado la ejecución de los hechos que se estimen violatorios, o de que el quejoso hubiese tenido conocimiento de los mismos. En casos excepcionales, y tratándose de infracciones graves a los derechos humanos, la Comisión Nacional podrá ampliar dicho plazo mediante una resolución razonada. No contará plazo alguno cuando se trate de hechos que por su gravedad puedan ser considerados violaciones de lesa humanidad.

ART. 27.- La instancia respectiva deberá presentarse por escrito; en casos urgentes podrá formularse por cualquier medio de comunicación electrónica. No se admitirán comunicaciones anónimas, por lo que toda queja o reclamación deberá ratificarse dentro de los tres días siguientes a su presentación, si el quejoso no se identifica y la suscribe en un primer momento. Cuando los quejosos o denunciantes se encuentren recluidos en un centro de detención o reclusorio, sus escritos deberán ser transmitidos a la Comisión Nacional sin demora alguna por los encargados de dichos centros o reclusorios o aquéllos podrán entregarse directamente a los Visitadores Generales o adjuntos.

ART. 28.- La Comisión Nacional designará personal de guardia para recibir y atender las reclamaciones o quejas urgentes a cualquier hora del día y de la noche.

ART. 29.- La Comisión Nacional deberá poner a disposición de los reclamantes formularios que faciliten el trámite, y en todo caso orientará a los comparecientes sobre el contenido de su queja o reclamación. Las quejas también podrán presentarse oralmente, cuando los comparecientes no puedan escribir o sean menores de edad. Tratándose de personas que no hablen o entiendan correctamente el idioma español, se les proporcionará gratuitamente un traductor.

ART. 30.- En todos los casos que se requiera, la Comisión Nacional levantará acta circunstanciada de sus actuaciones.

ART. 31.- En el supuesto de que los quejosos o denunciantes no puedan identificar a las autoridades o servidores públicos, cuyos actos u omisiones consideren haber afectado sus derechos fundamentales, la instancia será admitida, si procede, bajo la condición de que se logre dicha identificación en la investigación posterior de los hechos.

ART. 32.- La formulación de quejas y denuncias, así como las resoluciones y Recomendaciones que emita la Comisión Nacional, no afectarán el ejercicio de otros derechos y medios de defensa que puedan corresponder a los afectados conforme a las leyes, no suspenderán ni interrumpirán sus plazos preclusivos, de prescripción o caducidad. Esta circunstancia deberá señalarse a los interesados en el acuerdo de admisión de la instancia.

ART. 33.- Cuando la instancia sea inadmisible por ser manifiestamente improcedente o infundada, será rechazada de inmediato.

Cuando no corresponda de manera ostensible a la competencia de la Comisión Nacional, se deberá proporcionar orientación al reclamante, a fin de que acuda a la autoridad o servidor público a quien corresponda conocer o resolver el asunto.

ART. 34.- Una vez admitida la instancia, deberá ponerse en conocimiento de las autoridades señaladas como responsables utilizando en casos de urgencia cualquier medio de comunicación electrónica. En la misma comunicación se solicitará a dichas autoridades o servidores públicos que rindan un informe sobre los actos, omisiones o resoluciones que se les atribuyan en la queja, el cual deberán presentar dentro de un plazo máximo de quince días naturales y por los medios que sean convenientes, de acuerdo con el caso. En las situaciones que a juicio de la Comisión Nacional se consideren urgentes, dicho plazo podrá ser reducido.

ART. 35.- La Comisión Nacional, por conducto de su Presidente y previa consulta con el Consejo, puede declinar su competencia en un caso determinado, cuando así lo considere conveniente para preservar la autonomía y autoridad moral de la institución.

ART. 36.- Desde el momento en que se admita la queja, el Presidente o los Visitadores Generales o adjuntos y, en su caso, el personal técnico y profesional, se pondrán en contacto inmediato con la autoridad señalada como responsable de la presunta violación de derechos humanos para intentar lograr una conciliación entre los intereses de las partes involucradas, siempre dentro del respeto de los derechos humanos que se consideren afectados, a fin de lograr una solución inmediata del conflicto.

De lograrse una solución satisfactoria o el allanamiento de o de los responsables, la Comisión Nacional lo hará constar así y ordenará el archivo del expediente, el cual podrá reabrirse cuando los quejosos o denunciantes expresen a la Comisión Nacional que no se ha cumplido con el compromiso en un plazo de 90 días. Para estos efectos, la Comisión Nacional en el término de setenta y dos horas dictará el acuerdo correspondiente, y en su caso, proveerá las acciones y determinaciones conducentes.

ART. 37.- Si de la presentación de la queja no se deducen los elementos que permitan la intervención de la Comisión Nacional, ésta requerirá por escrito al quejoso para que la aclare. Si después de dos requerimientos el quejoso no contesta, se enviará la queja al archivo por falta de interés del propio quejoso.

ART. 38.- En el informe que deberán rendir las autoridades señaladas como responsables contra las cuales se interponga queja o reclamación, se deberá hacer constar los antecedentes del asunto, los fundamentos y motivaciones de los actos u omisiones impugnados, si efectivamente éstos existieron, así como los elementos de información que consideren necesarios para la documentación del asunto.

La falta de rendición del informe o de la documentación que lo apoye, así como el retraso injustificado en su presentación, además de la responsabilidad respectiva, tendrá el efecto de que en relación con el trámite de la queja se tengan por ciertos los hechos materia de la misma, salvo prueba en contrario.

ART. 39.- Cuando para la resolución de un asunto se requiera una investigación, el Visitador General tendrá las siguientes facultades:

I.- Pedir a las autoridades o servidores públicos a los que se imputen violaciones de derechos humanos, la presentación de informes o documentación adicionales;

II.- Solicitar de otras autoridades, servidores públicos o particulares todo género de documentos e informes;

III.- Practicar visitas e inspecciones, ya sea personalmente o por medio del personal técnico o profesional bajo su dirección en términos de ley;

IV.- Citar a las personas que deban comparecer como peritos o testigos; y

V.- Efectuar todas las demás acciones que conforme a derecho juzgue convenientes para el mejor conocimiento del asunto.

ART. 40.- El Visitador General tendrá la facultad de solicitar en cualquier momento a las autoridades competentes, que se tomen todas las medidas precautorias o cautelares necesarias para evitar la consumación irreparable de las violaciones denunciadas o reclamadas, o la producción de daños de difícil reparación a los afectados, así como solicitar su modificación cuando cambien las situaciones que las justificaron.

Dichas medidas pueden ser de conservación o restitutorias, según lo requiera la naturaleza del asunto.

ART. 41.- Las pruebas que se presenten, tanto por los interesados como por las autoridades o servidores públicos a los que se imputen las violaciones, o bien que la Comisión Nacional requiera y recabe de oficio, serán valoradas en su conjunto por el Visitador General, de acuerdo con los principios de la lógica y de la experiencia, y en su caso de la legalidad, a fin de que puedan producir convicción sobre los hechos materia de la queja.

ART. 42.- Las conclusiones del expediente, que serán la base de las recomendaciones, estarán fundamentadas exclusivamente en la documentación y pruebas que obren en el propio expediente.

CAPÍTULO II
De los acuerdos y recomendaciones

ART. 43.- La Comisión Nacional de Derechos Humanos podrá dictar acuerdos de trámite, que serán obligatorios para las autoridades y servidores públicos para que comparezcan o aporten información o documentación. Su incumplimiento acarreará las sanciones y responsabilidades señaladas en el Título IV, Capítulo II de la presente ley.

ART. 44.- Concluida la investigación, el Visitador General formulará, en su caso, un proyecto de Recomendación, o acuerdo de no responsabilidad en los cuales se analizarán los hechos, los argumentos y pruebas, así como los elementos de convicción y las diligencias practicadas, a fin de determinar si las autoridades o servidores han violado o no los derechos humanos de los afectados, al haber incurrido en actos y omisiones ilegales, irrazonables, injustas, inadecuadas, o erróneas, o hubiesen dejado sin respuesta las solicitudes presentadas por los interesados durante un período que exceda notoriamente los plazos fijados por las leyes.

En el proyecto de Recomendación, se señalarán las medidas que procedan para la efectiva restitución de los afectados en sus derechos fundamentales, y si procede en su caso, para la reparación de los daños y perjuicios que se hubiesen ocasionado.

Los proyectos antes referidos serán sometidos al Presidente de la Comisión Nacional para su consideración final.

ART. 45.- En caso de que no se comprueben las violaciones de derechos humanos imputadas, la Comisión Nacional dictará acuerdo de no responsabilidad.

ART. 46.- La recomendación será pública y no tendrá carácter imperativo para la autoridad o servidor público a los cuales se dirigirá y, en consecuencia, no podrá por sí misma anular, modificar o dejar sin efecto las resoluciones o actos contra los cuales se hubiese presentado la queja o denuncia.

En todo caso, una vez recibida, la autoridad o servidor público de que se trate informará, dentro de los quince días hábiles siguientes a su notificación, si acepta dicha Recomendación.

Entregará, en su caso, en otros quince días adicionales, las pruebas correspondientes de que ha cumplido con la Recomendación. Dicho plazo podrá ser ampliado cuando la naturaleza de la Recomendación así lo amerite.

ART. 47.- En contra de las Recomendaciones, acuerdos o resoluciones definitivas de la Comisión Nacional, no procederá ningún recurso.

ART. 48.- La Comisión Nacional no estará obligada a entregar ninguna de sus pruebas a la autoridad a la cual dirigió una Recomendación o a algún particular. Si dichas pruebas le son solicitadas, discrecionalmente determinará si son de entregarse o no.

ART. 49.- Las Recomendaciones y los acuerdos de no responsabilidad se referirán a casos concretos; las autoridades no podrán aplicarlos a otros casos por analogía o mayoría de razón.

CAPÍTULO III
De las notificaciones y los informes

ART. 50.- La Comisión Nacional notificará inmediatamente a los quejosos los resultados de la investigación, la recomendación que haya dirigido a las autoridades o servidores públicos responsables de las violaciones respectivas, la aceptación y la ejecución que se haya dado a la misma, así como, en su caso, el acuerdo de no responsabilidad.

ART. 51.- El Presidente de la Comisión Nacional deberá publicar, en su totalidad o en forma resumida, las recomendaciones y los acuerdos de no responsabilidad de la Comisión Nacional. En casos excepcionales podrá determinar si los mismos sólo deban comunicarse a los interesados de acuerdo con las circunstancias del propio caso.

[1]**ART. 52.-** El Presidente de la Comisión Nacional de los Derechos Humanos presentará anualmente ante los Poderes de la Unión, un informe sobre las actividades que haya realizado en el período comprendido entre el 1o. de enero y el 31 de diciembre del año inmediato anterior. Al efecto, comparecerá en el mes de enero ante el Pleno de la Comisión Permanente del Congreso de la Unión; posteriormente, presentará el informe ante el Presidente de los Estados Unidos Mexicanos y ante el Pleno de la Suprema Corte de Justicia de la Nación. Dicho informe será difundido en la forma más amplia posible para conocimiento de la sociedad.

ART. 53.- Los informes anuales del Presidente de la Comisión Nacional deberán comprender una descripción del número y características de las quejas y denuncias que se hayan presentado, los efectos de la labor de conciliación; las investigaciones realizadas, las Recomendaciones y los acuerdos de no responsabilidad que se hubiesen formulado; los resultados obtenidos, así como las estadísticas, los programas desarrollados y demás

[1] *Se reforma el artículo 52 según D. O. F. del 30 de junio de 2006.*

datos que se consideren convenientes.

Asimismo, el informe podrá contener proposiciones dirigidas a las autoridades y servidores públicos competentes, tanto federales, como locales y municipales, para promover la expedición o modificación de disposiciones legislativas y reglamentarias, así como para perfeccionar las prácticas administrativas correspondientes con el objeto de tutelar de manera más efectiva los derechos humanos de los gobernados y lograr una mayor eficiencia en la prestación de los servidores públicos.

ART. 54.- Ninguna autoridad o servidor público dará instrucciones a la Comisión Nacional de Derechos Humanos, con motivo de los informes a que se refiere el artículo 52 de esta ley.

CAPÍTULO IV
De las inconformidades

ART. 55.- Las inconformidades se substanciarán mediante los recursos de queja e impugnación, con base en lo dispuesto por el artículo 102, apartado B, de la Constitución Política de los Estados Unidos Mexicanos y de acuerdo con las disposiciones de esta ley. Se aplicarán supletoriamente y en lo que resulte procedente, los preceptos del Título III, Capítulo I, de esta ley. Las resoluciones de la Comisión Nacional de Derechos Humanos sobre estas inconformidades no admitirán recurso alguno.

ART. 56.- El recurso de queja, sólo podrá ser promovido por los quejosos, o denunciantes que sufran un perjuicio grave, por las omisiones o por la inacción de los organismos locales, con motivo de los procedimientos que hubiesen substanciado ante los mismos, y siempre que no exista Recomendación alguna sobre el asunto de que se trate; y hayan transcurrido seis meses desde que se presentó la queja o denuncia ante el propio organismo local.

En caso de que el organismo local acredite estar dando seguimiento adecuado a la queja o denuncia, el recurso de queja deberá ser desestimado.

ART. 57.- El recurso de queja deberá ser presentado directamente ante la Comisión Nacional de Derechos Humanos, por escrito, o en casos de urgencia, oralmente o por cualquier medio de comunicación; en este supuesto, la instancia deberá ser ratificada dentro de los tres días siguientes por el interesado. En dicho escrito o comunicación, deberá precisarse las omisiones o la inactividad del organismo estatal respectivo; acompañado de las pruebas documentales que lo sustenten.

La Comisión Nacional, antes de pronunciarse sobre la admisión del recurso, podrá solicitar a los interesados las informaciones o aclaraciones que considere necesarias, y podrá desecharlo de plano cuando lo considere notoriamente infundado o improcedente.

ART. 58.- La tramitación será breve y sencilla. Una vez admitido el recurso, la Comisión Nacional correrá traslado del mismo, al organismo estatal contra el cual se presente, para que rinda un informe en un plazo no mayor de diez días hábiles, el cual deberá acompañar con las constancias y fundamentos que justifiquen su conducta. Si dicho informe no se presenta dentro de dicho plazo, se presumirán ciertos hechos señalados, salvo prueba en contrario.

ART. 59.- La Comisión Nacional deberá pronunciarse sobre la queja en un término que no exceda de sesenta días, a partir de la aceptación del recurso, formulando una Recomendación al organismo local, para que subsane, de acuerdo con su propia legislación, las omisiones o inactividad en las que hubiese incurrido; o bien declarará infundada la inconformidad cuando considere suficiente la justificación que presenta ese organismo estatal. Este deberá informar en su caso, en un plazo no mayor de quince días hábiles, sobre la aceptación y cumplimiento que hubiese dado a dicha Recomendación.

ART. 60.- La Comisión Nacional ante un recurso de queja por omisión o inactividad, si considera que el asunto es importante y el organismo estatal puede tardar mucho en expedir su Recomendación, podrá atraer esa queja y continuar tramitándola con el objeto de que sea este organismo el que emita, en su caso, la Recomendación correspondiente.

ART. 61.- El recurso de impugnación procederá exclusivamente ante la Comisión Nacional y contra las resoluciones definitivas de los organismos estatales de derechos humanos o respecto de las informaciones también definitivas de las autoridades locales sobre el cumplimiento de las Recomendaciones emitidas por los citados organismos. Excepcionalmente podrán impugnarse los acuerdos de los propios organismos estatales cuando, a juicio de la Comisión Nacional, se violen ostensiblemente los derechos de los quejosos o denunciantes en los procedimientos seguidos ante los citados organismos, y los derechos deban protegerse de inmediato.

ART. 62.- El recurso de impugnación deberá contener una descripción concreta de los hechos y razonamientos en que se apoya, así como las pruebas documentales que se consideren necesarias. A su vez, el organismo estatal de derechos humanos deberá enviar con la instancia del recurrente un informe sobre la Recomendación que se impugna con los documentos justificativos que considere necesarios.

ART. 63.- El recurso de impugnación interpuesto contra una Recomendación de carácter local, o contra la insuficiencia en el cumplimiento de la misma por la autoridad local, deberá presentarse por escrito ante el organismo estatal de protección de derechos humanos que la hubiere formulado, dentro de un plazo de treinta días naturales, contados a partir de que el recurrente tuvo conocimiento de la propia Recomendación. El citado organismo local deberá enviar el recurso ante la Comisión Nacional dentro de los quince días siguientes.

ART. 64.- Sólo quienes hayan sido quejosos en un expediente integrado por un organismo estatal de derechos humanos, estarán legitimados para interponer los recursos de impugnación, tanto contra las recomendaciones de dichos organismos como contra la insuficiencia de las autoridades locales en el cumplimiento de ellas.

ART. 65.- Una vez que la Comisión Nacional hubiese recibido el recurso de impugnación, de inmediato examinará su procedencia y en caso necesario requerirá las informaciones que considere necesarias del organismo estatal respectivo, o de la autoridad correspondiente.

Podrá desechar de plano aquellos recursos que considere notoriamente infundados o improcedentes.

Una vez admitido el recurso, se correrá traslado del mismo a la autoridad u organismo estatal contra el cual se hubiese interpuesto, según sea el caso, a fin de que en un plazo máximo de diez días naturales remita un informe con las constancias y fundamentos que justifiquen su conducta.

Si dicho informe no se presenta oportunamente, en relación con el trámite del recurso se presumirán ciertos los hechos señalados en el recurso de impugnación salvo prueba en contrario.

De acuerdo con la documentación respectiva, la Comisión Nacional examinará la legalidad de la Recomendación del organismo local, o de la conducta de la autoridad sobre el cumplimiento de la que se le hubiese formulado.

Excepcionalmente y sólo cuando se considere que es preciso un período probatorio, se recibirán las pruebas ofrecidas por los interesados o por los representantes oficiales de dichos organismos.

ART. 66.- Un vez agotada la tramitación, la Comisión Nacional deberá resolver el recurso de impugnación en un plazo no mayor de sesenta días hábiles, en el cual deberá pronunciarse por:

a) La confirmación de la resolución definitiva del organismo local de derechos humanos.

b) La modificación de la propia Recomendación, caso en el cual formulará a su vez, una Recomendación al organismo local.

c) La declaración de suficiencia en el cumplimiento de la Recomendación formulada por el organismo estatal respectivo.

d) La declaración de insuficiencia en el cumplimiento de la

Recomendación del organismo estatal por parte de la autoridad local a la cual se dirigió, supuesto en el que la Comisión Nacional, formulará una Recomendación dirigida a dicha autoridad, la que deberá informar sobre su aceptación y cumplimiento.

TÍTULO CUARTO
De las Autoridades y los Servidores Públicos
CAPÍTULO I
Obligaciones y colaboración

ART. 67.- De conformidad con lo establecido en la presente ley, las autoridades y servidores públicos de carácter federal, involucrados en asuntos de la competencia de la Comisión, o que por razón de sus funciones o actividades puedan proporcionar información pertinente, deberán cumplir en sus términos con las peticiones de la Comisión en tal sentido.

En los casos a que se refiere el segundo párrafo del artículo 3o. de la ley tratándose de las inconformidades previstas en el último párrafo del artículo 102 de la Constitución Política de los Estados Unidos Mexicanos, las autoridades locales y municipales correspondientes deberán proporcionar a la Comisión Nacional de Derechos Humanos la información y datos que ésta les solicite, en los términos de la presente ley.

ART. 68.- Las autoridades o servidores públicos a los que se les solicite información o documentación que se estime con carácter reservado, lo comunicarán a la Comisión Nacional y expresarán las razones para considerarla así. En ese supuesto, los Visitadores Generales de la Comisión Nacional tendrán la facultad de hacer la calificación definitiva sobre la reserva, y solicitar que se les proporcione la información o documentación que se manejará en la más estricta confidencialidad.

ART. 69.- En los términos previstos en la presente ley, las autoridades y servidores públicos, federales, locales y municipales, colaborarán dentro del ámbito de su competencia, con la Comisión Nacional de Derechos Humanos.

Sin perjuicio de las atribuciones legales que correspondan a los organismos estatales de protección de los derechos humanos, la Comisión podrá celebrar convenios o acuerdos con dichas autoridades y servidores públicos para que puedan actuar como receptores de quejas y denuncias de competencia federal, las que remitirán a la Comisión Nacional por los medios más expeditos.

CAPÍTULO II
De la responsabilidad de las autoridades y servidores públicos

ART. 70.- Las autoridades y los servidores públicos serán responsables penal y administrativamente por los actos u omisiones en que ıncurran durante y con motivo de la tramitación de quejas e inconformidades ante la Comisión Nacional de Derechos Humanos, de acuerdo con las disposiciones constitucionales y legales aplicables.

ART. 71.- La Comisión Nacional podrá rendir un informe especial cuando persistan actitudes u omisiones que impliquen conductas evasivas o de entorpecimiento por parte de las autoridades y servidores públicos que deban intervenir o colaborar en sus investigaciones, no obstante los requerimientos que ésta les hubiere formulado.

La Comisión Nacional denunciará ante los órganos competentes los delitos o faltas que, independientemente de dichas conductas y actitudes, hubiesen cometido las autoridades o servidores públicos de que se trate.

Respecto a los particulares que durante los procedimientos de la Comisión Nacional incurran en faltas o en delitos, la misma lo hará del conocimiento de las autoridades competentes para que sean sancionados de acuerdo con las leyes de la materia.

ART. 72.- La Comisión Nacional deberá poner en conocimiento de las autoridades superiores competentes, los actos u omisiones en que incurran autoridades y servidores públicos, durante y con motivo de las investigaciones que realiza dicha Comisión, para efectos de la aplicación de las sanciones administrativas que deban imponerse. La autoridad superior deberá informar a la Comisión Nacional sobre las medidas o sanciones disciplinarias impuestas.

[1]La Comisión Nacional solicitará al órgano interno de control correspondiente, en cualquier caso, el inicio del procedimiento de responsabilidades que deba instruirse en contra del servidor público respectivo.

ART. 73.- Además de las denuncias sobre los delitos y faltas administrativas en que puedan incurrir las autoridades y servidores públicos en el curso de las investigaciones seguidas por la Comisión Nacional, podrá solicitar la amonestación pública o privada, según el caso, al titular de la dependencia de que se trate.

[1]La Comisión Nacional podrá dar seguimiento a las actuaciones y diligencias que se practiquen en las averiguaciones previas, procedimientos penales y administrativos que se integren o instruyan con motivo de su intervención en términos de la presente Ley y del artículo 102, Apartado B, de la Constitución Política de los Estados

---

[1] *Se adiciona un segundo párrafo el artículo 72 según D. O. F. del 30 de junio de 2006.*
[1] *Se adiciona un segundo y tercer párrafo el artículo 73 según D. O. F. del 30 de junio de 2006.*

Unidos Mexicanos, a través de sus visitadores generales y de los visitadores adjuntos adscritos a ellos. Esta facultad se limitará únicamente a la observación atenta del curso del asunto de que se trate hasta su resolución definitiva, sin que en ningún caso se entienda como la posibilidad de intervenir como parte en aquéllos, haciendo o promoviendo las diligencias conducentes para su resolución.

En caso de que algún servidor público en respuesta a un requerimiento de información formulado por la Comisión Nacional rindiera informes falsos o parcialmente verdaderos, se le sancionará en los términos que señala el artículo 214, fracción V, del Código Penal Federal.

TÍTULO QUINTO
Del Régimen Laboral
CAPÍTULO ÚNICO

ART. 74.- El personal que preste sus servicios a la Comisión Nacional de Derechos Humanos se regirá por las disposiciones del apartado B del artículo 123 de la Constitución Política de los Estados Unidos Mexicanos y de la Ley Federal de los Trabajadores al Servicio del Estado. Dicho personal quedará incorporado al régimen del Instituto de Seguridad y Servicios Sociales de los Trabajadores del Estado.

Todos los servidores públicos que integran la planta de la Comisión Nacional, son trabajadores de confianza debido a la naturaleza de las funciones que ésta desempeña.

TÍTULO SEXTO
Del Patrimonio y del Presupuesto de la Comisión Nacional

ART. 75.- La Comisión Nacional de Derechos Humanos contará con patrimonio propio. El Gobierno Federal deberá proporcionarle los recursos materiales y financieros para su debido funcionamiento.

ART. 76.- La Comisión Nacional de Derechos Humanos tendrá la facultad de elaborar su anteproyecto de presupuesto anual de egresos, el cual remitirá directamente al Secretario de Estado competente, para el trámite correspondiente.

TRANSITORIOS

ART. Primero.- La presente ley entrará en vigor al día siguiente de su publicación en el Diario Oficial de la Federación.

ART. Segundo.- Se derogan todas las disposiciones legales y reglamentarias que se opongan al presente ordenamiento.

ART. Tercero.- En tanto el Congreso de la Unión para el Distrito Federal y las Legislaturas de los estados establezcan los organismos de protección de los derechos humanos a que se refiere el primer párrafo del apartado B del artículo 102 de la Constitución Política de los Estados Unidos Mexicanos, la Comisión Nacional de Derechos Humanos podrá seguir conociendo de las quejas que deban ser de competencia local, de conformidad con lo establecido por dicha Constitución Política.

La Comisión Nacional conocerá también de las quejas e inconformidades que se presenten en relación con las Recomendaciones o acuerdos del organismo de derechos humanos del Distrito Federal, así como de la insuficiencia en el cumplimiento de las mismas por parte de las autoridades a las que sean emitidas.

ART. Cuarto.- Los recursos humanos, materiales y presupuestales con que actualmente cuenta la Comisión Nacional de Derechos Humanos como órgano desconcentrado de la Secretaría de Gobernación, pasarán a formar parte de la Comisión Nacional de Derechos Humanos como organismo descentralizado que se crea en esta ley, preservándose los derechos adquiridos de los trabajadores de la Comisión.

ART. Quinto.- Los actuales funcionarios de la Comisión Nacional de Derechos Humanos permanecerán en sus cargos hasta que se haga la designación correspondiente, conforme a lo dispuesto por esta ley.

ART. Sexto.- Los actuales miembros del Consejo de la Comisión Nacional de Derechos Humanos, permanecerán en el desempeño de sus encargos en dicho Consejo, el que realizará una insaculación para conocer el orden en que serán substituidos de conformidad con el artículo 17 de esta ley.

ART. Séptimo.- El Reglamento Interior de la Comisión Nacional de Derechos Humanos será expedido por su Consejo dentro de los seis meses siguientes a la Entrada en vigor de esta ley, y deberá ser publicado en el Diario Oficial de la Federación.

ART. Octavo.- El Presidente de la República enviará a la Cámara de Senadores o a la Comisión Permanente del Congreso de la Unión, en su caso, para su aprobación, el nombramiento de Presidente de la Comisión Nacional de Derechos Humanos, dentro de los noventa días siguientes a aquél en que esta ley entre en vigor.

México, D. F., a 23 de junio de 1992. - Sen. Manuel Aguilera Gómez, Presidente.- Dip. Jorge Alfonso Calderón Salazar, Presidente.- Sen. Antonio Melgar Aranda, Secretario. - Dip. Felipe Muñoz Kapamas, Secretario. - Rúbricas..

En cumplimiento de lo dispuesto por la fracción I del Artículo 89 de la Constitución Política de los Estados Unidos Mexicanos y para su debida publicación y observancia, expido el presente Decreto en la residencia del Poder Ejecutivo Federal, en la Ciudad de México, Distrito Federal, a los veinticinco días del mes de junio de mil novecientos noventa y dos.- Carlos Salinas de Gortari.- Rúbrica.- El Secretario de Gobernación, Fernando Gutiérrez Barrios.- Rúbrica.

TRANSITORIOS DEL 26 DE ENERO DE 2006

Que adiciona una fracción XIV Bis al artículo 6 de la Ley de la Comisión Nacional de los Derechos Humanos.

PRIMERO.- El presente Decreto entrará en vigor al día siguiente de su publicación en el Diario Oficial de la Federación.

SEGUNDO.- La Comisión Nacional de los Derechos Humanos realizará las reformas o adiciones a su Reglamento Interior dentro de los sesenta días siguientes a la entrada en vigor del presente decreto, donde establecerá las funciones específicas del área encargada del seguimiento, evaluación y monitoreo en materia de igualdad entre mujeres y hombres; sin perjuicio de las adecuaciones que sean necesarias a la entrada en vigor de la Ley General de Igualdad entre Mujeres y Hombres.

TERCERO.- Las adecuaciones reglamentarias a que se refiere el artículo anterior y que al efecto realice la Comisión en el ámbito de su competencia, deberán contemplar medidas tendientes a capacitar y especializar a los servidores públicos a cargo del área encargada del

seguimiento, evaluación y monitoreo en materia de igualdad entre mujeres y hombres.
CUARTO.- El área a que se refieren los numerales anteriores iniciará sus funciones al momento de entrar en vigor las adecuaciones al Reglamento Interior de la Comisión, con los recursos y la estructura que al efecto disponga ésta de acuerdo con su Presupuesto en vigor; sin perjuicio de las ampliaciones presupuestales que se propongan en términos de la Ley de la Comisión Nacional de los Derechos Humanos para los ejercicios fiscales subsecuentes y se aprueben en términos de la legislación aplicable.

México, D.F., a 24 de noviembre de 2005.- Dip. Heliodoro Díaz Escárraga, Presidente.- Sen. Enrique Jackson Ramírez, Presidente.- Dip. Patricia Garduño Morales, Secretaria.- Sen. Sara I. Castellanos Cortés, Secretaria.- Rúbricas."

En cumplimiento de lo dispuesto por la fracción I del Artículo 89 de la Constitución Política de los Estados Unidos Mexicanos, y para su debida publicación y observancia, expido el presente Decreto en la Residencia del Poder Ejecutivo Federal, en la Ciudad de México, Distrito Federal, . los veintitrés días del mes de enero de dos mil seis.- Vicente Fox Quesada.- Rúbrica.- El Secretario de Gobernación, Carlos María Abascal Carranza.- Rúbrica.

TRANSITORIOS DEL 6 DE JUNIO DE 2006

Que reforma el Artículo 75 de la Ley de la Comisión Nacional de los Derechos Humanos.
PRIMERO.- El presente Decreto entrará en vigor al día siguiente de su publicación en el Diario Oficial de la Federación.
SEGUNDO.- El patrimonio del organismo descentralizado denominado "Comisión Nacional de Derechos Humanos" pasa a formar parte del organismo autónomo "Comisión Nacional de los Derechos Humanos".
TERCERO.- Para efectos de la regularización de los bienes inmuebles a que se refiere la presente reforma, la Comisión Nacional de los Derechos Humanos deberá realizar el procedimiento administrativo correspondiente ante la Secretaría de la Función Pública, de conformidad con lo dispuesto en la Ley General de Bienes Nacionales.

México, D.F., a 18 de abril de 2006.- Sen. Enrique Jackson Ramírez, Presidente.- Dip. Marcela González Salas P., Presidenta.- Sen. Sara Isabel Castellanos Cortés, Secretaria.- Dip. Marcos Morales Torres, Secretario.- Rúbricas."

En cumplimiento de lo dispuesto por la fracción I del Artículo 89 de la Constitución Política de los Estados Unidos Mexicanos, y para su debida publicación y observancia, expido el presente Decreto en la Residencia del Poder Ejecutivo Federal, en la Ciudad de México, Distrito Federal, a los treinta días del mes de mayo de dos mil seis.- Vicente Fox Quesada.- Rúbrica.- El Secretario de Gobernación, Carlos María Abascal Carranza.- Rúbrica.

TRANSITORIO DEL 30 DE JUNIO DE 2006

Que reforman los artículos 15, fracción V y 52, se adicionan un segundo párrafo al artículo 72 y los párrafos segundo y tercero al artículo 73 de la Ley de la Comisión Nacional de los Derechos Humanos.
ÚNICO.- El presente Decreto entrará en vigor al día siguiente de su publicación en el Diario Oficial de la Federación.

México, D.F., a 26 de abril de 2006.- Dip. Marcela González Salas P., Presidenta.- Sen. Enrique Jackson Ramírez, Presidente.- Dip. Marcos Morales Torres, Secretario.- Sen. Micaela Aguilar González, Secretaria.- Rúbricas."

En cumplimiento de lo dispuesto por la fracción I del Artículo 89 de la Constitución Política de los Estados Unidos Mexicanos, y para su debida publicación y observancia, expido el presente Decreto en la Residencia del Poder Ejecutivo Federal, en la Ciudad de México, Distrito Federal, a los veintiséis días del mes de junio de dos mil seis.- Vicente Fox Quesada.- Rúbrica.- El Secretario de Gobernación, Carlos María Abascal Carranza.- Rúbrica.

LEY PARA LA PROTECCIÓN DE LOS DERECHOS DE NIÑAS, NIÑOS Y ADOLESCENTES

Al margen un sello con el Escudo Nacional, que dice: Estados Unidos Mexicanos.- Presidencia de la República.

ERNESTO ZEDILLO PONCE DE LEÓN, Presidente de los Estados Unidos Mexicanos, a sus habitantes sabed:

Que el Honorable Congreso de la Unión, se ha servido dirigirme el siguiente DECRETO

"EL CONGRESO DE LOS ESTADOS UNIDOS MEXICANOS, DECRETA:

[1]LEY PARA LA PROTECCIÓN DE LOS DERECHOS DE NIÑAS, NIÑOS Y ADOLESCENTES

TÍTULO PRIMERO
Disposiciones Generales

ART. 1.- La presente ley se fundamenta en el párrafo sexto del artículo 4o. de la Constitución Política de los Estados Unidos Mexicanos, sus disposiciones son de orden público, interés social y de observancia general en toda la República Mexicana y tiene por objeto garantizar a niñas, niños y adolescentes la tutela y el respeto de los derechos fundamentales reconocidos en la Constitución.

La Federación, el Distrito Federal, los estados y los municipios en el ámbito de su competencia, podrán expedir las normas legales y tomarán las medidas administrativas necesarias a efecto de dar cumplimiento a esta ley.

ART. 2.- Para los efectos de esta ley, son niñas y niños las personas de hasta 12 años incompletos, y adolescentes los que tienen entre 12 años cumplidos y 18 años incumplidos.

ART. 3.- La protección de los derechos de niñas, niños y adolescentes, tiene como objetivo asegurarles un desarrollo pleno e integral, lo que implica la oportunidad de formarse física, mental, emocional, social y moralmente en condiciones de igualdad.

Son principios rectores de la protección de los derechos de niñas, niños y adolescentes:

---

[1] *Publicada el 29 de mayo de 2000.*

A.- El del interés superior de la infancia.

B.- El de la no-discriminación por ninguna razón, ni circunstancia.

C.- El de igualdad sin distinción de raza, edad, sexo, religión, idioma o lengua, opinión política o de cualquier otra índole, origen étnico, nacional o social, posición económica, discapacidad, circunstancias de nacimiento o cualquiera otra condición suya o de sus ascendientes, tutores o representantes legales.

D.- El de vivir en familia, como espacio primordial de desarrollo.

E.- El de tener una vida libre de violencia.

F.- El de corresponsabilidad de los miembros de la familia, Estado y sociedad.

G.- El de la tutela plena e igualitaria de los derechos humanos y de las garantías constitucionales.

ART. 4.- De conformidad con el principio del interés superior de la infancia, las normas aplicables a niñas, niños y adolescentes, se entenderán dirigidas a procurarles, primordialmente, los cuidados y la asistencia que requieren para lograr un crecimiento y un desarrollo plenos dentro de un ambiente de bienestar familiar y social.

Atendiendo a este principio, el ejercicio de los derechos de los adultos no podrá, en ningún momento, ni en ninguna circunstancia, condicionar el ejercicio de los derechos de niñas, niños y adolescentes.

La aplicación de esta ley atenderá al respeto de este principio, así como al de las garantías y los derechos fundamentales reconocidos en la Constitución Política de los Estados Unidos Mexicanos.

ART. 5.- La Federación, el Distrito Federal, los estados y los municipios, procurarán implementar los mecanismos necesarios para impulsar una cultura de protección de los derechos de la infancia, basada en el contenido de la Convención Sobre los Derechos del Niño y tratados que sobre el tema apruebe el Senado de la República.

ART. 6.- A falta de disposición expresa en la Constitución, en esta ley o en los tratados internacionales en los términos del artículo 133 de la Constitución, se estará a los principios generales que deriven de dichos ordenamientos y a falta de éstos, a los principios generales del derecho.

ART. 7.- Corresponde a las autoridades o instancias federales, del Distrito Federal, estatales y municipales en el ámbito de sus atribuciones, la de asegurar a niñas, niños y adolescentes la protección y el ejercicio de sus derechos y la toma de medidas necesarias para su bienestar tomando en cuenta los derechos y deberes de sus madres, padres, y demás ascendientes, tutores y custodios, u otras personas que sean responsables de los mismos. De igual manera y sin prejuicio de lo anterior, es deber y obligación de la comunidad a la que pertenecen y, en general de todos los integrantes de la sociedad, el respeto y el auxilio en el ejercicio de sus derechos.

El Gobierno Federal promoverá la adopción de un Programa Nacional Para la Atención de los Derechos de la Infancia y Adolescencia, en el que se involucre la participación de las entidades federativas y municipios, en el ámbito de sus respectivas competencias, así como del sector privado y social, para la instrumentación de políticas y estrategias que contribuyan al cumplimiento de la presente ley y garantice el mejoramiento de la condición social de niñas, niños y adolescentes.

ART. 8.- A fin de procurar para niñas, niños y adolescentes, el ejercicio igualitario de todos sus derechos, se atenderá, al aplicarse esta ley, a las diferencias que afectan a quienes viven privados de sus derechos.

La Federación, el Distrito Federal, los estados y los municipios en el ámbito de sus respectivas competencias, promoverán lo necesario para adoptar las medidas de protección especial que requieran quienes vivan carentes o privados de sus derechos, para terminar con esa situación y, una vez logrado, insertarlos en los servicios y los programas regulares dispuestos para quienes no vivan con tales deficiencias.

Las instituciones gubernamentales encargadas de cumplir la obligación establecida en el párrafo anterior, deberán poner en marcha programas cuya permanencia quede asegurada hasta que se logre la incorporación a la que se hace referencia.

ART. 9.- Niñas, niños y adolescentes tienen los deberes que exige el respeto de todas las personas, el cuidado de los bienes propios, de la familia y de la comunidad, y el aprovechamiento de los recursos que se dispongan para su desarrollo.

Ningún abuso, ni violación de sus derechos podrá considerarse válido ni justificarse por la exigencia del cumplimiento de sus deberes.

CAPÍTULO II
Obligaciones de ascendientes, tutores y custodios

ART. 10.- Para los efectos de garantizar y promover los derechos contenidos en la presente ley, las autoridades federales, del Distrito Federal, estatales y municipales en el ámbito de sus atribuciones, promoverán las acciones conducentes a proporcionar la asistencia apropiada a madres, padres, tutores o personas responsables para el desempeño de sus facultades.

ART. 11.- Son obligaciones de madres, padres y de todas las personas que tengan a su cuidado niñas, niños y adolescentes:

A.- Proporcionarles una vida digna, garantizarles la satisfacción de alimentación, así como el pleno y armónico desarrollo de su personalidad en el seno de la familia, la escuela, la sociedad y las instituciones, de conformidad con lo dispuesto en el presente artículo.

Para los efectos de este precepto, la alimentación comprende esencialmente la satisfacción de las necesidades de comida, habitación, educación, vestido, asistencia en caso de enfermedad y recreación.

B.- Protegerlos contra toda forma de maltrato, prejuicio, daño, agresión, abuso, trata y explotación. Lo anterior implica que la facultad que tienen quienes ejercen la patria potestad o la custodia de niñas, niños y adolescentes no podrán al ejercerla atentar contra su integridad física o mental ni actuar en menoscabo de su desarrollo.

Las normas dispondrán lo necesario para garantizar el cumplimiento de los deberes antes señalados. En todo caso, se preverán los procedimientos y la asistencia jurídica necesaria para asegurar que ascendientes, padres, tutores y responsables de niñas, niños y adolescentes cumplan con su deber de dar alimentos. Se establecerá en las leyes respectivas la responsabilidad penal para quienes incurran en abandono injustificado.

Las autoridades federales, del Distrito Federal, estatales y municipales en el ámbito de sus respectivas atribuciones, impulsarán la prestación de servicios de guardería, así como auxilio y apoyo a los ascendientes o tutores responsables que trabajen.

ART. 12.- Corresponden a la madre y al padre los deberes enunciados en el artículo anterior y consecuentemente, dentro de la familia y en relación con las hijas e hijos, tendrán autoridad y consideraciones iguales.

El hecho de que los padres no vivan en el mismo hogar, no impide que cumplan con las obligaciones que le impone esta ley.

ART. 13.- A fin de garantizar el cumplimiento de los derechos establecidos en este capítulo, las leyes federales, del Distrito Federal y de las entidades federativas podrán disponer lo necesario para que se cumplan en todo el país:

A.- Las obligaciones de ascendientes o tutores, o de cualquier persona que tenga a su cargo el cuidado de una niña, de un niño, o de un o una adolescente de protegerlo contra toda forma de abuso; tratarlo con respeto a su dignidad y a sus derechos; cuidarlo, atenderlo y orientarlo a fin de que conozca sus derechos, aprenda a defenderlos y a respetar los de las otras personas.

B.- Para que el Estado, en los ámbitos federal, estatal y municipal pueda intervenir, con todos los medios legales necesarios, para evitar que se generen violaciones, particulares o generales del derecho de protección de niñas, niños y adolescentes. Especialmente se proveerá lo necesario para evitar que salgan del país sin que medie la autorización de sus padres, tutores o de un juez competente.

C.- La obligación de familiares, vecinos, médicos, maestros, trabajadores sociales, servidores públicos, o cualesquiera persona, que tengan conocimiento de casos de niñas, niños o adolescentes que estén sufriendo la violación de los derechos consignados en esta ley, en cualquiera de sus formas, de ponerlo en conocimiento inmediato de las autoridades competentes, de manera que pueda seguirse la investigación correspondiente.

En las escuelas o instituciones similares, los educadores o maestros serán responsables de evitar cualquier forma de maltrato, perjuicio, daño, agresión, abuso o explotación, en contra de niñas, niños o adolescentes.

TÍTULO SEGUNDO
De los Derechos de Niñas, Niños y Adolescentes
CAPÍTULO I
Del Derecho de Prioridad

ART. 14.-Niñas, niños y adolescentes tienen derecho a que se les asegure prioridad en el ejercicio de todos sus derechos, especialmente a que:

A.- Se les brinde protección y socorro en cualquier circunstancia y con la oportunidad necesaria.

B.- Se les atienda antes que a los adultos en todos los servicios, en igualdad de condiciones.

C.- Se considere el diseñar y ejecutar las políticas públicas necesarias para la protección de sus derechos.

D.- Se asignen mayores recursos a las instituciones encargadas de proteger sus derechos.

CAPÍTULO II
Del Derecho a la vida

ART. 15.- Niñas, niños y adolescentes tienen derecho a la vida. Se garantizará en la máxima medida posible su supervivencia y su desarrollo.

CAPÍTULO III
Del Derecho a la no Discriminación

ART. 16.- Niñas, niños y adolescentes tienen reconocidos sus derechos y no deberá hacerse ningún tipo de discriminación en razón de raza, color, sexo, idioma o lengua, religión; opinión política; origen étnico, nacional o social; posición económica; discapacidad física, circunstancias de nacimiento o cualquier otra condición no prevista en este artículo.

Es deber de las autoridades adoptar las medidas apropiadas para garantizar el goce de su derecho a la igualdad en todas sus formas.

ART. 17.- Las medidas que se tomen y las normas que se dicten para proteger a niñas, niños y adolescentes, que se encuentren en circunstancias especialmente difíciles por estar carentes o privados de sus derechos y para procurarles el ejercicio igualitario de éstos, no deberán implicar discriminación para los demás infantes y adolescentes, ni restringirles dicho goce igualitario. Las medidas especiales tomadas en favor de aquéllos pero en respeto de éstos, no deberán entenderse como discriminatorias.

ART. 18.- Es deber de las autoridades, ascendientes, tutores y de miembros de la sociedad, promover e impulsar un desarrollo igualitario entre niñas, niños y adolescentes, debiendo combatir o erradicar desde la más tierna edad las costumbres y prejuicios alentadores de una pretendida superioridad de un sexo sobre otro.

CAPÍTULO IV
De los Derechos a Vivir en Condiciones de Bienestar y a un Sano Desarrollo Psicofísico

ART. 19.- Niñas, niños y adolescentes tienen derecho a vivir en condiciones que permitan su crecimiento sano y armonioso, tanto físico como mental, material, espiritual, moral y social.

ART. 20.- Las madres tienen derecho, mientras están embarazadas o lactando, a recibir la atención médica y nutricional necesaria, de conformidad con el derecho a la salud integral de la mujer.

CAPÍTULO V
Del Derecho a ser Protegido en su integridad, en su libertad, y contra el maltrato y el abuso sexual

ART. 21.- Niñas, niños y adolescentes tienen el derecho a ser protegidos contra actos u omisiones que puedan afectar su salud física o mental, su normal desarrollo o su derecho a la educación en los términos establecidos en el artículo 3o. constitucional. Las normas establecerán las formas de prever y evitar estas conductas. Enunciativamente, se les protegerá cuando se vean afectados por:

A.- El descuido, la negligencia, el abandono, el abuso emocional, físico y sexual.

B.- La explotación, el uso de drogas y enervantes, el secuestro y la trata.

C.- Conflictos armados, desastres naturales, situaciones de refugio o desplazamiento, y acciones de reclutamiento para que participen en conflictos armados.

CAPÍTULO VI
Del Derecho a la Identidad

ART. 22.- El derecho a la identidad está compuesto por:

A.- Tener un nombre y los apellidos de los padres desde que nazca y a ser inscrito en el Registro Civil.

B.- Tener una nacionalidad, de acuerdo con lo establecido en la Constitución.

C.- Conocer su filiación y su origen, salvo en los casos que las leyes lo prohíban.

D.- Pertenecer a un grupo cultural y compartir con sus integrantes costumbres, religión, idioma o lengua, sin que esto pueda ser entendido como razón para contrariar ninguno de sus derechos.

A fin de que niñas, niños y adolescentes puedan ejercer plenamente el derecho a su identidad, las normas de cada Entidad Federativa podrán disponer lo necesario para que la madre y el padre los registren, sin distinción en virtud de las circunstancias de su nacimiento.

CAPÍTULO VII
Del Derecho a vivir en Familia

ART. 23.- Niñas, niños y adolescentes tienen derecho a vivir en familia. La falta de recursos no podrá considerarse motivo suficiente para separarlos de sus padres o de los familiares con los que convivan, ni causa de la pérdida de la patria potestad.

El Estado velará porque sólo sean separados de sus padres y de sus madres mediante sentencia u orden preventiva judicial que declare legalmente la separación y de conformidad con causas previamente dispuestas en las leyes, así como de procedimientos en los que se garantice el derecho de audiencia de todas las partes involucradas incluidas niñas, niños y adolescentes. Las leyes establecerán lo necesario, a fin de asegurar que no se juzguen como exposición ni estado de abandono, los casos de padres y madres que, por extrema pobreza o porque tengan necesidad de ganarse el sustento lejos de su lugar de residencia, tengan dificultades para atenderlos permanentemente, siempre que los mantengan al cuidado de otras personas, los traten sin violencia y provean a su subsistencia.

Se establecerán programas de apoyo a las familias para que esa falta de recursos no sea causa de separación.

ART. 24.- Las autoridades establecerán las normas y los mecanismos necesarios a fin de que, siempre que una niña, un niño, una o un adolescente se vean privados de su familia de origen, se procure su reencuentro con ella. Asimismo, se tendrá como prioritaria la necesidad de que niñas, niños y adolescentes, cuyos padres estén separados tengan derecho a convivir o mantener relaciones personales y trato directo con ambos, salvo que de conformidad con la ley, la autoridad determine que ello es contrario al interés superior del niño.

ART. 25.- Cuando una niña, un niño, un o una adolescente se vean privados de su familia, tendrán derecho a recibir la protección del Estado, quien se encargará de procurarles una familia sustituta y mientras se encuentre bajo la tutela de éste, se les brinden los cuidados especiales que requieran por su situación de desamparo familiar. Las normas establecerán las disposiciones necesarias para que se logre que quienes lo requieran, ejerzan plenamente el derecho a que se refiere este capítulo, mediante:

A.- La adopción, preferentemente la adopción plena.

B.- La participación de familias sustitutas y

C.- A falta de las anteriores, se recurrirá a las Instituciones de asistencia pública o privada o se crearán centros asistenciales para este fin.

ART. 26.- Las autoridades federales, del Distrito Federal, estatales y municipales en el ámbito de sus atribuciones, velarán porque en las adopciones se respeten las normas que las rijan, las cuales serán diseñadas a fin de que niñas, niños, y adolescentes sean adoptados en pleno respeto de sus derechos y contendrán disposiciones tendientes a que:

A.- Se escuche y tome en cuenta en los términos de la ley aplicable su opinión.

B.- Se asesore jurídicamente, tanto a quienes consientan en la adopción, como a quienes la acepten, a fin de que conozcan las consecuencias del hecho.

C.- La adopción no dé lugar a beneficios económicos indebidos para quienes participen en ella.

ART. 27.- Tratándose de adopción internacional, las normas internas deben disponer lo necesario para asegurar que niñas, niños y adolescentes sean adoptados por nacionales de países en donde existan reglas jurídicas de adopción y de tutela de sus derechos cuando menos equivalentes a las mexicanas.

CAPÍTULO VIII
Del Derecho a la Salud

ART. 28.- Niñas, niños y adolescentes tienen derecho a la salud. Las autoridades federales, del Distrito Federal, estatales y municipales en el ámbito de sus respectivas competencias, se mantendrán coordinados a fin de:

A.- Reducir la mortalidad infantil.

B.- Asegurarles asistencia médica y sanitaria para la prevención, tratamiento y la rehabilitación de su salud.

C.- Promover la lactancia materna.

D.- Combatir la desnutrición mediante la promoción de una alimentación adecuada.

E.- Fomentar los programas de vacunación.

F.- Ofrecer atención pre y post natal a las madres, de conformidad con lo establecido en esta ley.

G.- Atender de manera especial las enfermedades endémicas, epidémicas, de transmisión sexual y del VIH/SIDA, impulsando programas de prevención e información sobre ellas.

H.- Establecer las medidas tendientes a prevenir embarazos tempranos.

I.- Disponer lo necesario para que niñas, niños y adolescentes con discapacidad, reciban la atención apropiada a su condición, que los rehabilite, les mejore su calidad de vida, les reincorpore a la sociedad y los equipare a las demás personas en el ejercicio de sus derechos.

J.- Establecer las medidas tendientes a que en los servicios de salud se detecten y atiendan de manera especial los casos de infantes y adolescentes víctimas o sujetos de violencia familiar.

CAPÍTULO IX
Derechos de Niñas, Niños y Adolescentes con Discapacidad

ART. 29.- Para efectos de esta ley, se considera persona con discapacidad a quien padezca una alteración funcional física, intelectual o sensorial, que le impida realizar una actividad propia de su edad y medio social, y que implique desventajas para su integración familiar, social, educacional o laboral.

ART. 30.- Niñas, niños y adolescentes con discapacidad física, intelectual o sensorial no podrán ser discriminados por ningún motivo. Independientemente de los demás derechos que reconoce y otorga esta ley, tienen derecho a desarrollar plenamente sus aptitudes y a gozar de una vida digna que les permita integrarse a la sociedad, participando, en la medida de sus posibilidades, en los ámbitos escolar, laboral, cultural, recreativo y económico.

ART. 31.- La Federación, el Distrito Federal, estados y municipios en el ámbito de sus respectivas competencias, establecerán normas tendientes a:

A.- Reconocer y aceptar la existencia de la discapacidad.

B.- Ofrecer apoyos educativos y formativos para padres y familiares de niñas, niños y adolescentes con discapacidad, a fin de aportarles los medios necesarios para que puedan fomentar su desarrollo y vida digna.

C.- Promover acciones interdisciplinarias para el estudio, diagnóstico temprano, tratamiento y rehabilitación de las discapacidades de niñas, niños y adolescentes que en cada caso se necesiten, asegurando que sean accesibles a las posibilidades económicas de sus familiares.

D.- Fomentar centros educativos especiales y proyectos de educación especial que permitan a niñas, niños y adolescentes con discapacidad, integrarse en la medida de su capacidad a los sistemas educativos regulares. Dispondrán de cuidados elementales gratuitos, acceso a programas de estimulación temprana, servicios de salud, rehabilitación, esparcimiento, actividades ocupacionales, así como a la capacitación para el trabajo, para lo cual se promoverá, de no contarse con estos servicios, a su creación.

E.- Adaptar el medio que rodea a niñas, niños y adolescentes con discapacidad a sus necesidades particulares.

CAPÍTULO X
Del Derecho a la Educación

ART. 32.- Niñas, niños y adolescentes tienen derecho a una educación que respete su dignidad y les prepare para la vida en un espíritu de comprensión, paz y tolerancia en los términos del artículo 3o. de la Constitución. Las leyes promoverán las medidas necesarias para que:

A.- Se les proporcione la atención educativa que por su edad, madurez y circunstancias especiales requirieran para su pleno desarrollo.

B.- Se evite la discriminación de las niñas y las adolescentes en materia de oportunidades educativas. Se establecerán los mecanismos que se requieran para contrarrestar las razones culturales, económicas o de cualquier otra índole, que propicien dicha discriminación.

C.- Las niñas, niños y adolescentes que posean cualidades intelectuales por encima de la media, tengan derecho a una educación acorde a sus capacidades, así como a contar con las condiciones adecuadas que les permita integrarse a la sociedad.

D.- Se impulse la enseñanza y respeto de los derechos humanos. En especial la no discriminación y de la convivencia sin violencia.

E.- Se prevean mecanismos de participación democrática en todas las actividades escolares, como medio de formación ciudadana.

F.- Se impida en las instituciones educativas la imposición de medidas de disciplina que no estén previamente establecidas, sean contrarias a su dignidad, atenten contra su vida, o su integridad física o mental.

G.- Se favorezcan en las instituciones educativas, mecanismos para la solución de conflictos, que contengan claramente las conductas que impliquen faltas a la disciplina y los procedimientos para su aplicación.

CAPÍTULO XI
De los Derechos al Descanso y al Juego

ART. 33.- Niñas, niños y adolescentes tienen derecho al descanso y al juego, los cuales serán respetados como factores primordiales de su desarrollo y crecimiento; así como a disfrutar de las manifestaciones y actividades culturales y artísticas de su comunidad.

ART. 34.- Por ninguna razón ni circunstancia, se les podrá imponer regímenes de vida, estudio, trabajo o reglas de disciplina que impliquen la renuncia o el menoscabo de estos derechos.

ART. 35.- Para garantizar la protección de los derechos reconocidos en esta Ley, se reitera la prohibición constitucional de contratar laboralmente a menores de 14 años bajo cualquier circunstancia.

A los que infrinjan tal prohibición y que además pongan en peligro su integridad y desarrollo, se les impondrán las sanciones que establece el Código Penal.

Igualmente las autoridades Federales, del Distrito Federal, estatales y municipales proveerán lo necesario para que niñas, niños o adolescentes no queden en situación de abandono o falta de protección por el cumplimiento de estas disposiciones.

CAPÍTULO XII
De la Libertad de Pensamiento y del Derecho a una Cultura Propia

ART. 36.- Niñas, niños y adolescentes gozarán de libertad de pensamiento y conciencia.

ART. 37.- Niñas, niños y adolescentes que pertenezcan a un grupo indígena tienen derecho a disfrutar libremente de su lengua, cultura, usos, costumbres, religión, recursos y formas específicas de organización social.

Lo dispuesto en el párrafo anterior no debe entenderse como limitativo del ejercicio del derecho a la educación, según lo dispuesto en el artículo 3o. de la Constitución ni de ningún otro protegido por esta ley. De igual manera, las autoridades educativas dispondrán lo necesario para que la enseñanza, al atender a lo establecido en el mismo precepto, no contraríe lo dispuesto en el párrafo primero del artículo 4o. de esta ley.

CAPÍTULO XIII
Del Derecho a Participar

ART. 38.- Niñas, niños y adolescentes tienen derecho a la libertad de expresión; la cual incluye sus opiniones y a ser informado.

Dichas libertades se ejercerán sin más límite que lo previsto por la Constitución.

ART. 39.- Niñas, niños y adolescentes tienen derecho a ejercer sus capacidades de opinión, análisis, crítica y de presentar propuestas en todos los ámbitos en los que viven, trátese de familia, escuela, sociedad o cualquier otro, sin más limitaciones que las que establezca la Constitución y dicte el respeto de los derechos de terceros.

ART. 40.- Niñas, niños y adolescentes tienen derecho a la información. En cumplimiento de este derecho se establecerán normas y se diseñarán políticas, a fin de que estén orientados en el ejercicio del derecho a que se refiere el artículo anterior.

Asimismo, se pondrá especial énfasis en medidas que los protejan de peligros que puedan afectar su vida, su salud o su desarrollo.

ART. 41.- El derecho a expresar opinión implica que se les tome su parecer respecto de:

A.- Los asuntos que los afecten y el contenido de las resoluciones que les conciernen.

B.- Que se escuchen y tomen en cuenta sus opiniones y propuestas respecto a los asuntos de su familia o comunidad.

ART. 42.- Niñas, niños y adolescentes tienen derecho de reunirse y asociarse. Las leyes deben disponer lo necesario para que puedan ejercerlo sin más límites que los que establece la Constitución.

TÍTULO TERCERO
CAPÍTULO I
Sobre los Medios de Comunicación Masiva

ART. 43.- Sin perjuicio de lo previsto en la normatividad aplicable a los medios de comunicación masiva, las autoridades federales, en el ámbito de sus competencias, procurarán verificar que éstos:

A.- Difundan información y materiales que sean de interés social y cultural para niñas, niños y adolescentes, de conformidad con los objetivos de educación que dispone el artículo 3o. de la Constitución y la Convención sobre los Derechos del Niño.

B.- Eviten la emisión de información contraria a los objetivos señalados y que sea perjudicial para su bienestar o contraria con los principios de paz, no discriminación y de respeto a todas las personas.

C.- Difundan información y materiales que contribuyan a orientarlos en el ejercicio de sus derechos, les ayude a un sano desarrollo y a protegerse a sí mismos de peligros que puedan afectar a su vida o su salud.

D.- Eviten la difusión o publicación de información en horarios de clasificación A, con contenidos perjudiciales para su formación, que promuevan la violencia o hagan apología del delito y la ausencia de valores.

E.- Además, las autoridades vigilarán que se clasifiquen los espectáculos públicos, las películas, los programas de radio y televisión, los videos, los impresos y cualquier otra forma de comunicación o información que sea perjudicial para su bienestar o que atente contra su dignidad.

TÍTULO CUARTO

CAPÍTULO UNICO
Del Derecho al debido proceso en caso de infracción
a la Ley Penal.

ART. 44.- Las normas protegerán a niñas, niños y adolescentes de cualquier injerencia arbitraria o contraria a sus garantías constitucionales o a los derechos reconocidos en esta ley y en los tratados, suscritos por nuestro país, en los términos del artículo 133 Constitucional.

ART. 45.- A fin de dar cumplimiento a lo establecido en el artículo anterior, las normas establecerán las bases para asegurar a niñas, niños y adolescentes, lo siguiente:

A.- Que no sean sometidos a torturas ni a otros tratos o penas crueles, inhumanas o degradantes.

B.- Que no sean privados de su libertad de manera ilegal o arbitraria. La detención o privación de la libertad del adolescente se llevará a cabo de conformidad con la ley y respetando las garantías de audiencia, defensa y procesales que reconoce la Constitución.

C.- Que la privación de la libertad sea aplicada siempre y cuando se haya comprobado que se infringió gravemente la ley penal y como último recurso, durante el periodo más breve posible, atendiendo al principio del interés superior de la infancia.

D.- Que de aquellos adolescentes que infrinjan la ley penal, su tratamiento o internamiento sea distinto al de los adultos y, consecuentemente se encuentren internados en lugares diferentes de éstos. Para ello se crearán instituciones especializadas para su tratamiento e internamiento.

E.- Que de conformidad con el inciso que antecede, se promoverán códigos o leyes en los que se establecerán procedimientos y crearán instituciones y autoridades especializadas para el tratamiento de quienes se alegue han infringido las leyes penales. Entre esas acciones se establecerán Ministerios Públicos y Jueces Especializados.

F.- Que en el tratamiento a que se refiere el inciso anterior, se considere la importancia de promover la reintegración o adaptación social del adolescente y para que asuma una función constructiva en la sociedad.

G.- Que entre las medidas de tratamiento que se apliquen a quienes infrinjan la ley penal, se encuentren las siguientes: El cuidado, orientación, supervisión, asesoramiento, libertad vigilada, colocación de hogares de guarda, programas de enseñanza y formación profesional, así como otras posibilidades alternativas a la internación en instituciones, para asegurar que sean tratados de manera apropiada para su reintegración y adaptación social, en función de su bienestar, cuidando que la medida aplicada guarde proporción entre las circunstancias de su comisión y la sanción correspondiente.

En las leyes penales se diferenciarán las medidas de tratamiento e internamiento para aquellos casos que se infrinja la ley penal, cuando se trate de delitos graves o de delincuencia organizada por los mismos adolescentes, ante lo cual se podrán prolongar o aumentar las medidas de tratamiento y en último caso, optar por la internación.

H.- Que todo aquel adolescente que presuntamente ha infringido las leyes penales, tenga derecho a un pronto acceso a la asistencia jurídica y a cualquier otra asistencia adecuada, a fin de salvaguardar sus derechos. Consecuentemente, se promoverá el establecimiento de Defensores de Oficio Especializados.

I.- Que en los casos que se presuma se han infringido las leyes penales, se respete el derecho a la presencia de sus ascendientes, tutores, custodios o de quienes estén responsabilizados de su cuidado.

J.- Que a quienes se prive legalmente de su libertad, sean tratados respetando sus derechos humanos y la dignidad inherente a toda persona.

K.- Que quienes sean privados de su libertad tengan derecho a mantener contacto permanente y constante con su familia, con la cual podrá convivir, salvo en los casos que lo impida el interés superior de la infancia.

L.- Que no procederá la privación de libertad en ningún caso cuando se trate de niñas o niños. Cuando se trate de adolescentes que se encuentren en circunstancias extraordinarias, de abandono o de calle, no podrán ser privados de su libertad por esa situación especialmente difícil.

ART. 46.- Los procedimientos a los que se someta a una o un adolescente que presuntamente haya infringido la ley penal, deberán respetar todas las garantías procesales dispuestas en la Constitución, particularmente las siguientes:

A.- Garantía de presunción de inocencia, de conformidad con la cual se presume inocente mientras no se demuestre lo contrario.

B.- Garantía de celeridad, consistente en el establecimiento de procedimientos orales y sumarios para aquellos que estén privados de su libertad.

C.- Garantía de defensa, que implica los deberes de: informar al adolescente, en todo momento, de los cargos que existan en su contra y del desarrollo de las diligencias procesales; asegurarle la asistencia de un defensor de oficio, para el caso de que el adolescente o su representante legal no lo designe; garantizarle que no se le obligue a declarar contra sí mismo, ni contra sus familiares; garantía de que no será obligado al careo judicial; permitirle que esté presente en todas las diligencias judiciales que se realicen y que sea oído, aporte pruebas e interponga recursos.

D.- Garantía de no ser obligado al careo judicial o ministerial.

E.- Garantía de contradicción, que obliga a dar a conocer oportunamente, al adolescente sometido a proceso todas las diligencias y actuaciones del mismo, a fin de que puedan manifestar lo que a su derecho convenga e interponer recursos.

F.- Garantía de oralidad en el procedimiento, que lleva a que se escuche directamente al adolescente implicado en el proceso.

ART. 47.- El adolescente que infrinja las normas administrativas quedará sujeto a la competencia de las instituciones especializadas o de las instituciones equivalentes en la Entidad Federativa en la que se encuentren, las cuales deberán, asistirlo sin desvincularlo de sus familias y sin privarlo de su libertad.

TÍTULO QUINTO

CAPÍTULO I
De la Procuración de la Defensa y Protección de los Derechos de Niñas, Niños y Adolescentes

ART. 48.- Para una mejor defensa y protección de los derechos de niñas, niños y adolescentes a nivel nacional, las instituciones que la Federación, el Distrito Federal, los estados y municipios establezcan, en el ámbito de sus respectivas competencias, contarán con el personal capacitado y serán instancias especializadas con funciones de autoridad para la efectiva procuración del respeto de tales derechos.

ART. 49.- Las instituciones señaladas en el artículo anterior, tendrán las facultades siguientes:

A.- Vigilar la observancia de las garantías constitucionales que salvaguardan los derechos de niñas, niños y adolescentes, las disposiciones contenidas en los tratados internacionales suscritos por nuestro país en los términos del artículo 133 Constitucional y las previstas en la legislación aplicable.

B.- Representar legalmente los intereses de niñas, niños y adolescentes ante las autoridades judiciales o administrativas, sin contravenir las disposiciones legales aplicables.

C.- Conciliar en casos de conflicto en el núcleo familiar cuando se vulneren los derechos y garantías de niñas, niños y adolescentes.

D.- Denunciar ante el Ministerio Público todos aquellos hechos que se presuman constitutivos de delito, coadyuvando en la averiguación previa.

E.- Promover la participación de los sectores público, social y privado en la planificación y ejecución de acciones en favor de la atención, defensa y protección de los derechos de niñas, niños y adolescentes.

F.- Asesorar a las autoridades competentes y a los sectores social y privado en lo relativo a la protección de sus derechos.

G.- Realizar, promover y difundir estudios e investigaciones para fortalecer las acciones en favor de la atención, defensa y protección de sus derechos y hacerlos llegar a las autoridades competentes y a los sectores social y privado para su incorporación en los programas respectivos.

H.- Definir, instrumentar y ejecutar políticas y mecanismos que garanticen la protección de los derechos de niñas, niños y adolescentes.

I.- Aplicar las sanciones establecidas en esta ley.

J.- Las demás que le confieran expresamente las disposiciones legales aplicables.

ART. 50.- El Gobierno Federal promoverá la celebración de convenios de coordinación con los gobiernos del Distrito Federal, estados y municipios, a efecto de realizar acciones conjuntas para la procuración, protección y defensa de los derechos de niñas, niños y adolescentes.

ART. 51.- Las instituciones podrán contar con órganos consultivos, de apoyo, evaluación y coordinación en el ejercicio de sus funciones, en los que participarán las autoridades competentes y representantes del sector social y privado reconocidos por sus actividades en favor de los derechos de la infancia y adolescencia.

CAPÍTULO II
De las Sanciones

ART. 52.- Las infracciones a lo dispuesto en esta ley serán sancionadas por las instituciones especializadas de procuración que se prevén en este ordenamiento, con multa por el equivalente de una hasta quinientas veces el salario mínimo general vigente para el Distrito Federal.

ART. 53.- En casos de reincidencia o particularmente graves, las multas podrán aplicarse hasta por el doble de lo previsto en el artículo anterior e inclusive arresto administrativo hasta por treinta y seis horas. Se entiende por reincidencia que el mismo infractor incurra en dos o más violaciones del mismo precepto legal durante el transcurso de un año, contado a partir de la fecha de la primera infracción.

ART. 54.- Las sanciones por infracciones a esta ley y disposiciones derivadas de ella, se impondrán con base, indistintamente, en:

I) Las actas levantadas por la autoridad;

II) Las indagaciones efectuadas por el personal propio o adscrito de la institución especializada de procuración;

III) Los datos comprobados que aporten las niñas, niños y adolescentes o sus legítimos representantes; o

IV) Cualquier otro elemento o circunstancia que aporte elementos de convicción para aplicar la sanción correspondiente.

ART. 55.- Para la determinación de la sanción, la institución especializada de procuración estará a lo dispuesto por esta ley y las disposiciones derivadas de ella, considerando, en el siguiente orden:

I) La gravedad de la infracción;

II) El carácter intencional de la infracción;

III) La situación de reincidencia;

IV) La condición económica del infractor.

Capítulo Tercero)
Del Recurso Administrativo.

ART. 56.- Las resoluciones dictadas por la institución especializada de procuración, con fundamento en las disposiciones de esta ley y demás derivadas de ella, podrán recurrirse de acuerdo a lo previsto en la Ley Federal de Procedimiento Administrativo.

TRANSITORIOS

Primero.- La presente Ley entrará en vigor al día siguiente de su publicación en el Diario Oficial de la Federación.

Segundo.- Las autoridades competentes podrán emitir las leyes, reglamentos y otras disposiciones para instrumentar en todo el país lo establecido en esta ley, en un plazo que no exceda de un año, a partir de la publicación a que se refiere el artículo anterior.

Tercero.- Se derogan todas las disposiciones que contravengan lo previsto en esta ley.

México, D.F., a 28 de abril de 2000.- Dip. Francisco José Paoli Bolio, Presidente.- Sen. Dionisio Pérez Jácome, Vicepresidente en funciones.- Dip. Guadalupe Sánchez Martínez, Secretario.- Sen. Porfirio Camarena Castro, Secretario.- Rúbricas".

En cumplimiento de lo dispuesto por la fracción I del Artículo 89 de la Constitución Política de los Estados Unidos Mexicanos, y para su debida publicación y observancia, expido el presente Decreto en la residencia del Poder Ejecutivo Federal, en la Ciudad de México, Distrito Federal, a los veintitrés días del mes de mayo de dos mil.- Ernesto Zedillo Ponce de León.- Rúbrica.- El Secretario de Gobernación, Diódoro Carrasco Altamirano.- Rúbrica.

LEY SOBRE EL ESCUDO, LA BANDERA Y EL HIMNO NACIONALES.

Al margen un sello con el Escudo Nacional, que dice: Estados Unidos Mexicanos.-Presidencia de la República.

MIGUEL DE LA MADRID HURTADO, Presidente Constitucional de los Estados Unidos Mexicanos, a sus habitantes, sabed:

Que el H. Congreso de la Unión se ha servido dirigirme el siguiente DECRETO:

El Congreso de los Estados Unidos Mexicanos, decreta:

[1]LEY SOBRE EL ESCUDO, LA BANDERA Y EL HIMNO NACIONALES

CAPÍTULO I
De los símbolos patrios

ART. 1.- El Escudo, la Bandera y el Himno Nacionales, son los Símbolos Patrios de los Estados Unidos Mexicanos. La presente Ley es de orden público y regula sus características y difusión, así como el uso del Escudo y de la Bandera, los honores a esta última y la ejecución del Himno.

CAPÍTULO II
De las características de los símbolos patrios

ART. 2.- El Escudo Nacional está constituido por un águila mexicana, con el perfil izquierdo expuesto, la parte superior de las alas en un nivel más alto que el penacho y ligeramente desplegadas en actitud de combate; con el plumaje de sustentación hacia abajo tocando la cola y las plumas de ésta en abanico natural. Posada su garra izquierda sobre un nopal florecido que nace en una peña que emerge de un lago, sujeta con la derecha y con el pico, en actitud de devorar, a una serpiente curvada, de modo que armonice con el conjunto. Varias pencas del nopal se ramifican a los lados. Dos ramas, una de encino al frente del águila y otra de laurel al lado opuesto,

---

[1] *Ley publicada en el Diario Oficial de la Federación el 8 de febrero de 1984.*

forman entre ambas un semicírculo inferior y se unen por medio de un listón dividido en tres franjas que, cuando se representa el Escudo Nacional en colores naturales, corresponden a los de la Bandera Nacional.

Cuando el Escudo Nacional se reproduzca en el reverso de la Bandera Nacional, el águila mexicana se presentará posada en su garra derecha, sujetando con la izquierda y el pico la serpiente curvada.

Un modelo del Escudo Nacional, autenticado por los tres poderes de la Unión, permanecerá depositado en el Archivo General de la Nación, uno en el Museo Nacional de Historia y otro en la Casa de Moneda.

ART. 3.- La Bandera Nacional consiste en un rectángulo dividido en tres franjas verticales de medidas idénticas, con los colores en el siguiente orden a partir del asta: verde, blanco y rojo.

En la franja blanca y al centro, tiene el Escudo Nacional, con un diámetro de tres cuartas partes del ancho de dicha franja. La proporción entre anchura y longitud de la bandera, es de cuatro a siete. Podrá llevar un lazo o corbata de los mismos colores, al pie de la moharra.

Un modelo de la Bandera Nacional, autenticado por los tres poderes de la Unión, permanecerá depositado en el Archivo General de la Nación y otro en el Museo Nacional de Historia.

ART. 4.- La letra y música del Himno Nacional son las que aparecen en el capítulo especial de esta Ley. El texto y música del Himno Nacional, autenticados por los tres poderes de la Unión, permanecerán depositados en el Archivo General de la Nación, en la Biblioteca Nacional y en el Museo Nacional de Historia.

CAPÍTULO III
Del uso y difusión del escudo nacional

ART. 5.- Toda reproducción del Escudo Nacional deberá corresponder fielmente al modelo a que se refiere el Artículo 2o. de esta Ley.

ART. 6.- Con motivo de su uso en monedas, medallas oficiales, sellos, papel oficial y similares, en el Escudo Nacional sólo podrán figurar, por disposiciones de la Ley o de la Autoridad, las palabras Estados Unidos Mexicanos, que formarán el semicírculo superior.

El Escudo Nacional sólo podrá figurar en los vehículos que use el Presidente de la República, en el papel de las dependencias de los Poderes Federales y Estatales, así como de las municipalidades, pero queda prohibido utilizarlo para documentos particulares. El Escudo Nacional sólo podrá imprimirse y usarse en la papelería oficial, por acuerdo de la autoridad correspondiente.

CAPÍTULO IV
Del uso, difusión y honores de la bandera nacional

ART. 7.- Previa autorización de la Secretaría de Gobernación, las autoridades, las instituciones o agrupaciones y los planteles educativos, podrán inscribir en la Bandera Nacional sus denominaciones, siempre que esto contribuya al culto del Símbolo Patrio. Queda prohibido hacer cualquiera otra inscripción en la Bandera Nacional.

ART. 8.- Corresponde a la Secretaría de Gobernación promover y regular el abanderamiento de las instituciones públicas y de las agrupaciones privadas legalmente constituidas.

ART. 9.- En festividades cívicas o ceremonias oficiales en que esté presente la Bandera Nacional, deberán rendírsele los honores que le corresponden en los términos previstos en esta Ley y los Reglamentos aplicables; honores que, cuando menos, consistirán en el saludo civil simultáneo de todos los presentes, de acuerdo con el Artículo 14 de esta misma Ley.

ART. 10.- El día 24 de febrero se establece solemnemente como Día de la Bandera. En este día se deberán transmitir programas especiales de radio y televisión, destinados a difundir la historia y significación de la Bandera Nacional.

ART. 11.- En las instituciones de las dependencias y entidades civiles de la Administración Pública Federal, de los gobiernos de los Estados y de los Municipios se rendirán honores a la Bandera Nacional en los términos de esta Ley y con carácter obligatorio los días 24 de febrero, 15 y 16 de septiembre y 20 de noviembre de cada año, independientemente del izamiento del lábaro patrio que marca el calendario del artículo 18, acto que podrá hacerse sin honores.

Las instituciones públicas y agrupaciones legalmente constituidas, podrán rendir honores a la Bandera Nacional, observándose la solemnidad y el ritual que se describen en esta Ley. En estas ceremonias se deberá interpretar, además, el Himno Nacional.

ART. 12.- Los honores a la Bandera Nacional se harán siempre con antelación a los que deban rendirse a personas.

ART. 13.- La Bandera Nacional saludará, mediante ligera inclinación, sin tocar el suelo, solamente a otra Bandera, nacional o extranjera; en ceremonia especial, a los restos o símbolos de los héroes de la Patria; y para corresponder el saludo del Presidente de la República o de un Jefe de Estado extranjero en caso de reciprocidad internacional. Fuera de estos casos, no saludará a personas o símbolo alguno.

ART. 14.- El saludo civil a la Bandera Nacional se hará en posición de firme, colocando la mano derecha extendida sobre el pecho, con la palma hacia abajo, a la altura del corazón. Los varones saludarán, además con la cabeza descubierta. El Presidente de la República, como Jefe Supremo de las fuerzas armadas, la saludará militarmente.

ART. 15.- En las fechas declaradas solemnes para toda la Nación, deberá izarse la Bandera Nacional, a toda o a media asta, según se trate de festividad o duelo, respectivamente, en escuelas, templos y demás edificios públicos, así como en la sede de las representaciones diplomáticas y consulares de México. Todas las naves aéreas y marítimas mexicanas, portarán la Bandera Nacional y la usarán conforme a las Leyes y Reglamentos aplicables.

Las autoridades educativas Federales, Estatales y Municipales, dispondrán que en las instituciones de enseñanza elemental, media y superior, se rindan honores a la Bandera Nacional los lunes, al inicio de labores escolares o a una hora determinada en ese día durante la mañana, así como al inicio y fin de cursos.

ART. 16.- La Bandera Nacional se izará diariamente en los edificios sede de los Poderes de la Unión, en las oficinas de Migración, Aduanas, Capitanías de Puerto, Aeropuertos internacionales; en las Representaciones diplomáticas y consulares en el extranjero y en el asta monumental de la Plaza de la Constitución de la Capital de la República.

ART. 17.- Las Banderas para los inmuebles a que se refieren los artículos anteriores, tendrán las dimensiones y la conservación adecuadas a su uso y dignidad, y se confiarán al cuidado del personal que para el efecto se designe, el cual vigilará que en las fechas correspondientes sean izadas y arriadas puntualmente, con los honores relativos, en donde fuere posible.

ART. 18.- En los términos del artículo 15 de esta Ley, la Bandera Nacional deberá izarse:

A).- A toda asta en las siguientes fechas y conmemoraciones:

21 de enero: Aniversario del nacimiento de Ignacio Allende, 1779.

1 de febrero: Apertura del segundo período de sesiones ordinarias del Congreso de la Unión.

19 de febrero: Día del Ejército Mexicano.

24 de febrero: Día de la Bandera

1o. de marzo: Aniversario de la Proclamación del Plan de Ayutla.

15 de marzo: Derogada: DOF 03-02-2006

18 de marzo: Aniversario de la Expropiación Petrolera en 1938.

21 de marzo: Aniversario del nacimiento de Benito Juárez en 1806.

26 de marzo: Día de la Promulgación del Plan de Guadalupe.

2 de abril: Aniversario de la Toma de Puebla en 1867.

15 de abril.- Derogado.

Apertura del Segundo Período de Sesiones ordinarias del Congreso de la Unión.

1o. de Mayo: Día del Trabajo.

5 de mayo: Aniversario de la Victoria sobre el ejército francés en Puebla en 1862.

8 de mayo: Aniversario del nacimiento en 1753 de Miguel Hidalgo y Costilla, iniciador de la Independencia de México.

15 de mayo: Aniversario de la Toma de Querétaro, por las Fuerzas de la República, en 1867.

1o. de junio: Día de la Marina Nacional.

21 de junio: Aniversario de la Victoria de las armas nacionales sobre el Imperio en 1867.

1o. de septiembre: Apertura del primer período de sesiones ordinarias del Congreso de la Unión.

14 de septiembre: Incorporación del Estado de Chiapas, al Pacto Federal.

15 de septiembre: Conmemoración del Grito de Independencia.

16 de septiembre: Aniversario del inicio de la Independencia de México, en 1810.

27 de septiembre: Aniversario de la Consumación de la Independencia en 1821.

30 de septiembre: Aniversario del nacimiento de José María Morelos en 1765.

12 de octubre: Día de la Raza y Aniversario del Descubrimiento de América, en 1492.

23 de octubre: Día Nacional de la Aviación.

24 de octubre: Día de las Naciones Unidas.

30 de octubre: Aniversario del nacimiento de Francisco I. Madero, en 1873.

1 de noviembre.- Derogado.

Apertura del primer período de sesiones ordinarias del Congreso de la Unión.

6 de noviembre: Conmemoración de la Promulgación del Acta de la Independencia Nacional por el Congreso de Chilpancingo en 1813.

20 de noviembre: Aniversario del inicio de la Revolución Mexicana en 1910.

23 de noviembre: Día de la Armada de México

29 de diciembre: Aniversario del nacimiento de Venustiano Carranza, en 1859.

Los días de clausura de los períodos de sesiones ordinarias del Congreso de la Unión.

B).- A media asta en las siguientes fechas y conmemoraciones:

14 de febrero: Aniversario de la muerte de Vicente Guerrero en 1831.

22 de febrero: Aniversario de la muerte de Francisco I. Madero en 1913.

28 de febrero: Aniversario de la muerte de Cuauhtémoc en 1525.

10 de abril: Aniversario de la muerte de Emiliano Zapata en 1919.

21 de abril: Aniversario de la gesta heroica de la Defensa del Puerto de Veracruz.

2 de mayo: Conmemoración de la muerte de los pilotos de la Fuerza Aérea Expedicionaria Mexicana, Escuadrón 201 en 1945.

21 de mayo: Aniversario de la muerte de Venustiano Carranza en 1920.

17 de julio: Aniversario de la muerte del General Alvaro Obregón en 1928.

18 de julio: Aniversario de la muerte de Benito Juárez en 1872.

30 de julio: Aniversario de la muerte de Miguel Hidalgo y Costilla en 1811.

12 de septiembre: Conmemoración de la gesta heroica del Batallón de San Patricio en 1847.

13 de septiembre: Aniversario del sacrificio de los Niños Héroes de Chapultepec, en 1847.

7 de octubre: Conmemoración del sacrificio del senador Belisario Domínguez en 1913.

22 de diciembre: Aniversario de la muerte de José María Morelos en 1815.

ART. 19.- En acontecimientos de excepcional importancia para el país, el Presidente de la República podrá acordar el izamiento de la Bandera Nacional en días distintos a los señalados en el artículo anterior. Igual facultad se establece para los Gobernadores de las Entidades Federativas, en casos semejantes dentro de sus respectivas jurisdicciones.

ART. 20.- En los casos a que se refieren los artículos anteriores, con la salvedad de lo dispuesto para instalaciones militares, planteles educativos y embarcaciones en el artículo 15, la Bandera Nacional será izada a las ocho horas y arriada a las dieciocho.

ART. 21.- Es obligatorio para todos los planteles educativos del país, oficiales o particulares, poseer una Bandera Nacional, con objeto de utilizarla en actos cívicos y afirmar entre los alumnos el culto y respeto que a ella se le debe profesar.

ART. 22.- Cuando una Bandera Nacional sea condecorada, la insignia respectiva se le prenderá en la corbata.

ART. 23.- En los actos oficiales de carácter internacional que se efectúen en la República, sólo podrán izarse o concurrir las banderas de los países con los que el Gobierno Mexicano sostenga relaciones diplomáticas, y se les tributarán los mismos honores que a la Bandera Nacional. En actos internacionales de carácter deportivo, cultural o de otra naturaleza, en que México sea país sede, podrán izarse o concurrir aún las banderas de los países con los que México no mantenga relaciones diplomáticas, con apego al ceremonial correspondiente.

ART. 24.- Cuando a una ceremonia concurran la Bandera Nacional y una o más banderas de países extranjeros, se harán primero los honores a la Nacional y, enseguida, a las demás, en el orden que corresponda.

La Bandera Nacional ocupará el lugar de honor cuando estén presentes una o más banderas extranjeras.

ART. 25.- En la entrega oficial de Bandera a organizaciones o instituciones civiles, el personal de la corporación o de la institución que la reciba, tomará la formación adecuada al lugar donde se efectúe la ceremonia, y observará, según el caso, las siguientes reglas:

I.- Si la entrega tiene lugar a campo abierto, formará en línea de tres filas en orden de revista; si es grupo montado, en línea de secciones por tres, en el lugar que se ordene.

II.- Si la ceremonia se efectúa en un salón, patio o cualquier otro sitio que no reúna las condiciones necesarias para las formaciones antes indicadas, el personal de la organización o instituto podrá adaptarse a las características del lugar.

III.- Si hay banda de guerra, se mandará tocar Atención, a cuyo toque, el abanderado, escoltado por cuatro miembros designados con anterioridad, se colocará frente al encargado de entregar la Bandera, quien será recibido por una comisión especial presidida por el director o representante de la organización o institución. Si no hubiere banda de guerra, los toques serán sustituidos por las órdenes de Atención y Escolta: Paso Redoblado;

IV.- Enseguida, el encargado tomará la Bandera de manos de uno de sus ayudantes, la desplegará y se dirigirá al personal de la organización o instituto, en los siguientes términos:

Ciudadanos (o jóvenes, niños, alumnos, o la indicación nominativa que corresponda de la organización o institución, sindicato, etc.): Vengo, en nombre de México, a encomendar a vuestro patriotismo, esta Bandera que simboliza su independencia, su honor, sus instituciones y la integridad de su territorio. ¿Protestáis honrarla y defenderla con lealtad y constancia?

Los componentes de la organización o institución contestarán:

Sí, protesto.

El encargado proseguirá:

Al concederos el honor de ponerla en vuestra manos, la Patria confía en que, como buenos y leales mexicanos, sabréis cumplir vuestra protesta, y

V.- Finalmente entregará la Bandera al Director o representante, quien la pasará al abanderado. Si hay banda de música y de guerra, tocarán, simultáneamente el Himno Nacional y Bandera, a cuyos acordes el abanderado con su escolta, pasará a colocarse al lugar más relevante del recinto o local. En caso de que no haya banda de guerra, solamente se tocará o cantará el Himno Nacional.

ART. 26.- Si hubiere varias instituciones que deben recibir la Bandera en una misma ceremonia, se procederá de acuerdo con el artículo anterior y en orden alfabético de su denominación.

ART. 27.- Cuando el personal de una organización o instituto desfile con su bandera, el abanderado se colocará el portabandera, de modo que la cuja caiga sobre su cadera derecha; introducirá el regatón del asta en la cuja y con la mano derecha a la altura del hombro, mantendrá la Bandera y cuidará que quede ligeramente inclinada hacia adelante, evitando siempre que la Bandera toque el suelo.

ART. 28.- Al hacer alto, se sacará el asta de la cuja y se bajará hasta que el regatón toque el suelo a diez centímetros, aproximadamente, a la derecha de la punta del pie de ese costado, sosteniéndola con la mano derecha a la altura del pecho, en posición vertical.

ART. 29.- En ceremonias de duración prolongada, el abanderado y el personal de la escolta podrán ser substituidos.

ART. 30.- Cuando dos grupos que lleven la Bandera Nacional se encuentren sobre la marcha, los abanderados, al llegar a seis pasos de distancia uno de otro, subirán la mano derecha en el asta a la altura de los ojos; después de haber dado dos pasos inclinarán la Bandera con lentitud hacia el frente sin que toque el suelo, y la mantendrán en esta posición hasta que hayan rebasado cuatro pasos, momento en el cual volverán a levantarla del mismo modo, y cuando hayan avanzado dos pasos más, bajarán la mano a su puesto. Si uno de los grupos estuviere de pie firme, el abanderado sólo contestará el saludo en la forma prevista por el artículo 13.

ART. 31.- El vehículo que use el Presidente de la República podrá llevar la Bandera Nacional. En el extranjero, los Jefes de Misión Diplomática podrán portar, en asta, la Bandera Nacional en el vehículo que utilicen.

ART. 32.- Los particulares podrán usar la Bandera Nacional en sus vehículos, exhibirla en sus lugares de residencia o de trabajo.

En estos casos la Bandera podrá ser de cualquier dimensión y con el escudo impreso en blanco y negro. El particular observará el respeto que corresponde al símbolo nacional y tendrá cuidado en su manejo y pulcritud.

ART. 33.- Los ejemplares de la Bandera Nacional destinados al comercio, deberán satisfacer las características de diseño y proporcionalidad establecidas en el artículo 3o.

ART. 34.- La Banda Presidencial constituye una forma de presentación de la Bandera Nacional y es emblema del Poder Ejecutivo Federal, por lo que sólo podrá ser portada por el Presidente de la República, y tendrá los colores de la Bandera Nacional en franjas de igual anchura colocadas longitudinalmente, correspondiendo el color de verde a la franja superior. Llevará el Escudo Nacional sobre los tres colores, bordado en hilo dorado, a la altura del pecho del portador, y los extremos de la Banda rematarán con un fleco dorado.

ART. 35.- El Presidente de la República portará la Banda Presidencial en las ceremonias oficiales de mayor solemnidad, pero tendrá obligación de llevarla:

I.- En la transmisión del Poder Ejecutivo Federal;

II.- Al rendir anualmente su informe ante el Congreso de la Unión;

III.- En la conmemoración del Grito de Dolores, la noche del 15 de septiembre, y

IV.- Al recibir las cartas credenciales de los embajadores y ministros acreditados ante el Gobierno Mexicano.

ART. 36.- La Banda Presidencial deberá colocarse del hombro derecho al costado izquierdo, debajo del saco y unida a nivel de la cintura, excepto en la ceremonia de transmisión del Poder Ejecutivo Federal, en la que sucesivamente la portarán, descubierta en su totalidad, el Presidente saliente y el entrante.

ART. 37.- En la ceremonia de transmisión del Poder Ejecutivo Federal, una vez que el Presidente entrante haya rendido la protesta constitucional, el saliente entregará la Banda al Presidente del Congreso de la Unión, quien la pondrá en manos del Presidente de la República para que éste se la coloque a sí mismo.

CAPÍTULO V
De la ejecución y difusión del himno nacional

ART. 38.- El canto, ejecución, reproducción y circulación del Himno Nacional, se apegarán a la letra y música de la versión establecida en la presente Ley. La interpretación del Himno se hará siempre de manera respetuosa y en un ámbito que permita observar la debida solemnidad.

ART. 39.- Queda estrictamente prohibido alterar la letra o música del Himno Nacional y ejecutarlo total o parcialmente en composiciones o arreglos. Asimismo, se prohíbe cantar o ejecutar el Himno Nacional con fines de publicidad comercial o de índole semejante. Se prohíbe cantar o ejecutar los himnos de otras naciones, salvo autorización expresa del representante diplomático respectivo y de la Secretaría de Gobernación.

ART. 39 BIS.- Los pueblos y las comunidades indígenas podrán ejecutar el Himno Nacional, traducido a la lengua que en cada caso corresponda. Para tales efectos, se faculta al Instituto Nacional de Lenguas Indígenas para realizar las traducciones correspondientes, las cuales deberán contar con la autorización de la Secretaría de Gobernación y de la Secretaría de Educación Pública.

Los pueblos y comunidades indígenas podrán solicitar a las Secretarías de Gobernación y de Educación Pública la autorización de sus propias traducciones del Himno Nacional. La Secretaría de Gobernación llevará el registro de las traducciones autorizadas.

ART. 40.- Todas las ediciones o reproducciones del Himno Nacional requerirán autorización de las Secretarías de Gobernación y de Educación Pública. Los espectáculos de teatro, cine, radio y televisión, que versen sobre el Himno Nacional y sus autores, o que contengan motivos de aquél, necesitarán de la aprobación de las Secretarías de Gobernación y Educación Pública, según sus respectivas competencias. Las estaciones de radio y de televisión podrán transmitir el Himno Nacional íntegro o fragmentariamente, previa autorización de la Secretaría de Gobernación, salvo las transmisiones de ceremonias oficiales.

ART. 41.- Del tiempo que por Ley le corresponde al Estado en las frecuencias de la radio y en los canales de televisión, en los términos legales de la materia, se incluirá en su programación diaria al inicio y cierre de las transmisiones la ejecución del Himno Nacional y en el caso de la televisión, simultáneamente la imagen de la Bandera Nacional. El número de estrofas que deberán ser entonadas será definido por la Secretaría de Gobernación.

ART. 42.- El Himno Nacional sólo se ejecutará, total o parcialmente, en actos solemnes de carácter oficial, cívico, cultural, escolar o deportivo, y para rendir honores tanto a la Bandera Nacional como al Presidente de la República. En estos dos últimos casos, se ejecutará la música del coro, de la primera estrofa y se terminará con la repetición de la del coro.

ART. 43.- En el caso de ejecución del Himno Nacional para hacer honores al Presidente de la República, las bandas de guerra tocarán Marcha de Honor; cuando el Himno sea entonado, las bandas de guerra permanecerán en silencio, pero en el caso de honores a la bandera, la banda de música ejecutará el Himno y las de guerra tocarán Bandera simultáneamente.

En ninguna ceremonia se ejecutará el Himno Nacional más de dos veces para hacer honores a la Bandera ni más de dos veces para rendir honores al Presidente de la República.

ART. 44.- Durante solemnidades cívicas en que conjuntos corales entonen el Himno Nacional, las bandas de guerra guardarán silencio.

ART. 45.- La demostración civil de respeto al Himno Nacional se hará en posición de firme. Los varones, con la cabeza descubierta.

ART. 46.- Es obligatoria la enseñanza del Himno Nacional en todos los planteles de educación preescolar, primaria y secundaria.

Cada año las autoridades educativas convocarán a un concurso de coros infantiles sobre la interpretación del Himno Nacional, donde participen los alumnos de enseñanza elemental y secundaria del Sistema Educativo Nacional.

ART. 47.- Cuando en una ceremonia de carácter oficial deban tocarse el Himno Nacional y otro extranjero, se ejecutará el patrio en primer lugar. En actos de carácter internacional en los que México sea país sede, se estará a lo que establezca el ceremonial correspondiente.

ART. 48.- Las embajadas o consulados de México, procurarán que en conmemoraciones mexicanas de carácter solemne, sea ejecutado el Himno Nacional.

ART. 49.- La Secretaría de Relaciones Exteriores, previa consulta con la Secretaría de Gobernación, autorizará a través de las representaciones diplomáticas de México acreditadas en el extranjero, la ejecución o canto del Himno Nacional Mexicano, en espectáculos o reuniones sociales que no sean cívicas, que tengan lugar en el extranjero. Asimismo, la Secretaría de Relaciones Exteriores, a través de dichas representaciones, solicitará del gobierno ante el cual se hallen acreditadas, que se prohíba la ejecución o canto del Himno Nacional Mexicano con fines comerciales.

CAPÍTULO VI
Disposiciones Generales

ART. 50.- El uso del Escudo y la Bandera Nacionales, así como la ejecución del Himno Patrio por las fuerzas armadas del país, se regirá por las leyes, reglamentos y disposiciones respectivas.

ART. 51.- El Poder Ejecutivo Federal, los gobernadores de los Estados y los Ayuntamientos de la República, deberán promover, en el ámbito de sus respectivas esferas de competencia, el culto a los símbolos nacionales.

ART. 52.- En casos de reciprocidad, el Ejecutivo Federal, por conducto de la Secretaría de Gobernación, podrá regular, en territorio nacional, el uso de la Bandera y la Ejecución del Himno Nacional de un país extranjero.

ART. 53.- La Secretaría de Relaciones Exteriores vigilará que en las Embajadas o Consulados de México sea ejecutado el Himno Nacional y cumplido el ceremonial de la Bandera Nacional, en las conmemoraciones de carácter solemne.

Además, destinará un sitio destacado en cada Embajada o Consulado para ubicar la Bandera Nacional.

ART. 54.- Las autoridades educativas dictarán las medidas para que en todas las instituciones del Sistema Educativo Nacional, se profundice en la enseñanza de la historia y significación de los símbolos patrios. Convocará y regulará, asimismo, en los términos del reglamento correspondiente, concursos nacionales sobre los símbolos patrios de los Estados Unidos Mexicanos.

ART. 54 Bis.- Cuando se requiera destruir alguna réplica de la Bandera Nacional, se hará mediante la incineración, en acto respetuoso y solemne, de conformidad con las especificaciones que el reglamento correspondiente determine.

CAPÍTULO VII
Competencias y Sanciones

ART. 55.- Compete a la Secretaría de Gobernación vigilar el cumplimiento de esta Ley; en esa función serán sus auxiliares todas las autoridades del país. Queda a cargo de las autoridades educativas vigilar su cumplimiento en los planteles educativos. Lo anterior se llevará a cabo de conformidad con los reglamentos correspondientes.

ART. 56.- Las contravenciones a la presente Ley que no constituyan delito conforme a lo previsto en el Código Penal para el Distrito Federal en materia de fuero común, y para toda la República en materia de fuero federal, pero que impliquen desacato o falta de respeto a los Símbolos Patrios, se castigarán, según su gravedad y la condición del infractor, con multa hasta por el equivalente a doscientas cincuenta veces el salario mínimo, o con arresto hasta por treinta y seis horas. Si la infracción se comete con fines de lucro, la multa podrá imponerse hasta por el equivalente a mil veces el salario mínimo. Procederá la sanción de decomiso para los artículos que reproduzcan ilícitamente el Escudo, la Bandera, o el Himno Nacionales.

CAPÍTULO ESPECIAL
De la Letra y Música del Himno Nacional

ART. 57.- La letra oficial del Himno Nacional es la siguiente:

Mexicanos, al grito de guerra
El acero aprestad y el bridón,
y retiemble en sus centros la tierra
Al sonoro rugir del cañón.

CORO

Ciña ¡oh patria! tus sienes de oliva
De la paz el arcángel divino,
Que en el cielo tu eterno destino
Por el dedo de Dios se escribió.
Más si osare un extraño enemigo
Profanar con su planta tu suelo,
Piensa ¡oh patria querida! que el cielo
Un soldado en cada hijo te dio.

**CORO
I**

¡Guerra, guerra sin tregua al que intente
De la patria manchar los blasones!
¡Guerra, guerra! Los patrios pendones
En las olas de sangre empapad.
¡Guerra, guerra! En el monte, en el valle
Los cañones horrísonos truenen,
Y los ecos sonoros resuenen
Con las voces de ¡Unión! ¡Libertad!

**CORO
II**

Antes, patria, que inermes tus hijos
Bajo el yugo su cuello doblleguen,
Tus campiñas con sangre se rieguen,
Sobre sangre se estampe su pie.
Y tus templos, palacios y torres
Se derrumben con hórrido estruendo,
Y sus ruinas existan diciendo:
De mil héroes la patria aquí fue.

**CORO
III**

¡Patria! ¡patria! Tus hijos te juran
Exhalar en tus aras su aliento,
Si el clarín con su bélico acento
Los convoca a lidiar con valor.
¡Para tí las guirnaldas de oliva!
¡Un recuerdo para ellos de gloria!
¡Un laurel para ti de vic
¡Un sepulcro para ellos

**CORO
IV**

Mexicanos, al grito de guerra
El acero aprestad y el bridón,
Y retiemble en sus centros la tierra
Al sonoro rugir del cañón.

CORO

ART. 58.- La música oficial del Himno Nacional es la siguiente:

HIMNO NACIONAL MEXICANO

Música de Jaime Nunó

Letra de Francisco González Bocanegra

ART. 59.- En encuentros deportivos de cualquier índole, que se celebren dentro del territorio nacional, el abanderamiento y la ejecución del Himno Nacional, así como el uso de la propia Bandera, se ajustarán a las determinaciones del reglamento respectivo.

ART. 60.- Los accesorios en que se reproduzcan, para efectos comerciales, la Bandera o el Himno Nacionales, deberán cumplir con los requisitos que determine el reglamento respectivo, con arreglo a los preceptos de este ordenamiento.

TRANSITORIOS

ART. Primero.- Se abroga la Ley sobre las características y el uso del Escudo, la Bandera y el Himno Nacionales, de fecha 23 de diciembre de 1967, publicada en el Diario Oficial de la Federación de fecha 17 de agosto de 1968.

ART. Segundo.- En los términos del artículo 4o. de esta Ley la letra y música del Himno Nacional, serán autenticadas con su firma, por los CC. Presidente de la República, Presidentes de cada una de las Cámaras del Congreso de la Unión y Presidente de la Suprema Corte de Justicia de la Nación, y depositadas, en unión del Escudo y la Bandera, en las instituciones señaladas por esta Ley, en ceremonia solemne que se llevará a cabo el día de entrada en vigor de la presente Ley.

ART. Tercero.- La presente Ley entrará en vigor el día 24 de febrero de 1984.

México, D .F., a 29 de diciembre de 1983. - Raúl Salinas Lozano, S. P.-Luz Lajous, D. P.- Guillermo Mercado Romero, S. S.-Enrique León Martínez, D. S.-Rúbricas.

En cumplimiento de lo dispuesto por la fracción I del Artículo 89 de la Constitución Política de los Estados Unidos Mexicanos y para su debida publicación y observancia, expido el presente Decreto en la residencia del Poder Ejecutivo Federal, en la Ciudad de México, Distrito Federal, a los treinta días del mes de diciembre de mil novecientos ochenta y tres.-Miguel de la Madrid Hurtado. - Rúbrica.- El Secretario de Gobernación, Manuel Bartlett Díaz.-Rúbrica.-El Secretario de Relaciones Exteriores, Bernardo Sepúlveda Amor.- Rúbrica.-El Secretario de la Defensa Nacional, Juan Arévalo Gardoqui.- Rúbrica.-El Secretario de Marina, Miguel Angel Gómez Ortega.- Rúbrica.-El Secretario de Hacienda y Crédito Público, Jesús Silva Herzog Flores.-Rúbrica.-El Secretario de Programación y Presupuesto, Carlos Salinas de Gortari.- Rúbrica.-El Secretario de la Contraloría General de la Federación, Francisco Rojas Gutiérrez.- Rúbrica.-El Secretario de Energía, Minas e Industria Paraestatal, Francisco Labastida Ochoa.- Rúbrica.-El Secretario de Comercio y Fomento Industrial, Héctor Hernández Cervantes.- Rúbrica.-El Secretario de Agricultura y Recursos Hidráulicos, Horacio García Aguilar.- Rúbrica.-El Secretario de Comunicaciones y Transportes, Rodolfo Félix Valdés.-Rúbrica.-El Secretario de Desarrollo Urbano y Ecología, Marcelo Javelly Girard.-Rúbrica.-El Secretario de Educación Pública, Jesús Reyes Heroles.-Rúbrica.-El Secretario de Salubridad y Asistencia, Guillermo Soberón Acevedo. - Rúbrica.-El Secretario del Trabajo y Previsión Social, Arsenio Farell Cubillas.-Rúbrica.-El Secretario de la Reforma Agraria, Luis Martínez Villicaña.- Rúbrica.- El Secretario de Turismo, Antonio Enríquez Savignac.-Rúbrica.-El Secretario de Pesca, Pedro Ojeda Paullada.-Rúbrica.-El Jefe del Departamento del Distrito Federal, Ramón Aguirre Velázquez.-Rúbrica.

REFORMAS DEL 3 DE ENERO DE 2005
REFORMAS DEL 7 DE DICIEMBRE DE 2005
REFORMAS DEL 3 DE FEBRERO DE 2006
REFORMAS DEL 02 DE JUNIO DE 2006

ÍNDICE

CONSTITUCIÓN POLÍTICA DE LOS
E. U. M.

ÍNDICE

LEY DE LA COMISIÓN NACIONAL DE DERECHOS HUMANOS

ÍNDICE

LEY PARA LA PROTECCIÓN DE LOS DERECHOS DE NIÑAS NIÑOS Y ADOLECENTES.

ÍNDICE

LEY SOBRE EL ESCUDO, LA BANDERA Y EL HIMNO NACIONALES.

Dragón

La Constitución Política de los Estados Unidos Mexicanos se terminó de imprimir en **enero de 2008**. La impresión de forros e interiores se llevó a cabo en el taller de litografía de Berbera Editores, S.A. de C. V. ubicado en Delibes 96 Col. Guadalupe Victoria C. P. 07790 México, D. F.